CONTRATOS INTERNACIONAIS DE TRANSFERÊNCIA DE TECNOLOGIA (*KNOW-HOW*)

E a existência de impactos decorrentes do Regulamento Geral de Proteção de Dados

TALITHA DIAS MARTINS LEITE

CONTRATOS INTERNACIONAIS DE TRANSFERÊNCIA DE TECNOLOGIA (*KNOW-HOW*)

E a existência de impactos decorrentes do Regulamento Geral de Proteção de Dados

Belo Horizonte

2024

© 2024 Editora Fórum Ltda.

É proibida a reprodução total ou parcial desta obra, por qualquer meio eletrônico, inclusive por processos xerográficos, sem autorização expressa do Editor.

Conselho Editorial

Adilson Abreu Dallari
Alécia Paolucci Nogueira Bicalho
Alexandre Coutinho Pagliarini
André Ramos Tavares
Carlos Ayres Britto
Carlos Mário da Silva Velloso
Cármen Lúcia Antunes Rocha
Cesar Augusto Guimarães Pereira
Clovis Beznos
Cristiana Fortini
Dinorá Adelaide Musetti Grotti
Diogo de Figueiredo Moreira Neto (*in memoriam*)
Egon Bockmann Moreira
Emerson Gabardo
Fabrício Motta
Fernando Rossi
Flávio Henrique Unes Pereira

Floriano de Azevedo Marques Neto
Gustavo Justino de Oliveira
Inês Virgínia Prado Soares
Jorge Ulisses Jacoby Fernandes
Juarez Freitas
Luciano Ferraz
Lúcio Delfino
Marcia Carla Pereira Ribeiro
Márcio Cammarosano
Marcos Ehrhardt Jr.
Maria Sylvia Zanella Di Pietro
Ney José de Freitas
Oswaldo Othon de Pontes Saraiva Filho
Paulo Modesto
Romeu Felipe Bacellar Filho
Sérgio Guerra
Walber de Moura Agra

FÓRUM
CONHECIMENTO JURÍDICO

Luís Cláudio Rodrigues Ferreira
Presidente e Editor

Coordenação editorial: Leonardo Eustáquio Siqueira Araújo
Aline Sobreira de Oliveira

Rua Paulo Ribeiro Bastos, 211 – Jardim Atlântico – CEP 31710-430
Belo Horizonte – Minas Gerais – Tel.: (31) 99412.0131
www.editoraforum.com.br – editoraforum@editoraforum.com.br

Técnica. Empenho. Zelo. Esses foram alguns dos cuidados aplicados na edição desta obra. No entanto, podem ocorrer erros de impressão, digitação ou mesmo restar alguma dúvida conceitual. Caso se constate algo assim, solicitamos a gentileza de nos comunicar através do *e-mail* editorial@editoraforum.com.br para que possamos esclarecer, no que couber. A sua contribuição é muito importante para mantermos a excelência editorial. A Editora Fórum agradece a sua contribuição.

Dados Internacionais de Catalogação na Publicação (CIP) de acordo com ISBD

L533c	Leite, Talitha Dias Martins
	Contratos internacionais de transferência de tecnologia (know-how): e a existência de impactos decorrentes do Regulamento Geral de Proteção de Dados / Talitha Dias Martins Leite. - Belo Horizonte : Fórum, 2024.
	221 p. ; 14,5cm x 21,5cm.
	Inclui bibliografia.
	ISBN: 978-65-5518-508-9
	1. Direito. 2. Desenvolvimento tecnológico. 3. Contratos internacionais de comércio. 4. Transferência de tecnologia. 5. Privacidade e proteção de dados. 6. Regulamento Geral de Proteção de Dados (RGPD). I. Título.
2023-86	
	CDD: 343.08
	CDU: 341:347.7

Elaborado por Odilio Hilario Moreira Junior – CRB-8/9949

Informação bibliográfica deste livro, conforme a NBR 6023:2018 da Associação Brasileira de Normas Técnicas (ABNT):

LEITE, Talitha Dias Martins. *Contratos internacionais de transferência de tecnologia (know-how)*: e a existência de impactos decorrentes do Regulamento Geral de Proteção de Dados. Belo Horizonte: Fórum, 2024. 221 p. ISBN 978-65-5518-508-9.

Dedico a publicação desse livro, em primeiro lugar, a minha querida e muito amada família, em especial a minha mãe, minha irmã e meu pai, que são tudo para mim. Vocês são minha base, meus impulsionadores e minha maior torcida. Obrigada por tudo e por tanto.

Ao meu avô Euclides Martins, que sempre foi e sempre será a minha maior inspiração no mundo jurídico.

E a todos os alunos que estimulam a minha paixão por ensinar e compartilhar o meu conhecimento.

Espero que esse livro consiga fazer diferença na formação de muitos!

Agradecimentos

Agradeço à grande Professora Eugênia Barza, por quem tenho um carinho imenso. Ela foi uma grande Mestra, conduzindo-me nesse caminho da docência. Levarei comigo tudo que aprendi com ela como aluna e estagiária de docência. Seu apoio e paciência foram essenciais nessa trajetória.

Gratidão também à UFPE e à CAPES, pelo incentivo à pesquisa e por oportunizar a realização deste livro, que se tornou um grande orgulho para mim.

A mente que se abre a uma nova ideia, jamais voltará ao seu tamanho original.
Albert Einstein

LISTA DE ABREVIATURAS E SIGLAS

ABPI – Associação Brasileira da Propriedade Intelectual
ANPD – Autoridade Nacional de Proteção de Dados
ANPROTEC – Associação Nacional de Entidades Promotoras de Empreendimentos Inovadores
ANVISA – Agência Nacional de Vigilância Sanitária
CAN-SPAM – *Controlling the Assault of Non-Solicited Pornography and Marketing Act*
CCI – Câmara do Comércio Internacional
CCPA – *Consumer Privacy Act*
CE – Conselho Europeu
C & T – Ciência e Tecnologia
CIDH – Comissão Interamericana de Direitos Humanos
CIT – Coordenação de Inovação Tecnológica
COPPA – *Children's Online Privacy Protection Act*
DGM – Mercado Único Digital
DICIG – Diretoria de Contratos, Indicações Geográficas & Registros
DIRTEC – Diretoria de Transferência de Tecnologia
DIPr – Direito Internacional Privado
DPPA – *Driver's Privacy Protection Act*
EEE – Espaço Econômico Europeu
ETT – Escritórios de transferência de tecnologia
EUA – Estados Unidos da América
FMI – Fundo Monetário Internacional
GATT – Acordo Geral de Tarifas e Comércio
GDPR – *General Data Protection Regulation*
HIPAA – *Health Insurance Portability and Accountability Act*
HRW – *Human Rights Watch*
IASP – *International Association of Science Parks*
ICT – Instituição Científica e Tecnológica
IDA – Autoridade Depositária Internacional
INPI – Instituto Nacional de Propriedade Intelectual
IRT – Índice de Realização Tecnológica
LAI – Lei de Acesso à Informação
LGPD – Lei Geral de Proteção de Dados
NAFTA – Tratado de Livre Comércio
MERCOSUL – Mercado Comum do Sul
NPIP – Núcleo de Propriedade Intelectual e Patentes

OCDE	–	Organização para a Cooperação e Desenvolvimento Econômico
OMC	–	Organização Mundial do Comércio
OMPI	–	Organização Mundial da Propriedade Intelectual
ONG	–	Organização Não Governamental
UNIDO	–	União das Nações Unidas para o Desenvolvimento Industrial
ONU	–	Nações Unidas da América
OSC	–	Organizações da Sociedade Civil
PCT	–	Política Científica e Tecnológica
P & D	–	Pesquisa e Desenvolvimento
PIPEDA	–	Lei de Proteção de Informações Pessoais e Documentos Eletrônicos
REPAM	–	Rede Eclesial Pan-Amazônica
RGPD	–	Regulamento Geral de Proteção de Dados
RPI	–	Revista de Propriedade Intelectual
TT	–	Transferência de Tecnologia
TRIPS	–	Tratado sobre os Direitos de Propriedade Intelectual Relacionada com o Comércio
UNCITRAL	–	Comissão das Nações Unidas sobre Comércio e Desenvolvimento
UNCTAD	–	Conferência das Nações Unidas para o Comércio e Desenvolvimento
UNIDROIT	–	Unificação do Direito Internacional Privado
UNESCO	–	Organização das Nações Unidas para a Educação, a Ciência e a Cultura
WIPO	–	*World Intellectual Property Organization*

SUMÁRIO

INTRODUÇÃO 15

CAPÍTULO 1
TRANSFERÊNCIA DE CONHECIMENTO TÉCNICO OU CIENTÍFICO: A TRANSFERÊNCIA DE TECNOLOGIA 19

1.1   A transferência de tecnologia, a evolução tecnológica e a globalização 20

1.2   Comportamento do comércio em detrimento da necessidade da sociedade: como se opera o mercado de transferência de tecnologia 27

1.3   Implicações da relação comercial de transferência de tecnologia (*know-how*) 33

1.4   Conexão da tecnologia com o desenvolvimento da proteção de privacidade e dados 39

CAPÍTULO 2
OS CONTRATOS DE TRANSFERÊNCIAS DE TECNOLOGIA (*KNOW-HOW*) NO ÂMBITO DO DIREITO INTERNO E EXTERNO 45

2.1   Quem faz: a atuação empresarial transnacional 46

2.2   Proteção ao investimento e o estímulo à inovação: propriedade intelectual 55

2.3   Conceitos, classes e especificidades, particularidades dos contratos internacionais de *know-how* 61

2.3.1   Diversidade dos contratos de *know-how* 61

2.3.2   Cláusulas típicas de contratos de transferência de tecnologia 66

2.3.3   Direito à privacidade 68

2.4   A cláusula de confidencialidade e a relação indissociável com a regulamentação de proteção de dados 73

CAPÍTULO 3
OS CONTRATOS DE TRANSFERÊNCIA DE TECNOLOGIA (*KNOW-HOW*) NO PLANO INTERNACIONAL 83

3.1   Relações negociais de tecnologia e os aspectos do *hard law* e *soft law* 85

3.2	Contribuição dos organismos internacionais para o disciplinamento da transferência de tecnologia	97
3.3	Critérios para indicação de lei aplicável aos contratos internacionais de *know-how* e o resguarde dos dados	122

CAPÍTULO 4
PRIVACIDADE E PROTEÇÃO DE DADOS ... 129

4.1	Formulação do Regulamento Geral de Proteção de Dados (RGPD) da União Europeia	130
4.1.1	Convenção nº 108 de 1981	130
4.1.2	Diretiva nº 95/46	132
4.1.3	Principais pontos relativos à privacidade e proteção de dados trazidos pelo RGPD	138
4.1.4	O RGPD como um novo paradigma no que se refere a privacidade e proteção de dados	141
4.2	A influência da regulamentação europeia no Direito brasileiro: Lei Geral de Proteção de Dados (LGPD)	144
4.2.1	Conflitos com outras legislações	151
4.2.2	Principais características da Lei Geral de Proteção de Dados	152
4.3	Análise comparada dos modelos regulamentados: União Europeia e Brasil	158

CAPÍTULO 5
OS IMPACTOS DE PROTEÇÃO DE DADOS NOS CONTRATOS INTERNACIONAIS DE *KNOW-HOW* ... 165

5.1	Limitação das fronteiras: até onde elas são mantidas	168
5.2	Garantias de proteção de dados conforme as legislações dos países	178
5.3	Da incidência da proteção de dados nos contratos internacionais de transferência de tecnologia (*know-how*) e suas repercussões	186

CONCLUSÃO ... 193

REFERÊNCIAS ... 197

INTRODUÇÃO

Na sociedade contemporânea o avanço tecnológico serve como alicerce de sua construção. O termo tecnologia decorre do pós-Revolução Industrial e diz respeito aos conhecimentos técnicos e teóricos que vinham sendo aperfeiçoados, visando ao melhoramento da maneira como o homem desempenhava suas tarefas.

A tecnologia passou a ser considerada como todo progresso das atividades realizadas pelo povo, desde "atividades-meio", como o campo da informação ou o setor industrial, às "atividades-fim", como os equipamentos e as mercadorias.[1] Atualmente, a tecnologia é diretamente associada à concepção da informática, como se sinônimos fossem. Pois o predominante na sociedade em que hoje se vive é o avanço relacionado ao meio digital.

Foi seguindo esta linha de pensamento que no Primeiro Congresso Internacional de Desenvolvimento Humano, no ano de 1999, em São Paulo, o filósofo Michel Serres frisou o papel de enorme relevância de que o andamento tecnológico vinha se apropriando, pois a maior parte das transfigurações que se perfaziam na sociedade contemporânea estava sendo impulsionada por ele.[2]

Dessa forma, o primeiro capítulo deste projeto tem o enfoque no âmbito tecnológico, destacando ser impossível não ocorrerem mudanças sociais diretamente conectadas a esse fato. Assim, diversos ramos vêm sendo adaptados em decorrência desse fator, tais como a

---

[1] SILVA, José Carlos Teixeira da. *Tecnologia*: conceitos e dimensões. 2003. Disponível em: http://www.abepro.org.br/biblioteca/enegep2002_tr80_0357.pdf. Acesso em: 7 ago. 2019.

[2] BOSSOI, Roseli Aparecida Casarini. A proteção dos dados pessoais face às novas tecnologias. 2017. Disponível em: http://www.publicadireito.com.br/artigos/?cod=d1aae872c07c10af. Acesso em: 7 ago. 2019.

esfera acadêmica, a médica, a científica e até mesmo a jurídica. Assim, avalia-se o conhecimento técnico/científico e o conceito de transferência de tecnologia ligado diretamente ao processo da globalização. Mostra-se que o processo de globalizar, que surgiu no século XV, no período mercantilista, foi fortalecido pelo avanço tecnológico. E que os sistemas de comunicação e a informática estreitam a distância entre os países e impulsionam tanto a integração econômica, quanto a cultural, ressaltando como o mercado de transferência de tecnologia acontece e quais as implicações fruto dessa relação comercial.

Em continuidade, o segundo capítulo tratará da forma como a globalização promove maior produção de bens e serviços e incentiva o surgimento de multinacionais e transnacionais e instiga a manifestação de blocos econômicos e a diminuição de barreiras sociais.[3] Mostra-se aqui, de certa forma, a atuação das empresas nessas transações negociais.

Como fruto desse processo e decorrente proteção ao investimento, o meio jurídico se adiantou e buscou salvaguardar as informações, que passaram a se tornar uma moeda de troca valiosa. A premência de resguardar os dados que se propagavam na rede vindicou a atenção do Legislador e dos atuantes na área do Direito.

Em busca da tutela das inovações jurídicas, o ordenamento jurídico progrediu, expandindo a concepção restrita à codificação e ampliando o alcance aos denominados microssistemas – institutos jurídicos com regras especiais – realizando o movimento da "descodificação" dos direitos.

A título de exemplo, como um microssistema do Direito privado, pode-se citar o instituto da Propriedade Intelectual, que é objeto de estudo também do segundo capítulo. Afinal, ela objetiva o amparo do acervo imaterial, protegendo o produto industrial (como as invenções) e impede a concorrência desleal. E, por isso, desempenha um importante papel nos contratos de *know-how* ora estudados.

Adentra-se nas particularidades dos contratos de transferência de tecnologia, mais conhecidos como *know-how*, tendo em vista que os contratos internacionais são instrumentos primordiais utilizados na manutenção das relações econômicas mundiais, mormente no tocante aos avanços tecnológicos.

---

[3] JOHNSON, Gale. Globalization: what it is and who benefits. 2004. Disponível em: https://www.sciencedirect.com/science/article/pii/S1049007802001628. Acesso em: 13 ago. 2019.

Esse tipo contratual, que regulamenta não apenas a transferência de tecnologia, mas também funciona como peça fundamental de integração econômica e social, possui alguns subtipos específicos, assim como uma junção de cláusulas típicas que devem sempre estar previstas, em especial, a cláusula de confidencialidade.

Tendo em vista que este instrumento contratual é um dos meios mais eficazes para a consecução de grandes negócios em ascensão neste período de globalização, aqueles que envolvem diferentes nações, o terceiro capítulo almeja avaliar os contratos de transferência de tecnologia no plano internacional. Afinal, os países, neste cenário, utilizam a tecnologia, o conhecimento e a informação como mercadoria e efetivam a transação desses produtos exatamente por meio do contrato de transferência de tecnologia (*know-how*).

Neste ponto, é colocado em foco a contribuição das instâncias internacionais para o disciplinamento do contrato de transferência de tecnologia, a forma como a sua construção varia de acordo com a sua origem, vez que cada país possui aspectos sociais e jurídicos diferentes (como o *hard law* e o *soft law*), assim como, também, busca-se determinar quais os principais critérios legais aplicáveis nesses contratos.

Os tratados internacionais estão relacionados com o Direito Internacional Privado, uma vez que buscam, por meio de regramentos, solucionar conflitos e uniformizar – assim como também agilizar – o procedimento resolutório, visando facilitar as relações internacionais. De igual maneira, eles fortalecem a confidencialidade, pois aumentam a confiança depositada nos investimentos de transferência da tecnologia.

No quarto capítulo, o foco é voltado à avaliação da privacidade e proteção de dados e a força que ele exerce nas relações negociais hoje presentes e mais visadas em âmbito mundial. Em especial, avalia-se a influência sobre os contratos de transferência de tecnologia. E nesta seara de proteção de dados, é mostrado que a União Europeia buscou positivar a necessidade do aprimoramento da garantia à confidencialidade, à privacidade e à segurança da informação, diante dos avanços tecnológicos. Desse modo, definiu novas regras e, por meio da chamada *General Data Protection Regulation* (GDPR) ou Regulamento Geral de Proteção de Dados (RGPD), entrou em vigor no ano de 2018, na União Europeia. Esse texto normativo diz respeito, em linhas gerais, a uma legislação sobre a forma como as empresas devem se portar com relação aos dados que armazenam, ou seja, como elas devem garantir a privacidade e as consequências geradas caso assim não o façam.

Convém mencionar ainda os três pilares que fundamentam o Regulamento de Proteção de Dados: a governança, a gestão e a transparência. Estes, quando aplicados em conjunto, alcançam maior efetividade nos contratos internacionais relacionados à tecnologia, pois preservam a confidencialidade e, assim, garantem melhores resultados ao negócio.

E, dessa forma, o RGPD passou a estimular a criação de legislações pelo mundo inteiro, com os mesmos preceitos basilares acima mencionados. A Lei Geral de Proteção de Dados (LGPD) foi influenciada diretamente por esse regulamento. E, por isso, o quarto capítulo faz o comparativo entre esses dois modelos legais que se encontram hoje em vigor e possuem expressivo conhecimento global.

Por último, no quinto capítulo, é analisado o cerne do Projeto, qual seja: a existência de impactos decorrentes do Regulamento Geral de Proteção de Dados nos contratos de transferência de tecnologia. É trazido à tona o questionamento acerca da limitação das fronteiras entre a aplicação das regulamentações positivadas e, por fim, quais são as repercussões da incidência dessas novas características nesses tipos contratuais.

A metodologia adotada neste trabalho é eminentemente exploratória, e será aplicada a partir da análise dos principais aspectos de um contrato internacional de transferência de tecnologia, a inevitabilidade da influência da normatização acerca da proteção de dados na atualidade e a influência do RGPD na formação atual dos tipos contratuais em foco.

Para alcançar os objetivos propostos no trabalho apresentado, usar-se-á, através de revisão bibliográfica e documental, o método hipotético-dedutivo, partindo-se da formulação de hipóteses através de conjecturas sobre o mundo exterior. Será analisada a realidade de transnacionais e seus contratos internacionais de transferência de tecnologia, para se chegar a uma conclusão sobre a existência de impactos gerados pelo RGPD sobre eles.

CAPÍTULO 1

TRANSFERÊNCIA DE CONHECIMENTO TÉCNICO OU CIENTÍFICO: A TRANSFERÊNCIA DE TECNOLOGIA

A transferência de tecnologia é, em epítome, o decurso do compartilhamento do conhecimento tanto científico, quanto tecnológico. A desenvoltura dessa bagagem teórica, fruto da globalização, é efetivada por pessoas que se dedicam a avultar novidades construtivas no segmento digital.[4]

No momento em que ocorre a transmissão da tecnologia produzida, abre-se a possibilidade de um amplo acesso às inovações, fazendo com que os que tenham interesse em averiguar e evoluir com os projetos tecnológicos o façam. Tal pode ocorrer das mais diversas formas, desde a elaboração de novos produtos ou serviços, até o aprimoramento de processos já existentes.

Empresas que possuem recursos e aptidão para evoluir o intuito da proposta da transferência da tecnologia, para a concretização da mesma, o fazem objetivando fomentar não apenas o crescimento particular, mas, de modo especial, a economia mundial. Com a desenvoltura dos esboços tecnológicos, podem surgir novidades comerciais, que impulsionam o mercado financeiro.

---

[4] TRANSFERÊNCIA de tecnologia. 2018. Disponível em: https://fapemig.br/pt/menu-servicos/propriedade-intelectual/transferencia-detecnologia/#:~:text=Trata%2Dse%20do%20processo%20de,e%20de%20Inova%C3%A7%C3%A3o%20para%20empresas. Acesso em: 20 maio 2021.

1.1 A transferência de tecnologia, a evolução tecnológica e a globalização

Um dos processos pertencentes ao desembaraço do mundo moderno, capitalista, efêmero e digitalizado é a globalização. Ela abriu portas para diversas novas fases, entre elas o estágio do estreitamento das relações internacionais. Esta etapa se deu por meio do estímulo do comércio exterior originado pelas necessidades transfronteiriças que precisavam enfrentar barreiras para se concretizarem.

O desenvolvimento das economias nacionais e as fronteiras políticas dos Estados passaram a ser guiadas pela evolução tecnológica, em especial na seara da informática e da telecomunicação, a denominada "Revolução Informacional", ou "Terceira Revolução Tecnológica". Estes foram alguns pontos precursores na trajetória da globalização.

Ocorreram grandes modificações no convívio social, assim como nos métodos utilizados na manufatura dos produtos, na condução dos vínculos trabalhistas, nos âmbitos políticos e financeiros, e principalmente, na orientação do comércio internacional.

O comércio internacional passou a ser ditado por diretrizes diferentes, firmadas em vista às evoluções tecnológicas, que passaram a permitir – e continuam a assim fazê-lo – que operações possam acontecer entre países de continentes diferentes, sem maiores problemas. Dessa forma, a globalização expandiu o mercado significativamente, com as tecnologias que começaram a ser desenvolvidas.

Com isso, o processo da pesquisa e do desenvolvimento (P&D) passou a receber uma atenção maior, tendo em vista a associação comercial, decorrente dos progressos da globalização, com a conversão da ciência em produção efetiva.[5]

Wilson Suzigan conseguiu descrever perfeitamente este curso de transformação, em sua obra nominada como *Tecnologia, globalização e políticas públicas*, conforme se pode constatar no trecho ressaltado:

> O estudo das relações entre mudança tecnológica, produtividade, crescimento econômico e competitividade, e das suas vinculações com o fenômeno da globalização, é sem dúvida uma das áreas de pesquisa

---

[5] GORENDER, Jacob. Globalização, tecnologia e relações de trabalho. 1997. Disponível em: https://www.scielo.br/scielo.php?script=sci_arttext&pid=S0103-40141997000100017. Acesso em: ago. 2021.

na fronteira do conhecimento econômico-social, e ainda depende de maiores esforços de desenvolvimento teórico e verificação empírica.[6]

A evolução tecnológica deixou de ser correlacionada com ocasiões pontuais, ou seja, como sendo resultante de momentos específicos, e passou a ser vista como uma área de pesquisa promissora, parte integrante de um processo econômico e social que está sempre em movimento. A difusão de novas tecnologias traz consigo novos parâmetros sociais, políticos e econômicos, pois modifica completamente a interação entre estas áreas. Diversas modificações organizacionais e institucionais, internas e externas, são fruto das inovações tecnológicas. E é por isso que estas desempenham um papel fundamental no crescimento da economia, no elo entre a procura e a oferta e no encadeamento político internacional.

Neste crescimento globalizacional, a qualificação para fazer bom uso do acesso das novas tecnologias existentes faz toda diferença. Dessa forma, a eficiência e habilidade despendidas no momento do acesso à novidade tecnológica é o que induzirá novos e significativos produtos, processos e estratégias.

Afinal, a globalização, que teve o seu pontapé inicial ainda na década de sessenta, foi difundida após os anos oitenta, com o alastramento das tecnologias nas mais diversas seções, como na comunicação e informação. Como resultado, o comércio internacional foi cada vez mais consolidado.

Cumpre ressaltar que, não apenas as relações financeiras externas foram incitadas, tal como a atividade das empresas transnacionais, das instituições multinacionais e das transações estrangeiras, retratando a elaboração de diversas novas interdependências. Transcorre-se, dessa forma, um investimento hegemônico nos sistemas de produção e do comércio mundial.

As empresas transnacionais geram variadas maneiras de "cooperação tecnológica e alianças estratégicas",[7] de modo especial nos primeiros momentos do processo da P&D. Com isso, surge o que é conhecido como "sistemas globais de interligação em redes entre bancos

---

[6] SUZIGAN, Wilson. Tecnologia, globalização e políticas públicas. *Economia e Sociedade*, Campinas, v. 9, p. 165-71, p. 9, dez. 1997. Disponível em: https://www.eco.unicamp.br/images/arquivos/artigos/469/07_Suzigan.pdf. Acesso em: 07 ago. 2021.

[7] SUZIGAN, Wilson. Tecnologia, globalização e políticas públicas. *Economia e Sociedade*. Campinas, v. 9, p. 28, dez. 1997.

e empresas industriais e de serviços",[8] fazendo com que os funcionamentos empresariais passem a estar interligados pela tecnologia.

Esses sistemas supramencionados são frutos do "tecnoglobalismo", termo esse atribuído por Daniele Archibugi e Jonathan Michie, em 1997, que é considerado como a terceira fase da globalização, caracterizado por uma onda de investimentos estrangeiros diretos, pela integração financeira e pelas redes nacionais desenvolvidas pelo relacionamento existente entre as transnacionais, em particular, quando em busca da troca de tecnologia.[9]

O tecnoglobalismo foi estimulado pela evolução tecnológica que impulsionou inter-relações comerciais externas e a criação de legislações internacionais com recortes específicos, como a defesa da concorrência e os direitos de propriedade intelectual.

A sucessão da globalização e a evolução/revolução tecnológica decorrente dela ocasionaram profundas modificações, de largas escalas e importância imensurável, em todas as operações empresariais, financeiras e internacionais.[10]

Importante se faz mencionar que a veemência no progresso dos fluxos de conhecimento, em todo o mundo, mostra o tamanho dos benefícios decursivos do processo da globalização, tal como a difusão transfronteiriça da tecnologia e os projetos decorrentes dela.

Além disso, o fenômeno da globalização descomplica significativamente o alcance do conhecimento desenvolvido pelas evoluções tecnológicas por todos os países, quebrando notáveis e impetuosas barreiras de comunicação. De igual forma, desempenha um importante papel no comércio externo, tendo expandido a concorrência internacional, por meio do incentivo à adoção de tecnologias estrangeiras na desenvoltura das atividades empresariais.[11]

---

[8] *Ibidem.*

[9] MIGNOLO, Walter. Globalização, processos de civilização, línguas e culturas. *Cad. CRH.,* Salvador, n. 22. p. 9-30, jan./jun. 1995. p. 22. Disponível em: https://periodicos.ufba.br/index.php/crh/article/viewFile/18783/12153. Acesso em: 20 set. 2021.

[10] GORENDER, Jacob. Globalização, tecnologia e relações de trabalho. 1997. Disponível em: https://www.scielo.br/scielo.php?script=sci_arttext&pid=S0103-40141997000100017. Acesso em: ago. 2021.

[11] ASLAM, Aqib; EUGSTER, Johannes; HO, Giang. *A globalização ajuda a disseminar o conhecimento e a tecnologia através das fronteiras. International monetary fund.* 2018. Disponível em: https://www.imf.org/external/lang/portuguese/np/blog/2018/040918pa.pdf. Acesso em: 19 maio 2021.

Desse modo, os sistemas econômicos dos países se beneficiaram significativamente com o crescente compartilhamento de aspectos relacionados à tecnologia, desde a vertente cognitiva e teórica, à questão prática e concreta. As fronteiras sofreram uma expansão mercadológica atrelada ao avanço tecnológico.

Nessa corrida do desenvolvimento da tecnologia, ocorre uma troca mútua de especialidades e progresso, entre os países. Até aqueles mais evoluídos se valem das inovações daqueles que mostram uma certa prosperidade tecnológica. É exatamente por conta disso que a conhecida "fronteira tecnológica" continua sempre em um ciclo contínuo de ascensão, pois existe o espaço para a influência entre os inovadores tradicionais e aqueles mais novos.

Neste diapasão, pode-se observar claramente a influência da globalização no desenvolvimento tecnológico exposto, afinal, esta serviu como porta de entrada na edificação daquela. A construção do meio tecnológico, definitivamente, agregou o sistema internacional, tendo em vista que não apenas estreitou relações, como estimulou a difusão em massa de conhecimento e inovações, colocando foco nas potencialidades de cada país.[12]

Por óbvio, a troca de conhecimento não é simples e necessita de um suporte para que seja efetivada com excelência. Portanto, devem acontecer investimentos no desempenho humano e na seara da pesquisa, para que seja possível a assimilação do conteúdo tecnológico transferido.

De igual maneira, deve-se priorizar o foco na proteção dos direitos relacionados à propriedade intelectual, à economia e ao funcionamento empresarial. A junção de aspectos normativos e principiológicos destas áreas faz com que as inovações ligadas à tecnologia sejam não apenas absorvidas, mas também tenham as aptidões de seus desenvolvedores preservadas, tendo em vista que, apenas desse modo, a novidade será benéfica ao mundo.

Com o passar do tempo, as transações negociais não mais se ativeram à comercialização imediata dos artefatos tecnológicos desenvolvidos, mas também, do conhecimento derivado desses avanços, que estimularam o progresso conceitual da parte econômica e de gestão empresarial. Dessa forma, as transnacionais começaram a utilizar, de igual maneira, a cedência de informação teórica e expertise no assunto da tecnologia.

---

[12] *Ibidem.*

Essa partilha de informações, ideias e aprendizagens pode se concretizar das mais diversas maneiras entre instituições ao redor do mundo. Duas formas comumente aplicadas são: por meio de acordos de parceria e de pactos negociais de licenciamentos.

Essas relações estabelecidas buscam, através de um trabalho de mútua análise e estudos, determinar como os conhecimentos tecnológicos transferidos podem efetivamente ser transformados em projetos concretos. Para isso, faz-se necessário: "identificar a melhor estratégia de desenvolvimento das tecnologias geradas no espaço acadêmico; colocá-las em uso; e transferi-las para uma organização que promova seu aproveitamento, o que pode ou não ter cunho econômico".[13]

Ocorre que o papel desempenhado pelo compartilhamento de tecnologia no fluxo negocial global e no desenvolvimento de países emergentes, é maior do que se imagina. A existência dessa troca possibilita a posição de destaque de alguns locais e os faz assim mais visados, tanto no âmbito econômico, quanto no intelectual.

Com isso, diversos benefícios decorrem da transferência tecnológica, em especial, se esta fizer referência a alguma questão atrelada ao funcionamento social, tal como a segurança nacional, a temática sanitária e de saúde, ou ao assunto da educação.[14] Neste sentido, quando se fala em transmissão tecnológica, deve ocorrer uma classificação sobre a sua substancialidade. Cada região tem a sua categorização própria, e assim, o Brasil também.

No território nacional, quando relacionado à perspectiva técnica, existe uma definição própria que decorre do estabelecido pelo Instituto Nacional da Propriedade Industrial (INPI).

Observa-se que o desenvolvimento científico, voltado à pesquisa e inovação, é o que se perfaz com a efetiva transferência de tecnologia, sendo ela mais conhecida como *know-how*. A partir disso, são elaborados e requintados inúmeros serviços, produtos e matérias. 15

---

[13] O QUE é transferência de tecnologia. 2018. Disponível em: https://auin.unesp.br/transferencia-de-tecnologia/. Acesso em: 05 jul. 2021.

[14] MOON, Suerie. Meaningful Technology Transfer to the LDCs: A Proposal for a Monitoring Mechanism for TRIPS. Article 66.2. Policy Brief Number 9. International Centre for Trade and Sustainable Development. Geneva: ICTSD, 2011. Disponível em: http://ictsd.org/downloads/2011/05/technology-transfer-to-the-ldcs.pdf. Acesso em: 02 jul. 2021.

[15] FREY, Irineu Afonso; TONHOLO, Josealdo; QUINTELLA, Cristina M. *Conceitos e aplicações de transferência de tecnologia*. Coleção PROFNIT. v. 1. 2019. Disponível em: http://www.profnit.org.br/wp-content/uploads/2019/10/PROFNIT-Serie-Transferencia-de-Tecnologia-Volume-I-WEB-2.pdf. Acesso em: 08 out. 2021.

Utiliza-se a referência da língua inglesa *"know-how"*, a fim de criar um termo único, utilizado em qualquer lugar do mundo, que represente a ideia de "saber fazer", ou seja, de ter conhecimento prático sobre como executar algo. No geral, o que pode ser colocado nessa categoria é tudo aquilo que for ideia, processo ou produto inovador.[16]

O maior objeto do compartilhamento tecnológico é intermediar entre os governos, para que, em cooperação, possam desenvolver iniciativas e esquemas, que, sozinhos, não conseguiriam, tendo em vista que faltaria especialização em recortes setoriais da inovação.

O período de avolumamento dos serviços e produtos ligados às questões tecnológicas se deu entre as décadas de 1970 e 1990. Tal afirmação pode ser validada quando analisados os dados estatísticos coletados, que apontam o aumento de 8,3% de exportações de tecnologias no comércio internacional.[17]

Cabe destacar um trecho da obra de James Manoel Guimarães Weiss, que apresenta a condução de alguns países diante do desembaraço da tecnologia nos vínculos comerciais, desde os localizados no Ocidente, àqueles situados no Oriente, conforme se pode observar abaixo:

> Os EUA se destacam como um grande exportador de tecnologia, com saldo exportador de 13,8 bilhões de dólares. A Alemanha se destaca como importadora de tecnologia, com déficit de 2,08 bilhões de dólares. O Japão, por sua vez, apresenta balanço de pagamentos equilibrado, com déficit de apenas 180 milhões de dólares. Embora ainda existam algumas limitações à transferência e difusão de tecnologias críticas ou de aplicação militar, a intensa competição entre firmas e entre países no mercado internacional, tem possibilitado o aumento geral do fluxo de transferência de tecnologia para os países menos desenvolvidos.[18]

O acolhimento das transferências tecnológicas em cada região está diretamente ligado à preparação científica do país. É de extrema importância o investimento em políticas públicas relacionadas à ciência e tecnologia, denominadas popularmente de Ciência e Tecnologia (C&T),

---

[16] SEGADE, Gómez. *El secreto industrial (know-how)*: concepto e protección. Madrid: Tecnos, 1974.

[17] WEISS, James Manoel Guimarães. *Ciência e tecnologia no contexto da globalização*: tendências internacionais. São Paulo: Ministério da Ciência e Tecnologia, out. 1995. Disponível em: https://www.faecpr.edu.br/site/documentos/ciencia_tecnologia_tendencias_internacionais. pdf. Acesso em: 20 jul. 2021.

[18] *Ibidem*.

afinal, esse arremetimento, "necessariamente conduz ao progresso social permeia a política científica e tecnológica (PCT) das sociedades contemporâneas".[19]

Por conseguinte, os 37 (trinta e sete) países integrantes da Organização para a Cooperação e Desenvolvimento Econômico (OCDE) costumam encorajar as alçadas da tecnologia e da ciência. O Brasil, como um parceiro crucial no desenvolvimento da Organização, e que busca integralizá-la, aprovou alguns instrumentos legais na área da C&T, no ano de 2020, o que o posicionou em um patamar de maior prestígio.[20]

A abordagem das políticas da C&T, incitadas pela OCDE, tem tido uma variedade grande de subtemáticas, em especial, aquelas conectadas aos meios de comunicação, à microeletrônica e à biotecnologia, tendo em vista serem estes os principais focos no fluxo negocial das empresas existentes.[21]

Entre os segmentos tecnológicos que prosperaram, pode-se destacar aquele voltado ao processo informativo. Os mais diversos recortes setoriais de prestação de serviço "vêm se reestruturando como resultado da introdução da tecnologia de informação em seus processos produtivos",[22] assim como vêm aplicando ao funcionamento empresarial a microtecnologia, para facilitar os processos internos e externos.

Os investimentos realizados na área de P&D se tornam um diferencial entre os países. Aqueles que se dedicam a esse segmento alavancam a C&T e se colocam em um patamar de destaque, tornando-se referência. Em consequência, esse ciclo fortalece a transferência de tecnologias entre fronteiras, movimentando o comércio internacional.

---

[19] CALDAS, Graça. *Política de C&T, mídia e sociedade*. 1998. Disponível em: https://www.metodista.br/revistas/revistas-ims/index.php/CSO/article/view/7877. Acesso em: 01 jul. 2021.

[20] BRASIL recebe aprovação da OCDE de novos instrumentos legais na área de Ciência e Tecnologia. 2020a. Disponível em: https://www.gov.br/pt-br/noticias/educacao-e-pesquisa/2020/07/brasil-recebe-aprovacao-da-ocde-de-novos-instrumentos-legais-na-area-de-ciencia-e-tecnologia. Acesso em: 01 jul. 2021.

[21] WEISS, James Manoel Guimarães. *Ciência e tecnologia no contexto da globalização*: tendências internacionais. São Paulo: Ministério da Ciência e Tecnologia, out. 1995. Disponível em: https://www.faecpr.edu.br/site/documentos/ciencia_tecnologia_tendencias_internacionais.pdf. Acesso em: 20 jul. 2021.

[22] PRATES, Glaucia; OSPINA, Marco. *Tecnologia da informação em pequenas empresas*: fatores de êxito, restrições e benefícios. 2004. Disponível em: https://www.scielo.br/j/rac/a/vpfnQdJRT5CtbBpN7b7XP9r/? lang=pt. Acesso em: 02 ago. 2021.

1.2 Comportamento do comércio em detrimento da necessidade da sociedade: como se opera o mercado de transferência de tecnologia

A grande competitividade fomentada no mercado, as constantes modificações nas necessidades imediatas na oferta e procura, a efemeridade existente nas relações estabelecidas em decorrência da globalização e a constante mudança do ambiente externo impõem que as instituições estejam sempre inovando o seu funcionamento para que continuem participando da base competitiva do meio negocial. O comércio tem mudado significativamente o seu trajeto, e com isso, traz novas demandas consigo. Em meio a estas, pode-se mencionar o mercado da transferência de tecnologia, afinal, é uma negociação que traz questões que estão cada vez mais em foco: o consumo de conhecimentos, tecnologias e desenvolvimento científico. É um processo que "abrange todo o ciclo de vida de um produto, desde a ideia inicial até ao *marketing* e venda do produto, beneficiando as partes envolvidas".[23]

O processo de transformação do conhecimento, denominado de inovação tecnológica, é de grande valor para a competitividade e o desenvolvimento do mercado. As inovações geradas por recursos públicos devem ser repassadas à sociedade na forma de benefícios. Dentre as formas possíveis dessa conversão, pode-se destacar a transferência de tecnologia.[24]

Pelo atual processo da globalização, este mercado tecnológico é cada vez mais estimulado, o que propicia, de forma considerável, um ecossistema com enfoque nas áreas da ciência, da tecnologia e da inovação, o que oportuniza uma ação cooperativa e incentivadora na seara comercial entre os países.

No quesito da proteção dessas tecnologias compartilhadas, existem aquelas que garantem o seu licenciamento apropriado e formalizado, por meio de um Centro de Inovação, que é responsável pela análise dos negócios – pela perspectiva de oferta e interesse – e pela viabilidade das criações.[25]

---

[23] MACÊDO, Larissa Sarmento; SANTOS, Adriana Cristina dos. *Da pesquisa ao mercado*: a primeira transferência de tecnologia. Universidade Federal de Uberlândia. 2015. Disponível em: file:///C:/Users/Talitha/Documents/Mestrado/UFPE/PROJETO%20UFPE/Mercado%20de%20transfer%C3%AAncia%20de%20tec.pdf. Acesos em: 06 jul. 2021.

[24] *Ibidem*.

[25] *Ibidem*.

Esse comprometimento deve ser almejado por todas as empresas que estejam desenvolvendo os seus serviços neste campo mercadológico. Esta afirmação é feita por Hashimoto, em sua obra *Espírito empreendedor nas organizações: aumentando a competividade através do intraempreendedorismo*, onde ele se refere às empresas com postura mais agressiva como intraempreendedoras e coloca que estas são assim classificadas, pois entendem que não basta ter qualidade e tecnologia para se destacar, mas que precisam agregar à inovação uma rápida entrega, uma boa execução, um planejado desenvolvimento e uma implementação ágil.[26]

Para que o sucesso seja alcançado nesse mercado, o maior investimento que pode ser feito é em uma equipe qualificada e preparada, pois são as pessoas as responsáveis por novas descobertas, criações e oportunidades. São elas que têm a visão ampla das tendências e logram êxito na concepção de uma novidade tecnológica.[27]

Obtêm-se bons resultados, pois, pelo fomento e incentivos para desenvolver mais projetos nessa área, as empresas passam a conseguir ampliar a sua competitividade no mercado, em decorrência do estímulo da comercialização de inovações na seara da tecnologia.

Torna-se exequível realizar uma análise macro sobre a gestão dos projetos de transferência de tecnologia. Este pode ser visto sob duas óticas diferentes, conforme exposto no artigo da "Gestão de Transferência de Tecnologia na Inova Unicamp", feito por Alexandre Aparecido Dias e Geciane Silveira Porto:

> A da demanda, constituída principalmente pelas empresas; e a da oferta, cujo foco desta pesquisa são as de qualquer Instituição Científica e Tecnológica (ICT).
> Cabe aos Escritórios de Transferência de Tecnologia (ETT) – organizações especializadas em transferir tecnologia ou conhecimentos de ICT com as quais estão vinculadas interna ou externamente para outras organizações – gerenciar uma série de frentes a fim de concretizar a passagem de tecnologia e conhecimento para outras organizações.[28]

Definem que o início do processo deve ter o seu ponto de partida na sensibilização dos pesquisadores, em que seja formada uma cultura

---

[26] HASHIMOTO, M. *Espírito empreendedor nas organizações*: aumentando a competividade através do intraempreendedoríssimo. São Paulo: Saraiva, 2006. 52p.

[27] *Ibidem.*

[28] DIAS, Alexandre Aparecido; PORTO, Geciane Silveira. Gestão de transferência de tecnologia na Inova Unicamp. *RAC*, Rio de Janeiro, v. 17, n. 3, art. 1, p. 263-284, maio/jun. 2013.

focada em aspectos relacionados à inovação. Isso pode acontecer por meio de especializações pessoais, que podem ser voltadas para "o oferecimento de cursos para a comunidade acadêmica, com a finalidade de incutir o senso de importância da Propriedade Intelectual e apresentar os procedimentos operacionais para a proteção, além de estimular a criação de novos negócios".[29]

Neste viés, Rasmussen completa o pensamento construído acima e estabelece que a transferência apenas tem um caminho de viabilidade aberto, quando ocorre uma negociação com os potenciais transferidores e a avaliação apurada acerca da capacidade de absorção do adquirente.[30]

Em consequência, Alp Ustundag, professor universitário de Istanbul, acrescenta o raciocínio, incluindo mais alguns pontos que podem vir a ser englobados na transferência de tecnologia, quando vinculada a Instituições Científicas e Tecnológicas, quais sejam:

(a) apoio às empresas spinoffs universitárias por meio da incubação, financiamento e consultoria; (b) captação de recursos junto a investidores para apoiar e financiar spin-offs; (c) construção de cooperação estratégica com parceiros externos; (d) negociação e gerenciamento dos contratos de pesquisa financiados pela indústria; e (e) fornecimento de consultoria para criação de novas empresas e consultoria em TT para empresas estabelecidas.[31]

No território brasileiro, o processo da transferência ora estudada enfrenta inúmeras etapas, e é por isso que foi criado um canal de formalização e acompanhamento: a *Revista da Propriedade Industrial* (RPI).[32] Ela possibilita observar o andamento da trajetória, desde a entrada do pedido da inovação, até a sua efetivação – que garante a possibilidade de acontecer o compartilhamento tecnológico.

Outro fato de extrema relevância para a consubstancialização do mercado da transferência de tecnologia é a exequibilidade dele por

---

[29] RASMUSSEN, E. Government instruments to support the commercialization of university research: lessons from Canada. *Technovation*, v. 28, n. 8, p. 506-517, 2008. DOI: 10.1016/j.technovation.2007.12.002.

[30] *Ibidem*.

[31] USTUNDAG, A.; UGURLU, S.; KILINC, M. S. Evaluating the performance of technology transfer offices. *Journal of Enterprise Information Management*, v. 24, n. 4, p. 322-337, 2011. DOI: 10.1108/17410391111148576.

[32] DIAS, Alexandre Aparecido; PORTO, Geciane Silveira. Gestão de transferência de tecnologia na Inova Unicamp. *RAC*, Rio de Janeiro, v. 17, n. 3, art. 1, p. 263-284, maio/jun. 2013. Disponível em: https://www.scielo.br/pdf/rac/v17n3/a02v17n3.pdf. Acesso em: 09 jul. 2021.

meio do processo de documentação formal. No Brasil, o primeiro passo para tornar factível o compartilhamento é a requisição por meio de um formulário de averbação e registro, ligado ao INPI, junto a uma carta com uma justificativa datada e devidamente assinada.[33]

Em seguida, os documentos apresentados, atrelados a este processo, devem ser digitalizados, a fim de serem verificados. Cumpre ressaltar que se eles estiverem em um idioma diverso do português, devem ser acertadamente traduzidos, e a tradução deve ser enviada em anexo.[34] Logo em seguida, o procedimento que está em trâmite pode vir a ser apresentado pelas empresas que almejam ser beneficiadas com a cessão da tecnologia, por meio do sistema e-Contratos.

Para que o processo seja finalizado e se chegue ao acompanhamento já mencionado, na RPI,[35] deve-se, aqui no Brasil, pagar uma taxa, que é transvertida, de acordo com o tipo de serviço que se busca averbar, por exemplo, um "pedido de registro de contrato de fornecimento de tecnologia (know-how)" tem um valor estipulado de R$ 2.250,00.[36]

Esses valores podem vir a sofrer alguns descontos progressivos, a depender de quem está efetuando o procedimento, podendo chegar até 60% (sessenta por cento), para: microempreendedores ou microempresa, empresas de pequeno porte, pessoas naturais, órgãos públicos ou entidades sem fins lucrativos.[37]

A finalização desse procedimento de transferência tecnológica pode ser oficializada por meio de contratos. Entre os principais tipos, pode-se mencionar, primeiramente relacionado diretamente com a marca: o de licença para uso e o de efetiva cessão. Nas descrições a seguir, é possível entender, em linhas gerais, alguns aspectos primordiais deles:

> Licença para uso de marca: é um contrato que autoriza que terceiros utilizem uma marca registrada por um determinado tempo.
> Para solicitar essa licença, é preciso indicar o número da marca registrada ou o pedido realizado junto ao INPI, assim como as condições de uso da marca e se existe a possibilidade de sublicenciá-la.

---

[33] PEDUTI FILHO, César. Tudo sobre transferência de tecnologia no Brasil. 2021. Disponível em: https://blog.peduti.com.br/transferencia-de-tecnologia-brasil/. Acesso em: 04 jul. 2021.

[34] *Ibidem.*

[35] DIAS, Alexandre. *Transferência de tecnologia.* 2013. Disponível em: https://edisciplinas.usp.br/pluginfile. php/187703/mod_resource/content/1/GI%20_tt.pdf. Acesso em: 09 jul. 2021.

[36] PEDUTI FILHO, *op. cit.*

[37] PEDUTI FILHO, César. Tudo sobre transferência de tecnologia no Brasil. 2021. Disponível em: https://blog.peduti.com.br/transferencia-de-tecnologia-brasil/. Acesso em: 04 jul. 2021.

Cessão de marca: consiste em transferir de forma definitiva a titularidade de uma marca para terceiros. Para que seja viável, é preciso que a marca seja registrada junto ao INPI e que o titular solicite essa transferência junto à Diretoria de Marcas, Desenhos Industriais e Indicações Geográficas.[38]

Isto significa que a transferência, ora debatida, pode acontecer por meio de: licenciamento de direitos ou aquisição de conhecimentos tecnológicos, com investimento direto no exterior.[39] Estas duas possibilidades podem ser descritas da seguinte maneira:

Uma licença é uma permissão dada a uma outra empresa para engajar-se numa atividade sem a qual seria legalmente proibida de realizá-la, conforme *Contractor*.[40] Assim, haverá o licenciamento para que uma empresa possa utilizar-se de uma tecnologia desenvolvida por outra. Há empresas que preferem licenciar sua tecnologia a instalar uma filial num país, uma vez que esse processo de transferência internacional de tecnologia é mais lucrativo para elas (...).
O investimento direto no exterior acontece através da instalação de subsidiárias de empresas multinacionais ou transnacionais motiva não só o fluxo financeiro ou o de recursos humanos entre os países, mas também o de tecnologia. Há uma intersecção entre temas abrangendo investimento direto no exterior, empresas multinacionais e tecnologia.[41]

Na seara internacional, um importante marco, que é considerado como basilar na condução das transferências de tecnologia, é o Acordo sobre Aspectos dos Direitos de Propriedade Intelectual Relacionados ao Comércio (TRIPS). Ele, que foi assinado no ano de 1994, tem alguns objetivos precípuos a serem alcançados, entre eles: "reduzir as barreiras comerciais entre seus países membros, por meio da adoção de políticas de cooperação".[42] Para que os compartilhamentos técnicos e

---

[38] *Ibidem*.

[39] FORAY, D. *Technology Transfer in the TRIPS Age*: The Need for New Kinds of Partnerships between the Most Advanced Economies and the LDCS. Issue Paper No.23. International Centre for Trade and Sustainable Development. Geneva: ICTSD, 2009. Disponível em: http://www.iprsonline.org/New%202009/foray_may 2009.pdf. Acesso em: 02 jul. 2021.

[40] CONTRACTOR, Farok J. *Licensing in international strategy*: a guide for planning and negotiations. Westport, Quorum: Praeger, 1985, p. 214-223.

[41] MIYAZAKI, Silvio Yoshiro Mizuguchi. Transferência internacional de tecnologia. 1991. Disponível em: https://www.scielo.br/j/rae/a/wqPxmTT7QXhV97VZRzYxHRn/?lang=pt. Acesso em: 15 ago. 2021.

[42] MACHADO, Diana Cristina; MOREIRA, Tamara Lemos. *As inovações trazidas através do acordo trips em relação às patentes de medicamentos e o óbice ao acesso a fármacos*. Trabalho apresentado no Seminário Internacional das Demandas Sociais e Políticas Públicas na

científicos da tecnologia se tornem realmente meritórios para a evolução dos países, deve-se nortear o seu gerenciamento de acordo com as diretrizes do TRIPS.

Para que exista uma efetiva e eficiente transação, é importante que ocorra ou uma transmissão relacionada diretamente a uma criação concreta, ou a uma percepção teórica. Qualquer desses tipos de acesso promove, de alguma forma, o condão de prosperar ou ao menos aprimorar um projeto na esfera tecnológica.[43]

Já no tocante ao que se classifica como patente – "direito, concedido a um inventor ou titular pelo Instituto Nacional da Propriedade Industrial (INPI), que oferece o uso exclusivo de uma invenção por um período limitado de tempo"[44] –, existem os de licença para exploração, os de licença compulsória e, mais uma vez, o de efetiva cessão. Estes podem ser descritos, de maneira simples, conforme explanado na citação a seguir:

A licença para exploração de patente: esse contrato, é autorizada a exploração por terceiros de uma patente regularmente depositada ou concedida.

Essa concessão é feita por tempo determinado e deve delimitar as condições relacionadas à exclusividade ou não do seu uso e se há permissão de sublicenciar a patente.

A licença compulsória de patente: uma solicitação para que o direito de exclusividade do titular da patente seja temporariamente suspenso.

O titular fica sujeito a essa licença quando o objeto da patente não está sendo explorado no Brasil devido à falta de fabricação ou produção incompleta.

Ela somente pode ser requerida passados 3 anos da concessão da patente e por pessoas que tenham real interesse e capacidade técnica e econômica para explorá-lo.

A cessão de patente: tem como objetivo transferir a titularidade de uma patente de forma definitiva para outra empresa, pessoa ou governo.

Sociedade Contemporânea. 2016. Disponível em: =file:///C:/Users/Talitha/Downloads/15790-12791-1-PB.pdf. Acesso em: 20 abr. 2021.

[43] SCHIRRU, Luca. As cláusulas restritivas e as práticas abusivas em contratos de transferência de tecnologia no Brasil: uma análise sob a perspectiva da propriedade intelectual. *PIDCC*, Aracaju, ano IV, v. 09, n. 02, p. 220-259, jun. 2015. Disponível em: file:///C:/Users/Talitha/Downloads/Dialnet-AsClausulasRestritivasEAs PraticasAbusivasEmContrat-6742336.pdf. Acesso em: 14 set. 2021.

[44] O QUE é Propriedade Intelectual, Registro de Marca e Concessão de Patente. *Portal da Indústria*, 2020. Disponível em: http://www.portaldaindustria.com.br/industria-de-a-z/propriedade-intelectual-registro-de-marca-e-concessao-de-patente/. Acesso em: 10 jul. 2021.

Para que tenha validade, o titular deve solicitar a transferência junto à Diretoria de Patentes, Programas de Computador e Topografia de Circuitos Integrados.[45]

Além desses supramencionados, pode-se citar aqueles associados com o desenho industrial propriamente dito, que também engloba a sua licença e sua cessão. Assim como também alguns mais gerais e conhecidos, como o pacto contratual de franquia, fornecimento de tecnologia e atrelados aos serviços de assistência técnica e científica. Os que têm escopos mais específicos e fora do comum, como os de topografia de circuito integrado, tanto com licença efetiva, quanto com licença compulsória.[46]

Resta evidente que esse processo de transferência de tecnologia, que permite que o conhecimento seja compartilhado entre pessoas, empresas, nações e seus governos, passa por todo um processo burocrático para ser efetivado, e, após a sua efetiva realização, traz consigo diversos impactos, assim como qualquer relação comercial, não só na seara econômica, mas de igual maneira, na sociedade como um todo.

1.3 Implicações da relação comercial de transferência de tecnologia (*know-how*)

A relação comercial da transferência de tecnologia tem como fruto diversas repercussões diretas e que se interligam em seu movimento. Primeiramente, se pode mencionar o impacto nas relações sociais existentes, tendo em vista que, no momento em que é efetivado um pacto negocial entre duas partes – especialmente quando no espectro da transferência vertical, de um país mais desenvolvido em um menos desenvolvido, já anteriormente abordada – ocorre uma interligação cultural e uma implicação direta no funcionamento da sociedade.

A transferência de tecnologia se concretiza em meio aos conhecidos como "subsistemas social, político, econômico e cultural da sociedade", que segundo Adit Rath assume que há um "... complexo grupo de interações e relações entre tecnologia, sua fonte, o receptor,

---

[45] PEDUTI FILHO, César. Tudo sobre transferência de tecnologia no Brasil. 2021. Disponível em: https://blog.peduti.com.br/transferencia-de-tecnologia-brasil/. Acesso em: 04 jul. 2021.

[46] PEDUTI FILHO, César. Tudo sobre transferência de tecnologia no Brasil. 2021. Disponível em: https://blog.peduti.com.br/transferencia-de-tecnologia-brasil/. Acesso em: 04 jul. 2021.

o processo de sua transferência, o meio ambiente de origem e de uso, e o consequente impacto no processo de desenvolvimento".[47]

No momento em que uma transferência tecnológica é concretizada, a *expertise*, os estudos e o desenvolvimento de uma parte são compartilhados diretamente com a outra. Assim, existirá um impacto social derivado da inserção da tecnologia em sua performance.

Quando se manifestam novas tecnologias e são levadas para o funcionamento diário de uma sociedade, existe uma inferência significativa no cotidiano das pessoas. Para que o conhecimento (*know-how*), desenvolvido pela tecnologia em questão, seja sedimentalizado e, de fato, colocado em prática de forma efetiva, é necessário que aconteça uma mudança nas "práticas sociais", que abracem a inovação, e se faça com que as "atividades da práxis cotidiana" absorvam os conhecimentos surgidos.[48]

Nesse diapasão, resta claro a "associação entre a questão da institucionalização do conhecimento e a efetividade do processo de transferência de uma dada tecnologia",[49] visto que, se a sociedade não estiver aberta para acoplar a mudança fruto da novidade tecnológica, de nada servirá a relação negocial estabelecida, pois, sem aceitação, não há crescimento efetivo.

De forma extremamente didática, pode-se mencionar a explanação de Gerardo Patriota, que coloca que o "grau de institucionalização do conhecimento" efetivado pela transferência, demonstra, em mesma proporção, o grau da efetividade prática daquela tecnologia na sociedade. Nessa perspectiva, é frisado o percurso seguido na transferência da tecnologia e as suas metamorfoses:

> Explicativamente, à medida que uma tecnologia vai sendo efetivamente transferida, não apenas os tipos de conhecimento necessários para esse avanço no processo de transferência modificam-se – requerendo-se diferentes combinações entre estes –, mas as próprias práticas sociais e

---

[47] RATH, A. ADIT: a review. *In*: WORKSHOP ON ABSORPTION AND DIFFUSION OF IMPORTED TECHNOLOGY. 26 to 30 January 1981, Singapore. *Proceedings*. Ottawa, Ont.: International Development Research Centre, 1983. p. 13-19.

[48] OLIVEIRA, Samir Adamoglu de. *Transferência de tecnologia segundo a perspectiva da "tecnologia na prática"*: um estudo de caso. 2009. Disponível em: https://acervodigital.ufpr. br/bitstream/handle/1884/23439/Dissertacao_Samir%20Adamoglu%20de%20Oliveira. pdf?sequence=1&isAllowed=y. Acesso em: 06 out. 2021.

[49] *Ibidem*.

a recursividade destas quando nas atividades da práxis dos indivíduos condicionam e restringem a maneira como essas combinações ocorrem.[50]

É dessa maneira que ocorre a concreta institucionalização das práticas sociais comutadas pelos novos conhecimentos implementados em decorrência da assimilação da tecnologia em meio ao povo. É essencial a compreensão de que as questões sociais são basilares para qualquer desenvolvimento, pois:

(...) as práticas sociais existentes em uma organização representam um "locus primário" do conhecimento dos agentes acerca do que estes fazem e do porquê que estes o fazem, e mais do que isso, pelo fato de estas conterem, em si mesmas, formas específicas de conhecimento – de modo que este conhecimento constitui particularmente uma 'maneira de entender o mundo' que compreende um entendimento de objetos (incluindo nisso os abstratos), dos seres humanos em geral e do próprio praticante.[51]

A premissa condicionante do criador de uma inovação tecnológica, que se apoia nas práxis sociais, demonstra, notadamente, que "as tecnologias desenvolvidas e implementadas, tendo seu uso frequentemente sustentado pelos usuários desta (praticantes), acabam condicionando as práticas existentes, reforçando-as, ou mesmo modificando-as"[52] e, assim, reforça a construção de que uma influencia diretamente na outra.

Pode-se mencionar que um grande fator que agrega a existência da transferência de tecnologia na sociedade é que ela pode, entre diversas outras questões: exponenciar a qualidade de vida dos cidadãos; crescer um grau do nível político do país; causar um avanço econômico e cultural na sociedade; gerar mais empregos etc.[53]

Além disso, desenvolve pessoalmente cada indivíduo integrante da sociedade, tendo em vista que aqueles a quem interessar a questão

---

[50] PATRIOTTA, G. *Organizational knowledge in the making*: how firms create, use, and institutionalize knowledge. New York, USA: Oxford University Press, 2003.

[51] TSOUKAS, H. The firm as a distributed knowledge system: a constructionist approach. *Strategic management Journal*, v. 17, Winter Special Issue, p. 11-25, 1996.

[52] OLIVEIRA, Samir Adamoglu de. *Transferência de tecnologia segundo a perspectiva da "tecnologia na prática"*: um estudo de caso. 2009. Disponível em: https://acervodigital.ufpr. br/bitstream/handle/1884/23439/Dissertacao_Samir%20Adamoglu%20de%20Oliveira. pdf?sequence=1&isAllowed=y. Acesso em: 06 out. 2021.

[53] DIAS, Alexandre. *Transferência de tecnologia*. 2013. Disponível em: https://edisciplinas.usp. br/pluginfile. php/187703/mod_resource/content/1/GI%20_tt.pdf. Acesso em: 09 jul. 2021.

podem vir a se qualificar mais, gerar mais oportunidades profissionais e ampliar o conhecimento teórico.

Nessa lógica, cumpre mencionar alguns autores que deixam claro como a sociedade é afetada e como existe uma integração entre as implicações vivenciadas nas diversas searas, tais quais: Henrique Rattner e Wasserman.

Na perspectiva de Rattner:

> A transferência de know-how entre países não deve ser encarada apenas como uma operação comercial rotineira: a introdução de novas técnicas e equipamentos de produção afeta necessária e invariavelmente a estrutura e a organização das empresas envolvidas; os padrões de conduta e os valores de seus empregados e operários; as normas técnicas e os costumes culturais, particularmente os padrões de consumo; enfim, resulta em mudanças profundas do estilo de vida das populações atingidas.[54]

E na de Wasserman: "o sistema tecnológico, para ser apropriado para uma determinada sociedade, "deve estar integrado com e ser uma extensão das instituições econômicas, sociais e políticas de uma sociedade, de seus valores e metas".[55] Estranho seria se não se considerasse que existe uma confluência significativa entre a introdução do compartilhamento de um novo conhecimento e a estruturação da sociedade.

A perspectiva social é apenas a basilar na construção do processo da transferência de tecnologia, pois ela é a responsável por enraizar o aspecto cultural que vem agregado a qualquer inovação. Porém, existem outras implicações decorrentes desse tema, como a que está intimamente ligada com o aspecto comercial em si, qual seja, a econômica.

Existem algumas abordagens pragmáticas acerca desse contexto. Uma das mais conhecidas é a apontada pelos autores Sung e Gibson, que colocaram em pauta a possibilidade da análise das transferências de tecnologia pelo ponto de vista da "lógica *bottom-up*", possuidora de quatro níveis: o de "criação de conhecimento e tecnologia; o de compartilhamento de conhecimento e tecnologia; o de implementação do conhecimento e tecnologia; e o de comercialização do conhecimento e

---

[54] RATTNER, Henrique. *Tecnologia e sociedade*: uma proposta para os países subdesenvolvidos. São Paulo: Brasiliense, 1980, p. 183.

[55] WASSERMAN, P. Technological innovation in information transfer: strategies of information management. *Rev. AIBDA*, v. 5, n. 1, p. 1-10, En./Jun. 1984.

tecnologia".[56] Mostram por meio desta que o trajeto percorrido é exaurido quando efetivada a negociação comercial do conhecimento e tecnologia, pois apenas por meio de certa prestação econômica consegue-se fechar o ciclo de transferência.

Quando explorados mais a fundo, os níveis se destrincham da seguinte forma: no primeiro nível existe o desenvolvimento do conhecimento, ou seja, é criado o esqueleto do projeto que virá a ser negociado. Dessa forma, "os indivíduos conduzem pesquisas (...) ou desenvolvem conhecimento a partir das melhores práticas existentes na organização, divulgando os resultados dessa atividade de diversas maneiras".[57]

Seguido o caminho, no denominado nível dois, acontece a divisão de responsabilidade entre os criadores da inovação e aqueles irão usufruir dela, compreendendo que "o sucesso desse compartilhamento se dá quando o conhecimento e tecnologia são transferidos ao longo dos limites pessoais, funcionais ou organizacionais, sendo aceitos e compreendidos pelos usuários".[58] Este nível se interliga com o terceiro, tendo em vista que este é consequência daquele, pois é o melhoramento social que decorre da existência do novo conhecimento compartilhado.

Quando se chega ao nível quatro, é quando o ciclo da transferência é finalizado, pois é concretizada a transação comercial do *know-how*. Neste ponto, é importante destacar que, para que essa etapa possa ser concluída com êxito, é necessário que todas as outras tenham seguido o seu fluxo natural e tenham sido bem-sucedidas. Afinal, um investimento só acontece quando existe comprovação suficiente de que ele valerá a pena.

Outro aspecto relevante que deve ser apontado no quesito econômico são os benefícios que derivam da captação de um novo conhecimento tecnológico. A título de exemplo, pode-se mencionar a posição de destaque em que é colocado, tanto o local precursor da inovação, quanto o receptor dela, pois mostra que eles são evoluídos, que buscam estar em constante melhoramento e que têm um novo nicho de mercado relacionado a esta transferência tecnológica.

---

[56] SUNG, T. K.; GIBSON, D. V. *Knowledge and technology transfer*: levels and key factors. 2000. Disponível em: http://in3.dem.ist.utl.pt/downloads/cur2000/papers/S04P04.PDF. Acesso em: 26 nov. 2021.

[57] OLIVEIRA, Samir Adamoglu de. *Transferência de tecnologia segundo a perspectiva da "tecnologia na prática"*: um estudo de caso. 2009. Disponível em: https://acervodigital.ufpr.br/bitstream/handle/1884/23439/Dissertacao_Samir%20Adamoglu%20de%20Oliveira.pdf?sequence=1&isAllowed=y. Acesso em: 06 out. 2021.

[58] *Ibidem.*

Além disso, também sucede um grande crescimento econômico; uma valorização monetária; uma busca às empresas relacionadas ao *know-how*; um maior fluxo de exportação; uma crescente nas vendas do país; uma referência no polo tecnológico; e um avolumamento de conhecimento, o que estimula a economia local, com mais empregos. Ademais, ocorre uma considerável admissão em mercados internacionais.[59]

Com o passar dos anos e em decorrência da globalização, a questão da transferência de conhecimento e tecnologia se tornaram cada vez mais uma mercadoria valiosa. Seguindo este pensamento, Figueira Barbosa aponta que, "por ser uma mercadoria que assume o caráter de propriedade dentro do subsistema econômico da sociedade, esta cria suas normas e convenções para qualificar e definir o regime de propriedade da tecnologia e suas possibilidades de uso".[60]

Inclusive, para alguns pesquisadores da área, não é apenas a tecnologia em si que é considerada um produto de venda, mas igualmente, a própria ação do que é considerado nesse trajeto como "transferência", enquadra-se como uma transação negocial. Segundo mencionado por Bautista Vidal, "não só a tecnologia tem o caráter de mercadoria, mas, também a sua transmissão pode ser considerada um "aluguel de uso de um determinado modo de produção, estruturado dentro dos interesses de seus controladores e das políticas dos países a que estão vinculados".[61]

No momento em que o ato da transferência é abordado, convém destacar algumas classificações em que ele se encaixa. Para Wasserman é uma "adaptação e implementação de estratégias inovadoras e necessárias nas nações em desenvolvimento para a solução de seus próprios problemas econômicos, educacionais e sociais".[62]

Já para o INPI, ele é delimitado como "uma negociação econômica e comercial que desta maneira deve atender a determinados preceitos

---

[59] DIAS, Alexandre. *Transferência de tecnologia*. 2013. Disponível em: https://edisciplinas.usp. br/pluginfile. php/187703/mod_resource/content/1/GI%20_tt.pdf. Acesso em: 09 jul. 2021.

[60] BARBOSA, A. L. Figueira. *Propriedade e quase propriedade no comércio de tecnologia*. Brasília: CNPq, 1981. p.181.

[61] VIDAL, J. W. Bautista. *De estado servil a nação soberana*: civilização solidária dos trópicos. Petrópolis: Vozes, 1987.

[62] WASSERMAN, P. Technological innovation in information transfer: strategies of information management. *Rev. AIBDA*, v. 5, n. 1, p. 1-10, En./Jun. 1984.

legais, bem como deve promover o progresso da empresa receptora e o desenvolvimento econômico do país".[63]

E para Einhaus, a transferência da tecnologia só acontece efetivamente quando for "comunicada ou transmitida, e o usuário desta for capaz de aplicar esses conhecimentos e explorá-los economicamente a partir de seus próprios recursos de produção".[64]

Desse modo, a chamada "transferência de tecnologia" estimula fortemente o comércio eletrônico, ou seja, o mercado digital. O que fundamentalmente diferencia a transferência abordada das demais transações corriqueiras é o efetivo compartilhamento de *know-how*. Insta salientar que, de acordo com o apontado por Figueira Barbosa, não somente pela parte negocial se perfaz a transferência ora estudada, mas também por um mecanismo menos abordado: "através das técnicas amplamente difundidas, geralmente obtidas através de publicações, de cursos superiores, de documentos de patentes e outros".[65]

1.4 Conexão da tecnologia com o desenvolvimento da proteção de privacidade e dados

De igual maneira, é significativo ressaltar uma terceira relação direta da transação do compartilhamento tecnológico, qual seja, o aspecto jurídico. Sem ele, não seria possível formalizar as relações comerciais. Mais ainda, não seria nem sequer viável a troca entre países sem que se realizasse a análise de suas legislações respectivas – desde as perspectivas acerca da transferência de dados, levando em consideração os preceitos a serem seguidos no tratamento de dados, ao fluxo do comércio estrangeiro.

No momento em que toda a evolução teórica de uma inovação tecnológica desenvolvida se materializa em produtos ou se manifesta por meio da prestação de um serviço, ocorre uma transferência de

---

[63] OLIVEIRA, Samir Adamoglu de. *Transferência de tecnologia segundo a perspectiva da "tecnologia na prática"*: um estudo de caso. 2009. Disponível em: https://acervodigital.ufpr.br/bitstream/handle/1884/23439/Dissertacao_Samir%20Adamoglu%20de%20Oliveira.pdf?sequence=1&isAllowed=y. Acesso em: 06 out. 2021.

[64] FREIRE, Isa M. *Transferência da informação tecnológica para produtores rurais*: estudo de caso no Rio Grande do Norte. 1987. 81 p. Dissertação (Mestrado) – IBICT, Rio de Janeiro, 1987.

[65] BARBOSA, A. L. Figueira. *Propriedade e quase propriedade no comércio de tecnologia*. Brasília: CNPq, 1981. p.181.

tecnologia atrelada a um compartilhamento direto de conhecimento e este deve ser protegido em todos os seus aspectos.

A transferência de tecnologia em si consiste basicamente em transmitir para uma pessoa, física ou jurídica, uma permissão para utilizar, usufruir e comercializar uma criação da seara tecnológica. Em linhas gerais, "o repasse do conhecimento científico e tecnológico gerado nos centros de pesquisa e universidades (...) pode significar um produto ou processo tecnológico, uma patente, um software ou mesmo um relatório de pesquisa aplicada".[66]

Os segmentos que se valem dessa transação são os mais diversos. Todos aqueles que podem minimamente visualizar uma vantagem ou uma evolução vinculada à inovação em questão irão investir na relação negocial.[67]

O mercado é estimulado constantemente por essas interações, tendo em vista que a troca de novidades da tecnologia entre instituições é o que faz com que ocorram as maiores modificações nas demandas de consumo diárias. E nessa toada se faz claro que um dos principais aspectos que carece de um cuidado especial é a salvaguarda dos dados que estão envolvidos nessas transações, vez que constituem a moeda de troca que agrega valor à negociação.

No sistema mercadológico, é crucial que ocorra a verificação das normas existentes. Afinal, é a partir da avaliação crítica dos mecanismos jurídicos criados para defesa dos interesses nacionais que se pode constatar o que cada país (tanto o criador, quanto o receptor) busca pela negociação em pauta – ou seja, quais as vantagens decorrerão da transferência da tecnologia.[68]

Cumpre ressaltar um ponto levantado por Dominique Foray em sua obra, que se mostra de extrema importância no processo do compartilhamento tecnológico:

---

[66] OLIVEIRA, Rafael. *Licenciamento, cessão ou transferência de tecnologia?* 2017. Disponível em: https://biominas.org.br/blog/transferencia-de-tecnologia/. Acesso em: 06 out. 2021.

[67] FIUZA, Tatiana. *O que é transferência de tecnologia?* 2020. Disponível em: https://gestaodainovacao.blog. br/o-que-e-transferencia-de-tecnologia-londrina/. Acesso em: 13 ago. 2021.

[68] VIANA, Cassandra Lúcia de Maya. *O fluxo de informações na transferência de tecnologia:* estudo dos acordos tecnológicos registrados no INPI – Brasil. Brasília, 1997. Disponível em: http://eprints.rclis.org/7410/1/Fluxo_informa%C3%A7%C3%B5es_Transfer%C3%AAncia_de_Tecnologia.pdf. Acesso em: 27 ago. 2021.

O processo não deve se esgotar na mera instalação da tecnologia, senão com a própria generalização do conhecimento no espaço geográfico considerado, fator que se manifesta na capacitação dos envolvidos ou do receptor para que continue a desenvolver e aperfeiçoar o produto ou tecnologia objeto da transferência.[69]

Muito além da mera ação de transferir em si, algo crucial é a preparação de quem está recebendo aquela tecnologia, para que o conhecimento recebido possa ser utilizado de forma correta, inteligente e útil, e, assim, seja efetiva uma vantagem na relação. Esse preparo se estende aos aspectos sociais, econômicos e jurídicos – este de extrema valia, pois formaliza a transação negocial com aspectos protetivos, inclusive no tocante à troca de dados que ocorre como objeto precípuo no pacto contratual de transferência tecnológica.

No que diz respeito à relação interpessoal estabelecida na transmissão tecnológica, tem-se aquele que executa a função de doador e aquele que pratica o ofício de receptor. Este é o responsável direto pela seletiva da tecnologia que servirá como objeto da transação negocial, assim como também a forma como essa operação irá suceder.[70]

No momento em que acontecer a formalização do acordo entre as partes, por meio de um instrumento escrito, é imprescindível que a documentação do pacto se dê de forma contratual, ajustada sob alguns parâmetros essenciais. Entre eles, pode-se mencionar, sobretudo, um caminho que possibilite a realização tangível da tecnologia transferida, tanto por meio da aquisição da licença dos direitos atrelados a ela, quanto da sua parte teórica, que embasará todo o procedimento.[71]

A colaboração entre os integrantes deste cenário de transferência parte do objetivo em comum que ambos almejam alcançar. Dessa forma, existirá um esforço despendido de ambos os lados (o doador e o receptor), para fazer valer a pena a operação da transferência tecnológica.

---

[69] FORAY, D. *Technology Transfer in the TRIPS Age*: The Need for New Kinds of Partnerships between the Most Advanced Economies and the LDCS. Issue Paper No.23. International Centre for Trade and Sustainable Development. Geneva: ICTSD, 2009. Disponível em: http://www.iprsonline.org/New%202009/foray_may 2009.pdf. Acesso em: 02 jul. 2021.

[70] FERES, Marcos Vinícius Chein; TASSE, Luciana. Transferência de tecnologia, institutos de ciência e tecnologia e saúde pública. 2015. Disponível em: http://www.publicadireito.com. br/artigos/?cod=1abb1e1ea 5f481b5. Acesso em: 06 mar. 2022.

[71] EMERICK, M. *Gestão tecnológica como instrumento para a promoção do desenvolvimento econômico-social*: uma proposta para a Fiocruz. 2004. 219f. Dissertação (Mestrado) – Escola Nacional de Saúde Pública da Fundação Oswaldo Cruz. Rio de Janeiro, 2004. Disponível em: http://bvssp.icict.fiocruz.br/pdf/emerickmcm.pdf. Acesso em: 02 jul. 2021.

Os pactos contratuais estabelecidos devem deixar bem delimitadas as responsabilidades e atribuições de cada um, assim como também uma clara divisão do ônus que decorrerá da transação, dos direitos que podem derivar desta[72] e das diretrizes legais que devem ser seguidas, em especial a que determina o resguardo dos dados.

Diante das determinações contratuais, as partes agem em conjunto para agregar o projeto da transmissão tecnológica com as suas *expertises*, levando em consideração a indispensabilidade de as ações que venham a ser realizadas, estarem em conformidade com as legislações locais. Ou seja, conciliar a "observância estrita dos procedimentos institucionalizados na legislação pátria para a consecução destas transferências".[73]

Em vista dos aspectos vantajosos na formalização das questões relacionadas ao conhecimento e novas criações, pode-se mencionar os documentos de patentes. Estes desempenham um importante papel do percurso da transferência de tecnologia, pois é por meio dele que se pode observar a pré-existência ou não da inovação que está em pauta.

Outros pontos positivos que também podem ser considerados são:

> evitar a realização de pesquisas redundantes em atividades de P&D, evitando, consequentemente, os gastos supérfluos; ajudar os empresários a não incorrer em infrações no caso de patentes já existentes no mercado; ajudar a encontrar técnicas de livre utilização (não patenteadas); subsidiar as negociações para uma possível licença por permitir conhecer outras alternativas tecnológicas patenteadas por outros titulares; e de permitir acompanhar as atividades de pesquisa ou de proteção através de patentes de outras empresas competidoras.[74]

Por certo, existem muitos meios jurídicos que atrelam e aperfeiçoam o trajeto da transferência tecnológica, como publicações em revistas acadêmicas, formação em cursos superiores especializados, os próprios documentos de patentes mencionados, e, acima de tudo, os

---

[72] FERES; TASSE, *op. cit.*

[73] FERES, Marcos Vinícius Chein; TASSE, Luciana. Transferência de tecnologia, institutos de ciência e tecnologia e saúde pública. 2015. Disponível em: http://www.publicadireito.com.br/artigos/?cod=1abb1e1ea 5f481b5. Acesso em: 06 mar. 2022.

[74] KIRSCHNER, Ana Maria. *Notas de estudo de Sociologia Econômica*. fluxo de informações. Rio de Janeiro, 2022. Disponível em: https://www.docsity.com/pt/fluxo-informacoes-apostilas-biblioteconomia-parte2/324870/. Acesso em: 14 ago. 2021.

contratos propriamente ditos[75] e as legislações que determinam a forma como deve ocorrer o tratamento dos dados envolvidos nessas relações.

Ainda que diversas dessas menções não tenham sido objeto de uma pesquisa empírica aprofundada – a exemplo de alguns acordos feitos entre países –, elas têm se mostrado de grande efetividade na garantia do procedimento. Em especial, os contratos, que com o escopo específico, têm estimulado o meio jurídico a se aperfeiçoar cada vez mais nesta seara, como aconteceu com o Regulamento Geral de Proteção de Dados, que nasceu da necessidade de resguardo à trajetória dos dados nas relações negociais.

Essa regulamentação se fez crucial para permitir que o avanço tecnológico continuasse a ocorrer de forma segura. Afinal, o principal aspecto da tecnologia é o seu *know-how*, ou seja, a criação de uma inovação, e, assim, a correta manipulação dos dados se faz indispensável.

Essa legislação de proteção de dados, além de determinar diretrizes gerais para o tratamento destes, permite um gerenciamento muito mais organizado das relações, garante uma condução preservada das informações trocadas, determina aspectos de controle ao acesso e compartilhamento de dados – especialmente os confidenciais, e, assim, faz com que a tecnologia seja preservada.

---

[75] VIANA, Cassandra Lúcia de Maya. *O fluxo de informações na transferência de tecnologia*: estudo dos acordos tecnológicos registrados no INPI – Brasil. Brasília, 1997. Disponível em: http://eprints.rclis.org/7410/1/Fluxo_informa%C3%A7%C3%B5es_Transfer%C3%AAncia_de_Tecnologia.pdf. Acesso em: 27 ago. 2021.

CAPÍTULO 2

OS CONTRATOS DE TRANSFERÊNCIAS DE TECNOLOGIA (*KNOW-HOW*) NO ÂMBITO DO DIREITO INTERNO E EXTERNO

Diante do avanço tecnológico e de previsões internacionais regulatórias relacionadas a esta seara, o Brasil passou a priorizar a inserção de questões atreladas à tecnologia. Deu-se início à aplicação dos contratos de transferência de *know-how* não apenas em relações negociais externas, mas também nos pactos contratuais internos.[76]

Desse modo, novas formas contratuais derivadas do objeto deste novo contrato passaram a existir, a possuir o seu aspecto legal positivado no ordenamento jurídico brasileiro e a ter, em sua caracterização, ressalvas com relação à distinção das classificações entre institutos similares relacionados à propriedade intelectual.[77]

No que tange às previsões reguladas, pode-se mencionar a vertente internacional, com o Acordo TRIPS, por exemplo. Após a incorporação do contrato de *know-how*, pode-se também mencionar o panorama nacional, tendo a Lei de Propriedade Industrial (Lei nº 9.279/96) como uma menção significativa.[78]

Com este acréscimo e valorização dos contratos de transferência de tecnologia, os seus objetos diretos, quais sejam, os bens jurídicos imateriais, criaram um significativo valor econômico e exponencial

---

[76] DURO, Laura Delgado. *Aspectos jurídicos do contrato de know-how.* 2018. Disponível em: https://www.pucrs.br/direito/wp-content/uploads/sites/11/2018/09/laura_duro.pdf. Acesso em: 12 out. 2021.

[77] SILVA, Gabriela Kiapine. Contratos de transferência de tecnologia: know-how. Disponível em: https://jus.com.br/artigos/40124/contratos-de-transferencia-de-tecnologia-know-how. Acesso em: 03 ago. 2021.

[78] DURO, *op. cit.*

destaque. Por este motivo, a necessidade de se criar regulamentações protetivas se tornou cada vez maior.[79]

Cumpre ressaltar que, ainda que hoje existam previsões legais genéricas acerca da temática, há uma brecha legal a ser preenchida, que abarca um aspecto mais específico e aprofundado. Boa parte da interpretação interna brasileira ainda se apoia em diretrizes internacionais, muito mais do que em direcionadores internos.[80]

As dificuldades no que tange ao contrato de *know-how* são mais amplas do que se imagina, tendo em vista que a problemática se remete a sua própria conceituação, que varia bastante doutrinariamente, de acordo com o país aplicado.

Para que exista uma aplicação mais completa e coerente, deve-se levar em consideração previsões não somente do nosso ordenamento jurídico interno, mas, de igual maneira, dos ordenamentos jurídicos externos que possuam compatibilidades. Aspectos relevantes acerca de sua construção e dos seus agentes são previstos de forma complementar nas mais diversas regulamentações.[81]

2.1 Quem faz: a atuação empresarial transnacional

A caracterização jurídica positiva das empresas multinacionais é algo fundamental, pois envolve pelo menos cinco campos jurídicos: Direito Tributário, Direito do Trabalho, Direito Comercial, Direito Econômico e Direito Internacional.[82]

Dessa forma, uma apreciação realizada por André Gonçalves Pereira, em sua obra colaborativa *Manual de direito internacional público*, é de importante destaque neste cenário, tendo em vista que diz respeito ao que seria uma "sociedade multinacional", conforme se pode constatar:

---

[79] COELHO, Ivan Ponce. Contrato de transferência de tecnologia. 2016. Disponível em: https://ivanponcecoelho.jusbrasil.com.br/artigos/249110407/contrato-de-transferencia-de-tecnologia. Acesso em: 12 out. 2021.

[80] BARRIOS, Lucas. O contrato internacional de transferência de tecnologia e o Direito da Concorrência no Brasil: análise à luz da recente jurisprudência do Cade. *RDC*, v. 2, n. 2, p. 117-143, nov. 2014. Disponível em: file:///C:/Users/Talitha/Downloads/133-Texto%20do%20artigo-442-2-10-20150317.pdf. Acesso em: 12 out. 2021.

[81] DURO, Laura Delgado. *Aspectos jurídicos do contrato de know-how*. 2018. Disponível em: https://www.pucrs.br/direito/wp-content/uploads/sites/11/2018/09/laura_duro.pdf. Acesso em: 12 out. 2021.

[82] CRETELLA NETO, José. *Curso de Direito Internacional Econômico*. São Paulo: Saraiva, 2012, p. 752, 759, 772.

(...) empresas proprietárias ou controlar instalações de produção ou serviço fora do país / região onde sua sede está localizada. Essas empresas não são necessariamente sociedades por ações ou empresas privadas, também podem assumir a forma de cooperativas ou empresas estatais (...).[83]

Em parecer emitido pelo Conselho Econômico e Social francês, em 1972, ficou definido que uma empresa transnacional corresponde a uma empresa com sede em determinado país e que desenvolve atividades não apenas nele, mas em diversos outros.[84]

Neste diapasão, a OCDE aprovou uma emenda às suas diretrizes acerca das empresas multinacionais – em 25 de maio de 2011 – em que ficou destacado que, embora não exista uma definição única e exclusiva sobre as "sociedades multinacionais", elas podem ser classificadas, de maneira geral, como empresas, ou outras entidades, estabelecidas em vários países e relacionadas entre si pela realização de diferentes atividades nos mais diversos ramos.[85]

Estes afazeres das empresas multinacionais podem ser alcançados por meio de ações isoladas (momentos pontuais, destinadas apenas a uma situação específica) ou ações permanentes (que se prolongam no tempo e permanecem acontecendo em repetição).

Para o exercício normal do fluxo econômico internacional, o reconhecimento da existência e a classificação das sociedades multinacionais é algo imprescindível. Quando uma empresa estrangeira passa a desempenhar o seu papel além da sua fronteira – o local de origem de sua sede – deve-se apoiar: ou na abertura de filiais nos países, solicitando uma licença de funcionamento, ou, ao menos, seguindo os regramentos internos, para garantir o reconhecimento de sua personalidade jurídica (e assim os direitos relacionados).[86]

---

[83] PEREIRA, André Gonçalves. *Manual de direito internacional público*. 3. ed. rev. e aum., reimpr. Coimbra: Editora Almedina, 1997.

[84] CRETELA NETO, *op. cit.*

[85] WINTER, Luis Alexandre; NASSIF, Rafael Carmezim. A atuação das empresas transnacionais nos países emergentes: desenvolvimento nacional à luz da ordem econômica constitucional. *Caderno do Programa de Pós-Graduação em Direito PPGDir./UFRGS*, Edição Digital, Porto Alegre, v. XI, n. 1, p. 170–173, 2016.

[86] BARZA, Eugênia Cristina; GUIMARÃES, Marcelo Cesar. A atuação empresarial transnacional: conceito, formas de atuação, efeitos e perspectivas para a regulamentação. *Revista Acadêmica Faculdade de Direito do Recife*, v. 87, n. 2, jul./dez. 2015. Disponível em: file:///C:/Users/Talitha/Downloads/1672-5185-1-PB.pdf. Acesso em: 13 out. 2021.

Dessarte, um dos principais pontos para a classificação de uma empresa multinacional é, segundo Luiz Olavo Baptista, a constituição introdutória das suas representações físicas acessórias em outros locais divergentes de sua sede. Contudo, destaca, de igual maneira, que, ainda que exista essa subdivisão produtiva, deve-se manter uma administração centralizada e definida, que sirva de ponto convergente entre todas elas.[87]

Cumpre ressaltar que estas subsidiárias serão regidas de acordo com os preceitos do país considerado como "hospedeiro", ou seja, aquele em que está de fato produzindo e desempenhando o seu serviço, independentemente de receber investimento estrangeiro direto.[88] Contudo, este fator financeiro desempenha um papel de importância no quesito da aplicação de determinadas questões legais.[89]

Devido à ênfase contemporânea na racionalização da estrutura organizacional, procedimentos de tomada de decisão e atividades produtivas em si têm promovido ampla e rápida reorganização das operações, o que tem permitido que as empresas multinacionais inovem por meio de estabelecimento, fusões, aquisições, cisões e ativos.[90]

Portanto, o comportamento das empresas multinacionais parece estar em constante evolução, sempre se adaptando às novas necessidades e mudanças que estão ocorrendo na sociedade contemporânea.[91]

Levando em consideração os apontamentos feitos até o momento, no tocante às empresas multinacionais, cumpre trazer à tona o foco para o seu crescimento nos países emergentes, na década de 1970, na qual a população colocou em pauta os comportamentos empresariais demasiados e o contraponto com os direitos humanos.[92]

As Nações Unidas procuraram desenvolver medidas para consolidar as responsabilidades das entidades econômicas que se colocam à frente das negociações em âmbito internacional. O abuso de capital no mercado internacional foi o fator decisivo que levou as Nações Unidas

---

[87] BAPTISTA, Luiz Olavo. *Empresa transnacional e direito*. São Paulo: Revista dos Tribunais, 1987. p. 95.

[88] *Ibidem.*

[89] BARZA; GUIMARÃES, *op. cit.*

[90] FARIA, José Eduardo. *O direito na economia globalizada*. São Paulo: Malheiros, 2004. p. 72.

[91] BARZA; GUIMARÃES, *op. cit.*

[92] WINTER, Luis Alexandre; NASSIF, Rafael Carmezim. A atuação das empresas transnacionais nos países emergentes: desenvolvimento nacional à luz da ordem econômica constitucional. *Caderno do Programa de Pós-Graduação em Direito PPGDir./UFRGS*, Edição Digital, Porto Alegre, v. XI, n. 1, p. 170-173, 2016.

a estabelecer um comitê para lidar com as empresas multinacionais, em 1973. Esse comitê construiu uma série de preceitos a serem seguidos, formulando um "Código de conduta", no intuito precípuo de estabelecer padrões de *compliance* às entidades multinacionais.[93]

O supramencionado código reuniu, em suas previsões, alguns pontos de extrema relevância no que diz respeito à condução dessas empresas, entre eles: que elas não devem efetivar nenhum tipo de interferência nos assuntos políticos internos do país em que estejam operando (com as suas subsidiárias). Deixa claro que essas empresas possuem o compromisso em se posicionarem de forma neutra, não se envolvendo de maneira alguma em questões políticas do país em que estejam alocadas.[94]

O código prevê também condutas que devem ser adotadas: a obrigação de respeitar a soberania e as leis do país onde desempenhem as suas atividades; o encargo de garantir e seguir os direitos positivos no país e agir de acordo com os desígnios próprios do local; assim como observar e acatar as questões econômicas previstas no país em que possuem as suas subsidiárias. A existência dessas multinacionais deve servir como um estímulo ao crescimento e desenvolvimento interno do país em que se encontra alocado, tendo em vista que possibilita a expansão das partes e objetos das negociações.[95]

As diretrizes do referido código são essenciais para um funcionamento coerente e estratégico das empresas multinacionais. Contudo, esse código nunca conseguiu ser efetivamente concretizado em sua totalidade devido às inúmeras divergências decorrentes das diferenças disparatadas entre o patamar de industrialização e desenvolvimento dos países, assim como entre questões políticas e econômicas destes.

Ademais, faz-se mister salientar que, conforme Crettela Neto afirma, esse Código de conduta não tem aplicação obrigatória, mas serve como uma recomendação.[96] No mesmo sentido, enquadrando-se na seara (que pode – e de preferência deve – ser seguida), pode-se

---

[93] FEENEY, Patricia. A luta por responsabilidades das empresas no âmbito das nações unidas e o futuro da agenda de advocacy. *Revista Internacional de Direitos Humanos*, v. 6, n. 11, São Paulo, 2009.

[94] BOZZA, Roseli de Fátima Bialeski. *Direito ao desenvolvimento na era da globalização econômica*: ordem econômica constitucional e as empresas transnacionais. 2012. Dissertação (Mestrado em Direito) – PUC/PR, Paraná, 2012.

[95] WINTER; NASSIF, *op. cit.*

[96] CRETTELA NETO, José. *Empresa transnacional e o direito internacional*: exame do tema à luz da globalização. Rio de Janeiro: Forense, 2006, p. 99.

mencionar: as Diretrizes para Empresas Multinacionais, formalizadas pela OCDE, em 1976, com modificações em 2000 – ambiental – e em 2011 – direitos humanos e trabalhistas.[97]

A existência das empresas multinacionais, nos mercados globais faz, por vezes, com que alguns países moldem os seus aspectos normativos, ou seja, reestruturarem certos quesitos regulatórios, a fim de concretizar a aprovação dessas entidades em seus territórios.

Nesse ponto, jaz um aspecto negativo que merece uma análise maior, vez que, no momento em que um país passa a adotar certos padrões legais apenas com a finalidade de viabilizar a instalação dessas empresas, abre espaço para que se instaure um processo de desestruturação do mercado, passa a colocar o poder decisório do Estado como um subserviente às questões econômicas, o que desvaloriza preceitos éticos sociais, considerando que estes deixam de ser postos como prioridade na ponderação.[98]

Portanto, para desempenhar uma atribuição qualitativa e necessária no funcionamento das empresas multinacionais, assim como na maneira como elas formalizam a sua condução, os Estados nos quais elas se encontrem devem fazer prevalecer sobre sua soberania e seus regramentos internos. Só assim terão controle sobre a existência e a forma de criação dessas empresas, vinculando-as ao crescimento econômico do país, levando em consideração questões sociais, culturais e ambientais.[99]

Neste aspecto, o Brasil se encontra em uma posição favorável, tendo em vista que possui uma ordem econômica constitucional ampla e isto permite a possibilidade da aplicação de práticas comerciais razoáveis e compatíveis com a Carta Magna.[100]

Esta previsão abre espaço para o avanço das empresas multinacionais e as suas mais diversas searas de atuação. Uma delas, que está cada vez mais em foco, é a área da tecnologia. Afinal, levando em consideração o desenvolvimento em larga escala decorrente da

---

[97] BOZZA, Roseli de Fátima Bialeski. *Direito ao desenvolvimento na era da globalização econômica*: ordem econômica constitucional e as empresas transnacionais. 2012. Dissertação (Mestrado em Direito) – PUC/PR, Paraná, 2012, p. 112.

[98] WINTER, Luis Alexandre; NASSIF, Rafael Carmezim. A atuação das empresas transnacionais nos países emergentes: desenvolvimento nacional à luz da ordem econômica constitucional. *Caderno do Programa de Pós-Graduação em Direito PPGDir./UFRGS*, Edição Digital, Porto Alegre, v. XI, n. 1, p. 170–173, 2016.

[99] *Ibidem*, p. 184.

[100] WINTER; NASSIF, *loc. cit.*

globalização, o desenvolvimento tecnológico foi, assim, uma consequência lógica e esperada.

Por outro lado, a criação e o desenvolvimento tecnológico, por si só, já exigem aporte de uma avantajada quantia financeira. O processo se constitui em as empresas multinacionais realizarem o avanço da tecnologia em seu país de origem, ou seja, aquele correspondente ao local de concepção da ideia inovadora, e com isso, já trazerem incorporado ao investimento a tecnologia.[101]

Ocorre que as empresas estatais se mostram mais preparadas para "realizar ou apoiar a pesquisa e o desenvolvimento tecnológico", especialmente em "certos campos expandidos, como tecnologia da informação, telemática, comunicações gerais, energia nuclear, agricultura e tecnologia de alimentos".[102]

A expansão das empresas multinacionais ocorreu de forma sorrateira e bastante apoiada no setor público, predominantemente nos países latino-americanos, onde existe a presença do Estado como agente ativo nessa relação negocial. Com isso, as empresas estatais têm uma presença destacada sob qualquer indicador de atividade econômica.[103]

O segmento industrial, inclusive, depende de forma expressiva para o seu crescimento e expansão, de relações negociais atreladas à tecnologia, das empresas transnacionais "estatais". Isto ocorre, pois existem inúmeras aberturas e muito menos entraves em questões ligadas às necessidades do funcionamento do Estado.

Um dos fatores que possibilitou essa transferência tecnológica com mais facilidade foi a existência do fluxo internacional de dados (*cross-border data flow*), o que assente qualquer país a estabelecer uma relação negocial com outro, indo além de suas fronteiras. Essas ponderações são sempre aplicadas pelas empresas industriais, estimulando um mercado com maior expressão e bastante competidor.[104]

Desse modo, ao final da década de 1960, quando o avanço tecnológico passou a ocupar um espaço expressivo e ser classificado como

---

[101] SARAVIA, Henrique J. Criação e transferência de tecnologia nas empresas industriais do estado. *Rev. adm. Empresa*, v. 27, n. 3, jun. 2013.

[102] *Ibidem.*

[103] *Ibidem.*

[104] GALVÃO, Cláudia Andreoli; PEREIRA, Violeta de Faria. Empresas transnacionais (ETNs) e os países pobres: reflexões sobre a governança global. *Geosul*, Florianópolis, v. 32, n. 63, p. 7-48, p. 14, jan./abr. 2017.

de importância econômica e política, os enquadramentos supramencionados ganharam um valor ainda maior.

Neste diapasão da classificação da tecnologia, cumpre mencionar que, na conferência de Punta del Este, em 1967, o seu conceito foi expressamente determinado e a questão passou a ser fervorosamente discutida, levando em consideração, principalmente, os seguintes tópicos:

> (...) o papel das empresas transnacionais na transferência, desenvolvimento e aplicação de tecnologia; a responsabilidade dos países receptores em desenvolver mecanismos para absorção da tecnologia transferida; a promoção de mecanismos institucionais para melhorar o fluxo de tecnologia entre os países que a produzem e os que a utilizam; o desejo dos países receptores de produzir tecnologias próprias que lhes permitam certa autonomia de decisão no fluxo tecnológico.[105]

Nesses apontamentos levantados, são posicionados em destaque os agentes dessas ações e como eles, ainda que possuam interesses, por vezes, contrários, quando constituem um pacto estratégico entre si, possibilitam o avanço de negociações internacionais de forma significativa.

Resta mencionar quem seriam esses autores que se interligam, neste cenário, no que diz respeito à orientação dos avanços tecnológicos. Estes seriam "as empresas transnacionais, os governos dos países fornecedores de tecnologia, os governos dos países receptores, as empresas públicas destes países e as empresas privadas aí sediadas".[106]

Levando em consideração o progresso da tecnologia e o consequente comércio dela, algo bastante interessante e que passou a ser efetivado com mais força é o que se enquadra como um "Parque Tecnológico". Esta organização pode ter muitas definições, entre as quais se pode salientar:

> Segundo a IASP – Internacional Association of Science Parks – um Parque Científico, ou tecnológico, é uma organização gerenciada por profissionais especialistas, cujo principal objetivo é aumentar a riqueza de sua comunidade pela promoção da cultura da inovação e da competitividade de suas empresas associadas e instituições baseadas em

---

[105] SARAVIA, Henrique J. Criação e transferência de tecnologia nas empresas industriais do estado. *Rev. adm. Empresa*, v. 27, n. 3, jun. 2013.

[106] GALVÃO, Cláudia Andreoli; PEREIRA, Violeta de Faria. Empresas transnacionais (ETNs) e os países pobres: reflexões sobre a governança global. *Geosul*, Florianópolis, v. 32, n. 63, p. 7-48, p. 14, jan./abr. 2017.

conhecimento. Para permitir que estas metas sejam alcançadas, o Parque Científico estimula e gerencia o fluxo de conhecimento e tecnologia entre universidades.

> Para a Associação Nacional de Entidades Promotoras de Empreendimentos Inovadores (ANPROTEC), Parque Tecnológico é um (a) complexo industrial de base científico-tecnológica planejado, de caráter formal, concentrado e cooperativo, que agrega empresas cuja produção se baseia em pesquisa tecnológica desenvolvida em centros de P & D vinculados ao Parque; (b) empreendimento promotor da cultura da inovação, da competitividade, do aumento da capacidade empresarial fundamentado na transferência de conhecimento e tecnologia, com o objetivo de incrementar a produção de riqueza.[107]

Esses parques tecnológicos têm algumas características próprias que estão relacionadas diretamente com a transferência de tecnologia e o envolvimento das empresas transnacionais em suas negociações. É por isso que ele sempre possui os seguintes atributos relacionados ao seu funcionamento:

> A internacionalização do parque tecnológico com a presença de empresas transnacionais com Centros de P&D; o acesso das empresas aos pesquisadores, professores e a mão de obra proveniente da universidade e das instituições de ensino e pesquisa; e a política formal da universidade e dos institutos de pesquisas nos processos de interação universidade-empresa.[108]

Ante o exposto, é possível identificar que se perfaz, corriqueiramente na organização, a transferência de tecnologia entre universidades e empresas; afinal de contas, um dos objetivos precípuos da formação do Parque Tecnológico é permitir que as pesquisas-base desenvolvidas nas universidades avancem de uma forma que permitam a concretização dos projetos. Existe o intento de viabilizar o fomento das pesquisas e a sua evolução em um ponto que as inovações se tornem algo apelativo

---

[107] FIGLIOLI, Aline; PORTO, Geciane Silveira. *Mecanismos de transferência de tecnologia entre universidades e parques tecnológicos*. Trabalho apresentado no XXIV Simpósio de Gestão de Inovação Tecnológica. Gramado, RS, out. 2006, p. 3.

[108] FIGLIOLI, Aline; PORTO, Geciane Silveira. *Mecanismos de transferência de tecnologia entre universidades e parques tecnológicos*. Trabalho apresentado no XXIV Simpósio de Gestão de Inovação Tecnológica. Gramado, RS, out. 2006, p. 3 e 4.

no aspecto mercantil, e, com o auxílio das empresas transnacionais, possam vir a ser comercializadas.[109]

Observa-se que as empresas multinacionais desempenham um papel essencial na transação que envolve as transferências de tecnologia, principalmente como uma grande fornecedora. Com isso, elas acabam estipulando a forma como deve acontecer a entrada dessas tecnologias nos países que estão na posição de recebedores.[110] E um dos principais aspectos a serem observados nessas relações negociais envolvendo a transferência de tecnologia é o sigilo das informações. Neste aspecto, novamente vêm à tona as Diretrizes da OCDE para as empresas multinacionais.

Essas diretrizes apontam alguns princípios básicos e padrões que devem ser seguidos, a fim de acautelar a existência de uma conduta empresarial adequada, sendo considerada como aquela que segue os critérios admitidos em âmbito internacional. Elas servem como norteadoras em situações em que as empresas tenham regulamentações internas que sejam conflitantes com o estabelecido por essas Diretrizes. Estas irão prevalecer até o ponto em que não violem o direito doméstico com o qual estão se sobrepondo.

Nesta toada, cabe salientar que "os países aderentes às Diretrizes assumem um compromisso vinculante em implementá-las (...) Além disso, as questões abrangidas pelas Diretrizes também podem ser objeto de legislação nacional e compromissos internacionais".[111]

Por outro lado, essas diretrizes determinam em seu Capítulo V, parágrafo 2c, um dos principais fatores a serem observados: "espera-se que as informações dadas pelas empresas a seus trabalhadores e seus representantes forneçam uma 'imagem verdadeira e apropriada' de desempenho",[112] ou seja, que o sigilo comercial necessário seja protegido.

---

[109] *Ibidem*, p. 3.

[110] SARAVIA, Henrique J. Criação e transferência de tecnologia nas empresas industriais do estado. *Rev. adm. Empresa*, v. 27, n. 3, jun. 2013.

[111] BRASIL. Ministério da Economia. *Diretrizes da OCDE para empresas multinacionais*. 2019. Disponível em: https://www.gov.br/produtividade-e-comercio-exterior/pt-br/assuntos/ camex/pcn/diretrizes-da-ocde-para-empresas-multinacionais. Acesso em: 3 maio 2022.

[112] OCDE – *Diretrizes da OCDE para empresas multinacionais*. 2021. Disponível em: chrome-extension://efaidnbmnnnibpcajpcglclefindmkaj/https://www.gov.br/produtividade-e-comercio-exterior/pt-br/assuntos/camex/pcn/produtos/outros/diretrizes-da-ocde-edicao-completa-em-portugues-versao-final.pdf. Acesso em: 4 maio 2022.

Prossegue pontuando:

> Essas informações referem-se a: estrutura da empresa, sua situação e perspectivas econômicas e financeiras, tendências de emprego e mudanças substanciais esperadas nas operações. As considerações de confidencialidade dos negócios podem significar que as informações sobre determinados pontos possam não ser fornecidas ou não possam ser fornecidas sem salvaguardas.[113]

Mostra-se o tamanho da importância desses preceitos da OCDE na condução do mercado internacional, que envolve a manipulação de dados. Tais Diretrizes ressaltam que, para a garantia de uma transação apropriada, "devem ser estabelecidos procedimentos para facilitar o profissionalismo e a independência verdadeira dos membros do conselho que são empregados, e para assegurar que eles respeitem seu dever de sigilo".[114]

2.2 Proteção ao investimento e o estímulo à inovação: propriedade intelectual

Conforme definição da Organização Mundial da Propriedade Intelectual (OMPI), compreende-se a propriedade intelectual como:

> A soma dos direitos relativos às obras literárias, artísticas e científicas, às interpretações dos artistas intérpretes e às execuções dos artistas executantes, aos fonogramas e às emissões de radiodifusão, às invenções em todos os domínios da atividade humana, às descobertas científicas, aos desenhos e modelos industriais, às marcas industriais, comerciais e de serviço, bem como às firmas comerciais e denominações comerciais, à proteção contra a concorrência desleal e todos os outros direitos inerentes à atividade intelectual nos domínios industrial, científico, literário e artístico.[115]

---

[113] *Ibidem.*

[114] OCDE – *Diretrizes da OCDE sobre governança corporativa para empresas de controle estatal.* 2018b. p. 30. Disponível em: chrome-extension://efaidnbmnnnibpcajpcglclefindmkaj/https://www. oecd.org/daf/ca/corporategovernanceofstate-ownedenterprises/40157990.pdf. Acesso em: 3 maio 2022.

[115] ABPI – Associação Brasileira da Propriedade Intelectual. *O que é propriedade intelectual?* Disponível em: https://abpi.org.br/blog/o-que-e-propriedade-intelectual/. Acesso em: 20 set. 2021.

É possível afirmar que a propriedade intelectual seja a formalidade teórica de uma criação humana, uma certa garantia de que a invenção efetivada passará a ser salvaguardada juridicamente – por meio de legislações e previsões positivadas – ao seu "proprietário", quer dizer, o seu inventor – o titular do direito sobre a inovação.[116]

O Sistema de Proteção à Propriedade Intelectual, que é muito rico e diverso, e que por si só já se divide em diversas searas, tais como a propriedade industrial, os direitos do autor e a proteção *lato sensu*, exerce diferentes influências nos segmentos mais diversos da sociedade.[117]

O instituto da Propriedade Intelectual prospera a habilidade científica e a qualificação tecnológica concebidas, impulsionando a produção de conhecimento e, por conseguinte, novas criações inovativas.[118] Com isso, esse instituto acaba assumindo uma posição de destaque no desenvolvimento de um país, tendo em vista que incrementa a economia, modifica questões sociais e incentiva a pesquisa – e em decorrência, os seus frutos.[119]

Nesse sentido, quando se menciona o incentivo às criações se traz à tona o fato de que quanto mais a tecnologia ascende, maiores se tornam também as previsões da Propriedade Intelectual, a título de exemplo, no que diz respeito às questões jurídicas. Resultante desse processo, como um reflexo direto das modificações e do avanço, surgem novos direitos e deveres atrelados tanto aos criadores, quanto às suas inovações.

De igual forma, o conteúdo legal engloba também diretrizes para os investidores dessa relação supramencionada, pois são eles que efetivam o pacto negocial. A Propriedade Intelectual já positivada exerce inúmeras funções, entre elas, pode-se destacar as seguintes: "coibir a concorrência desleal e primar pelos interesses de seus legítimos titulares, fomentar o desenvolvimento econômico do país – por meio de

---

[116] GOMES, Rita de Cassia Medeiros. Propriedade intelectual: contexto histórico, importância e suas formas de proteção. *PIDCC*, Aracaju/SE, ano IX, v. 01, n. 03, p. 029-063, out. 2020 a jan. 2021.

[117] SALLES-FILHO, Sérgio; CARVALHO, Sérgio Paulino de; FERREIRA, Claudenicio; PEDRO, Edilson; FUCK, Marcos. *Sistema de propriedade intelectual e as pequenas e médias empresas no Brasil*. Organização Mundial de Propriedade Intelectual. Depto. de Política Científica e Tecnológica. Instituto de Geociências – UNICAMP, Campinas, set. 2005, p. 35.

[118] CARVALHO, S. M. P. Tendências focalizadas em propriedade intelectual, transferência de tecnologia e informação tecnológica no Brasil. *In*: SIMPÓSIO DE GESTÃO DA INOVAÇÃO TECNOLÓGICA, XXII. 2002. São Paulo. *Anais* [...]. Núcleo de Política e Gestão Tecnológica da Universidade de São Paulo: PGT/USP, 2002, p. 150-151.

[119] GOMES, *op. cit.*

políticas públicas referentes ao INPI – impulsionar o desenvolvimento econômico",[120] entre outras.

A vantagem do sistema de propriedade intelectual é que ele protege não apenas as próprias atividades criativas, mas também os investimentos feitos para levar essas invenções ao mercado. Em todo o mundo, os proprietários de propriedade intelectual são protegidos por leis específicas para impedir o uso não autorizado de suas obras, produtos, processos, marcas e serviços.[121]

Esse direito temporário ao desenvolvimento comercial exclusivo da propriedade intelectual estimula a criatividade humana e o empreendedorismo. Além disso, também contribui para melhorar a competitividade empresarial, promover o comércio e o desenvolvimento tecnológico, cultural e científico de um país.

A Organização Mundial do Comércio (OMC) criou o TRIPS, e o Brasil se tornou signatário do acordo em 1994. O TRIPS estabeleceu um padrão mínimo para a proteção dos direitos de propriedade intelectual, e os países que o assinam são obrigados a modificar suas leis nacionais para adaptá-las a esse padrão.[122]

No Brasil, a legislação que rege os direitos de propriedade intelectual é a Lei nº 9.279, de 14 de maio de 1996. O órgão responsável pela concessão dos direitos de propriedade intelectual no Brasil é o INPI.[123]

Conforme mencionado anteriormente, o escopo de proteção dos direitos de propriedade intelectual é muito amplo, geralmente dividido em três ramos principais: direitos de propriedade industrial – referente a marcas, patentes, desenhos industriais e indicações geográficas usados em um ambiente de negócios; os direitos autorais – que inclui obras de arte no geral; e a proteção especial – que diz respeito às obras mais específicas, tal como um circuito integrado de terreno.[124]

---

[120] BUAINAIN, A. M.; CARVALHO, S. M. P. Propriedade Intelectual em mundo globalizado. *Parcerias Estratégicas*, n. 9, p. 145-153, 2000.

[121] JUNGMANN, Diana de Mello. *A caminho da inovação*: proteção e negócios com bens de propriedade intelectual: Guia para empresário. Brasília: IEL, 2010. Disponível em: http://www.inpi.gov.br/sobre/arquivos/guia_empresario_iel-senai-e-inpi.pdf. Acesso em: 04 jan. 2022.

[122] PAESANI, Liliana Minardi. *Direito e internet*: liberdade de informação, privacidade e responsabilidade civil. 7. ed. São Paulo: Atlas, 2014.

[123] SALLES-FILHO; CARVALHO; FERREIRA; PEDRO; FUCK, 2005, p. 35.

[124] SILVA, Claudio Eduardo de Figueiredo. *Propriedade intelectual de programa de computador desenvolvido para utilização na Administração Pública*: estudo de caso. 2013. Tese (Doutorado em Ciências Jurídicas) – da Universidade Federal de Santa Catarina, Florianópolis, 2013.

É possível, assim, proteger a inovação criada no INPI – tanto as que sejam exclusivamente de composição de texto, como as que sejam apenas de imagens, assim como também aquelas que integralizem ambas as vertentes.

Desse modo, a propriedade intelectual se mostra um campo abrangente que recai dentro do mundo jurídico. O criador da inovação – independentemente de ser uma mercadoria intangível e da seara de aplicação em que se enquadre – possui, em decorrência direta das garantias derivadas da propriedade intelectual, o direito de obter vantagens – de cunho pessoal e pecuniário – sobre a criação realizada.

Conforme definido pela teoria, a propriedade intelectual "pode transformar o conhecimento, que é quase um bem público em princípio, em bens privados, e é o elo entre o conhecimento e o mercado".[125]

A fim de que as criações desenvolvidas se tornem proveitosas para as empresas criadoras, faz-se indispensável que sejam integradas ao plano corporativo geral. Isso representa a necessidade de incorporá-las em todas as fases do processo, desde estratégias de divulgação de *marketing* aos contatos estabelecidos na transação negocial.[126]

A gestão dos ativos intangíveis é algo essencial para a salvaguarda da propriedade intelectual da empresa criadora. Entre as ferramentas elementares que devem ser adotadas nesse processo, pode-se mencionar: a consulta aos bancos de dados de marcas para que seja possível evitar o uso indevido de marcas de terceiros, a triagem da viabilidade da marca nas plataformas de consulta, garantir a segurança do segredo de negócio – este definido como a privacidade das informações que são trocadas nas relações negociais – preservar as transações comerciais da invenção e acompanhar para garantir que não estão ocorrendo violações à proteção da propriedade intelectual estabelecida.[127]

Nota-se que em casos de negociações com terceiros, é necessário que os contratos de confidencialidade sejam devidamente assinados

---

[125] VIEIRA, A. C. P.; BUAINAIN, A. M. Propriedade intelectual, biotecnologia e proteção de culturas no âmbito agropecuário. *In*: VIEIRA, A. C. P; BUAINAIN, A. M. *Biotecnologia e recursos genéticos desafios e oportunidades para o Brasil*. Rio de Janeiro Finep, 2006, p. 58-63.

[126] ÁVILA, Jorge de Paula Costa; TARDELLI, Ademir; NEVES, Breno Bello de Almeida. *A propriedade intelectual e o comércio exterior*: conhecendo oportunidades para seu negócio. Cartilha INPI. 2019. Disponível em: chromeextension://efaidnbmnnnibpcajpcglcle findmkaj/viewer.html?pdfurl=https%3A%2F%2Fwww.gov.br%2Finpi%2Fpt-br%2Fcomposicao%2Farquivos%2Fpi_e_comercio_exterior_inpi_e_apex.pdf&clen=727635&chunk=true. Acesso em: 18 nov. 2021.

[127] *Ibidem*.

antes da divulgação do objeto pretendido, ou seja, que seja garantida a proteção aos dados sigilosos que são compartilhados nas operações. Faz-se necessário cuidar para salvaguardar e manter acautelados os ativos, no processo de comercialização.

É importante salientar que o uso dos bancos de dados de marcas, patentes e desenhos industriais pode auxiliar no desenvolvimento da estratégia comercial e tecnológica da empresa, objetivando avivar a inteligência competitiva.[128]

Neste diapasão, conforme já mencionado, sabe-se que o INPI é órgão responsável pelo registro direto da tecnologia desenvolvida no Brasil. Além disso, esse Instituto atua em todo o decurso da efetivação negocial da tecnologia criada, sendo ele o responsável imediato pelos contratos das tecnologias que foram licenciadas ou transferidas pelo país.

A única ressalva é que as criações ainda não constantes no acervo registral do INPI ficam à mercê, pois não existe um esclarecimento sobre o auxílio do órgão a esses casos. Dessa forma, é recomendável que aquele possuidor do *know-how* que ainda não tenha efetivado o processo de registro no INPI deve fazê-lo. Afinal, esse procedimento garante o amparo da tecnologia desenvolvida.[129]

A cobertura ofertada pelo Instituto às invenções registradas garante uma segurança maior ao compartilhamento do *know-how*, tendo em vista que o efetua por meio do registro do contrato no órgão – representando um acompanhamento contínuo. Por conseguinte, o contrato se torna oponível a terceiro e ainda permite eventual emissão de valores ao exterior.[130]

Cumpre mencionar que o antigo Código da Propriedade Industrial (Lei nº 5.772/71) e o Ato Normativo nº 15/75 faziam com que o INPI, até o final da década de 1980, possuísse um rigor bem maior na análise do registro dos contratos em seu sistema, o que fazia com que o órgão acabasse interferindo de certa forma na autonomia da vontade

---

[128] BARBOSA, Denis Borges. *O comércio de tecnologia*: aspectos jurídicos: transferência, licença e *know-how*. 2015. Disponível em: https://www.researchgate.net/publication/266581290_O_Comercio_de_Tecnologia_Aspectos_Juridicos_-_Transferencia_Licenca_E_Know_How. Acesso em: 18 nov. 2021.

[129] MELO, Iara Peixoto. *O atual tratamento da tecnologia não patenteada (know-how) pelo INPI brasileiro*. 2017. Disponível em: https://www.migalhas.com.br/depeso/258600/o-atual-tratamento-da-tecnologia-nao-patenteada--know-how--pelo-inpi-brasileiro. Acesso em: 15 out. 2021.

[130] BARBOSA, Denis Borges. *Da licença de know-how em direito brasileiro*. 2013. Disponível em: https://www.academia.edu/4397046/. Acesso em: 20 nov. 2021.

das partes. Isso fez com que, à época, ocorresse o indeferimento de inúmeros contratos de transferência de tecnologia ou a modificação radical de algumas de suas previsões.[131]

Com o passar do tempo, a autonomia da vontade criou cada vez mais espaço e passou a ser mais valorizada e garantida. Por conta disso, novas orientações passaram a surgir para o INPI e algumas modificações significativas aconteceram, tais como: a revogação do Ato Normativo nº 15/75, que definia as cláusulas consideradas permitidas e vedadas nos contratos, e a edição do Ato Normativo nº 120/93, que finalmente passou a determinar que ao INPI cabia, tão somente, averbações e registros de contratos de transferência de tecnologia, sem modificações por sua liberalidade.[132]

Entre algumas questões peculiares do INPI, vale ressaltar que o órgão não reconhece formalmente a licença de tecnologia, mas tão somente o contrato de transferência de tecnologia, tornando o registro efetivo um passo crucial na garantia da criação.[133]

O Instituto estabelece, como uma das principais consequências de sua resguarda, o fato de que após o término do contrato mencionado, a parte receptora será automaticamente considerada como proprietária da tecnologia e poderá usufruir do *know-how* sem restrições.

Atualmente, o INPI vem rejeitando repetidamente as cláusulas que estipulam o retorno ou a proibição de utilização do *know-how* – por exemplo, com exclusão do certificado de averbação – após o término do pacto contratual.[134]

À vista disso, faz-se mister, para melhor entendimento, mencionar qual vem sendo o posicionamento da Suprema Corte acerca da temática: "o INPI é competente para alterar contratos de transferência

---

[131] RIBEIRO, Márcia Carla Pereira; BARROS, Marcelle Franco Espíndola. Contratos de transferência de tecnologia: custo de transação versus desenvolvimento. *Revista de Informação Legislativa*, ano 51, n. 204, p. 9, out./dez. 2014.

[132] VIEGAS, Juliana. Contratos típicos de propriedade industrial: contratos de cessão e de licenciamento de marcas e patentes; licenças compulsórias. *In*: SANTOS, Manuel Pereira dos; JABUR, Wilson Pinheiro (coord.). *Contratos de propriedade industrial e novas tecnologias*. São Paulo: Saraiva, 2007, p. 67-102.

[133] IDS – Instituto Dannemann Siemens de Estudos de Propriedade Intelectual. *Comentários à Lei de Propriedade Industrial*. Edição revista e atualizada. Rio de Janeiro: Renovar, 2005.

[134] BARBOSA, Denis Borges. *Da licença de know-how em direito brasileiro*. 2013. Disponível em: https://www.academia.edu/4397046/. Acesso em: 20 nov. 2021.

de tecnologia, adotando medidas de aceleração e regulamentação da transferência de tecnologia".[135]

2.3 Conceitos, classes e especificidades, particularidades dos contratos internacionais de *know-how*

2.3.1 Diversidade dos contratos de *know-how*

Ao falar de contratos de *know-how*, cabe inicialmente definir o que se constitui como *know-how* propriamente dito. Cabe mencionar a definição da autora Marcelle Franco Espíndola:

> Know-how pode ser puro ou misto (conjugada). No puro a transferência reside na licença de uso e cessão de tecnologia, devendo nesse caso o contrato prever de forma clara e perfeita o produto que será concedida a licença. No misto (ou conjugada) a licença de uso ou cessão de tecnologia vem acompanhada da utilização da marca, como é o caso da franquia.[136]

Percebe-se que as distinções feitas pela autora corroboram para que seja possível distinguir as espécies de *know-how*, para melhor contextualizá-lo no dia a dia. Sabe-se que a melhor doutrina apresenta seis modalidades de *know-how*, quais sejam:

> (a) contrato de licença para exploração de patente e desenho industrial; (b) contrato de licença para uso da marca e propaganda; (c) contrato de fornecimento de tecnologia industrial; (d) contrato de cooperação técnico-industrial; (e) contrato de serviços técnicos especializados e; (f) licença e cessão de software. Alguns autores incluem a cessão de direitos autorais.[137]

Segundo o autor João Gama Cerqueira, "a licença é como autorização de exploração de um direito, sem transferência da propriedade,

---

[135] STJ – Superior Tribunal de Justiça. *REsp. 1.200.528-RJ*. Disponível em: https://stj.jusbrasil. com.br/jurisprudencia/443401930/recurso-especial-resp-1200528-rj-2010-0122089-1/relatorio-e-voto-443401975. Acesso em: 20 nov. 2021.

[136] BARROS, Marcelle Franco Espíndola. Contratos de transferência de tecnologia: custos de transação versus desenvolvimento. *Revista de Informação Legislativa*, ano 51, n. 204, out./dez. 2014.

[137] BARBOSA, Denis Borges. *Contratos em propriedade intelectual*. 2014, p. 337-350, p. 9. Disponível em: chrome-extension://efaidnbmnnnibpcajpcglclefindmkaj/viewer. html?pdfurl=https%3A%2F%2Fwww.dbba.com.br%2Fwp-content%2Fuploads%2Fcontratos_pi.pdf&clen=1137679 &chunk=true. Acesso em: 20 nov. 2021.

assembelhado ao contrato de locação".[138] O contrato de licença de exploração – seja exclusiva ou não exclusiva de patente – tem por principal objetivo conceder autorização para exploração efetiva por parte de terceiros. A patente quando devidamente regulamentada poderá gozar dos direitos para os quais o registro fora efetivado.

Para que se torne possível a exploração da patente se faz necessário especificar uma de suas características precípuas: se ela possui exclusividade ou não. Apenas a partir disso, a autorização poderá trazer dentro de seu contexto a efetivação da exploração feita por terceiro.[139]

Nesse diapasão, veja-se, ainda, o que diz Maria Helena Diniz acerca do tipo contratual relacionado à licença, marca e propaganda: "O contrato de licença para uso da marca e propaganda 'visa autorizar o efetivo uso, por terceiro, de marca ou propaganda regularmente depositada ou registrada no Brasil, consubstanciando direito de propriedade industrial'".[140]

Igualmente, a autora conseguiu, com maestria, descrever os contratos de tecnologia, de forma que a sua finalidade precípua restou esclarecida. Veja-se:

> O contrato de fornecimento de tecnologia industrial: tem por fim primordial a aquisição de conhecimento e técnicas não amparados pelos direitos da propriedade industrial depositados ou concedidos no Brasil aplicáveis na produção de bens de consumo ou de insumos, podendo conter cláusula de sigilo e de indisponibilidade da tecnologia negociada.[141]

A diversidade de *know-how* e as particularidades que cercam os contratos específicos desse segmento são inúmeras. Por isso, existem vários objetivos no tocante à proteção dessa seara, todos em volta de um suporte básico, que quando voltado para o Brasil, é estabelecido pelo INPI.[142]

---

[138] CESÁRIO, Kone Prieto Furtunato. As formas de licenciamento de marcas. *Revista de Ciências Jurídicas – UEM*, v. 7 n. 1, jan./jun. 2009.

[139] AQUINO, Leonardo Gomes. *São espécies ou modalidades de contratos de know-how*. 2017. Disponível em: http://estadodedireito.com.br/sao-especies-ou-modalidades-de-contratos-de-know-how/. Acesso em: 20 nov. 2021.

[140] DINIZ, Maria Helena. *Curso de direito civil brasileiro*. 21. ed. São Paulo: Saraiva, 2005. v. 3, p. 136.

[141] DINIZ, Maria Helena. *Curso de direito civil brasileiro*. 21. ed. São Paulo: Saraiva, 2005. v. 3, p. 136.

[142] INPI – Instituto Nacional da Propriedade Industrial. *Manual de marcas*. 2014. Disponível em: http://manualdemarcas.inpi.gov.br/. Acesso em: 18 nov. 2021.

O comércio, pela sua versatilidade, encontra-se em constante mudança. O grande desenvolvimento tecnológico e a competição que acontece no ramo empresarial geram, além de concorrentes mais fortes, um acervo enriquecido de *know-how*, o que agrega valor ao mercado e faz com que essa vertente se torne cada vez mais diferenciada.

É por isso que, cada vez mais, o contrato de transferência de tecnologia (ou contrato de *know-how*) tem parecido auspicioso e sido mais utilizado. Afinal, esse tipo contratual possui inúmeros proveitos, entre eles, o privilégio em permitir que o uso de tecnologias desenvolvidas possa ser efetivado não apenas por quem o desenvolveu, mas também por quem estabelecer uma relação negocial nesse sentido.[143]

Essa modalidade tem sido muito utilizada no mercado empresarial, pois com a transferência de conhecimento do processo de um determinado bem, que tenha valor e que seja devidamente reconhecido pelo mercado, engloba muitos aspectos que realmente serão importantes, como a criatividade, atributo esse que o ser humano desenvolve técnicas, gerando sobre sua criatividade direito de autor que se desdobra como medida de proteção à confidencialidade como sendo essencial para a continuidade regular do negócio.

Um dos maiores atrativos para as empresas com relação a esse tipo contratual é o fato de ele possuir um forte aspecto sigiloso, o que se torna algo extremamente favorável no quesito concorrência e de proteção à originalidade das inovações tecnológicas.[144]

Observa-se que hoje os negócios estão pautados com os principais tipos de contratos de transferência de tecnologia; basicamente se observam três tipos: de licença de direitos (exploração de patentes ou de uso de marcas); de aquisição de conhecimentos tecnológicos (fornecimento de tecnologia e prestação de serviços de assistência técnica e científica); de franquia.[145]

---

[143] BENTO JÚNIOR, Gilberto. *Contratos de transferência de tecnologia, know-how e suas variações.* 2017. Disponível em: https://comercialtrab.jusbrasil.com.br/artigos/546302618/contratos-de-transferencia-de-tecnologia-know-how-e-suas-variacoes. Acesso em: 13 mar. 2022.

[144] FLORES, Nilton César da Silva. *Da cláusula de sigilo nos contratos internacionais de transferência de tecnologia:* know-how. 2006. Disponível em: https://repositorio.ufsc.br/handle/123456789/89479. Acesso em: 18 nov. 2021.

[145] PASCALE, Chaise da Veiga. *Contratos de transferência de tecnologia.* Pós-Graduação na Universidade Católica do Rio Grande do Sul. Manaus, 2017. Disponível em: chrome-extension://efaidnbmnnnibpcajpcglclefindmkaj/viewer.html?pdfurl=https%3A%2F%2Farranjoamoci.org%2Fimages%2FPDF%2F01_transferência_tecnologia.pdf&clen=2917730&chunk=true. Acesso em: 14 nov. 2021.

Assevera-se que esses contratos têm por principais características os direitos industriais pelos quais o INPI registra marcas e produtos, em que processos, direitos e principais características ligadas ao contrato estão ligadas ao órgão competente de acordo com uma classificação feita por assunto.[146]

A modalidade contratual até este ponto discorrida, qual seja, a de *know-how*, trata-se de fornecimento de tecnologia por meio de um acordo que transcreve a transferência desta. Administrativamente, cabe ao INPI a averbação dessa transação.

As operações de transferências de *know-how* se caracterizam por uma comunicação ou compartilhamento de alguns conceitos técnicos que são exclusivos para a produção e comercialização de um bem. O aspecto tecnológico se constitui de um patrimônio imaterial passando a possuir certo valor comercial.[147]

Por sua caraterística de imaterialidade, o *know-how* pode ser passado a terceiros sem que a titularidade seja transferida; nesse caso, o receptor da tecnologia dispõe de uma licença para que use e explore a tecnologia por um prazo determinado. A formalização da transferência de caráter temporário ocorre nos limites e nos moldes de um contrato, que, ao seu término, finda o prazo da licença que outrora foi concedida.[148]

Por outro lado, pode-se perfazer o cenário em que a transferência de *know-how* seja em caráter definitivo, isto é, que de fato ocorra o repasse de titularidade. Nessa situação o pacto contratual que registrar os aspectos da transação deve especificar os direitos da cessão em seu escopo. Em muitos casos, por exemplo, o cessionário – aquele que recebe – torna-se proibido de transferir a tecnologia a terceiro sem anuência do cedente – o detentor inicial do *know-how*.[149]

---

[146] PUGA, Bruna. Contratos de transferência de tecnologia. 2020. Disponível em: https://brunapuga.jusbrasil.com.br/artigos/866943627/4-contratos-de-transferencia-de-tecnologia. Acesso em: 10 set. 221.

[147] LOBO, Thiago Soares de Azevedo. *Direito empresarial brasileiro*: transferência de tecnologias pelo know-how. Anápolis, 2019. Disponível em: chrome-extension://efaidnbmnnnibpcajpcglclefindmkaj/viewer.html?pdfurl=http%3A%2F%2Frepositorio.aee.edu.br%2Fbitstream%2Faee%2F1309%2F1%2FMonografia%2520-%2520Thiago%2520Lobo.pdf&clen=425923. Acesso em: 20 ago. 2021.

[148] BENTO JÚNIOR, Gilberto. *Contratos de transferência de tecnologia, know-how e suas variações*. 2017. Disponível em: https://comercialtrab.jusbrasil.com.br/artigos/546302618/contratos-de-transferencia-de-tecnologia-know-how-e-suas-variacoes. Acesso em: 13 mar. 2022.

[149] PIRES, Leonara Gonçalves e Silva. *Contratos de transferência de know-how*: um estudo de caso e contratos celebrados pelo NIT da Universidade de Brasília – UnB. Brasília: UnB, 2020. Disponível em: chrome-extension://efaidnbmnnnibpcajpcglclefindmkaj/viewer.html?pdfur

Esta transferência do *know-how* pode acontecer de duas maneiras diversas: a denominada pura, que é aquela que aborda simplesmente o *modus operandi* de como o processo deve seguir, e a chamada de forma conjugada, que, além da transferência da tecnologia em si, engloba também a de alguns outros direitos, tais como o de licenciamento e o de cooperação do cedente.[150]

Entretanto, algo que é crucial em ser ressaltado é o fato de que, independentemente de qual seja a modalidade contratual adotada, esta, em território brasileiro, deve ser registrada junto ao INPI, nos termos estabelecidos no Ato Normativo nº 135/97, a fim de que a transferência seja considerada válida.[151]

Insta salientar ainda que o *know-how*, como patrimônio intelectual, possui certos atributos de criação ou até mesmo melhoria de um produto, que acaba por torná-lo um produto bem cotado e, por conseguinte, bastante rentável. Por isso, a formalização de sua transação negocial por meio de contrato é algo indispensável, pois garante legalmente a obrigação de dar ou fazer – e por vezes até de não fazer – e as suas particularidades.[152]

Observa-se que o *know-how* deve ser distinto da chamada assistência técnica. Nesse sentido, o autor Héctor Maasnatta determina, em suas palavras:

> Se o titular se obriga a ministrar informes, dados, planos, especificações etc. sobre um processo industrial específico, sem intervir na aplicação de fórmulas nem garantindo o resultado, mas podendo proibir o uso do procedimento em caso de ruptura ou ao termo do contrato, estamos diante de um contrato de know-how, especialmente se as fórmulas

---

l=https%3A%2F%2Frepositório.unb.br%2Fbitstream%2F10482%2F38744%2F1%2F2020_Le onaraGon%25C3%25A7alveseSilvaPires.pdf&clen=1390073. Acesso em: 10 ago. 2021.

[150] LOPES, Sânya Léa Alves Rocha. *Avaliação da Gestão de transferência de tecnologia nas instituições científicas, tecnológicas e de inovação do Brasil*. Brasília, 2019. Disponível em: chrome-extension:// efaidnbmnnnibpcajpcglclefindmkaj/viewer.html?pdfurl=https%3A%2F%2Frepositorio.unb. br%2Fbitstream%2F10482%2F38046%2F1%2F2019_S%25C3%25A2nyaL%25C3%25A9aAlv esRochaLopes.pdf&clen=5489269. Acesso em: 05 nov. 2021.

[151] BARRIOS, Lucas. O contrato internacional de transferência de tecnologia e o Direito da Concorrência no Brasil: análise à luz da recente jurisprudência do Cade. *RDC*, v. 2, n. 2, p. 117-143, nov. 2014. Disponível em: file:///C:/Users/Talitha/Downloads/133-Texto%20do%20 artigo-442-2-10-20150317.pdf. Acesso em: 12 out. 2021.

[152] *Ibidem.*

e procedimentos são desconhecidos no setor e devem manter-se em segredo pelo cocontratante.[153]

A jurisprudência inglesa, por outro lado, tem assumido uma posição um pouco mais diferente do normal, tendo em vista que considera o *know-how* como um ativo. O que prevalece é que, independentemente da classificação utilizada para o *know-how*, devem ser respeitados em comum os elementos de natureza imaterial de suas atividades,[154] assim como as determinações particulares feitas a cada caso, relacionadas a tempo, extensão e espaço.

2.3.2 Cláusulas típicas de contratos de transferência de tecnologia

Os contratos de transferência de tecnologia possuem algumas cláusulas típicas que são consideradas como essenciais, descritas da seguinte forma: aquela que determina que o fornecedor de tecnologia deve continuar a comunicar as suas experiências empresariais ao receptor; a que define que o receptor tem que, de alguma maneira, retribuir essa comunicação que se perpetua; e a que coloca o receptor na posição de manter o sigilo sobre o *know-how*, objeto da transferência.[155]

Além disso, existem algumas características padrão que refletem o cerne desse tipo contratual: a de bilateralidade; a de onerosidade (caráter patrimonial) – apesar de não existir um impedimento formal para a transferência gratuita acontecer; a de consensualidade – tem que haver a anuência de ambas as partes e uma negociação formal estabelecida; a de pessoalidade – ou seja, os contratantes serem definidos e específicos, afinal, o direito é pessoal e direto do detentor do *know-how* que está em pauta; a da autonomia – de realizar o pacto negocial nos termos que determinarem as partes entre si; e o da irredutibilidade.[156]

---

[153] MAASNATTA, Héctor. *Los contratos de transmision de tecnología*. Madrid: Revista de Occidente, 1971, p. 31.

[154] FLORES, Nilton César da Silva. *Da cláusula de sigilo nos contratos internacionais de transferência de tecnologia* – KNOW-HOW. 2006. Disponível em: https://repositorio.ufsc.br/handle/123456789/89479. Acesso em: 18 nov. 2021.

[155] BARRIOS, Lucas. O contrato internacional de transferência de tecnologia e o Direito da Concorrência no Brasil: análise à luz da recente jurisprudência do Cade. *RDC*, v. 2, n. 2, p. 117-143, nov. 2014. Disponível em: file:///C:/Users/Talitha/Downloads/133-Texto%20do%20artigo-442-2-10-20150317.pdf. Acesso em: 12 out. 2021.

[156] BENTO JÚNIOR, Gilberto. Contratos de transferência de tecnologia, know-how e suas variações. 2017. Disponível em: https://comercialtrab.jusbrasil.com.br/artigos/546302618/

Fora essas acima mencionadas, cabe ressaltar aquela que é considerada como a principal característica do contrato de *know-how*: a confidencialidade. Afinal, a tecnologia está estritamente relacionada com o sigilo, tendo em vista que o conhecimento sobre o seu desenvolvimento deve permanecer particular entre quem a desenvolveu e quem passará a utilizá-la após a negociação de transferência.

Nesse diapasão, caso inexistisse o sigilo do negócio, não haveria valor negocial algum agregado à transferência de tecnologia, vez que o valor que se paga por ela está diretamente relacionado com a sua exclusividade.

Ainda no tocante às cláusulas constantes no contrato de *know-how*, o autor Maurício Curvelo de Almeida Prado as divide em três categorias mais amplas, conforme se pode constatar no trecho a seguir:

> A primeira contém as questões centrais do contrato, relacionadas com a transferência e exploração da tecnologia; a segunda categoria que abrange as cláusulas complementares que são típicas desse contrato, mas não diretamente ligadas a tecnologia; e a terceira categoria que diz respeito às cláusulas usuais dos contratos internacionais.[157]

Primeiramente, cumpre descrever em que patamar se classificam as cláusulas centrais. Estas são as que determinaram as particularidades do objeto do contrato e a quem ele pertencerá, ou seja, elas definem se e como ocorrerá a transmissão dos direitos do detentor sobre a tecnologia ou se apenas irá se perfazer uma licença de uso sobre tecnologia cerne do pacto contratual.

Ademais, essas cláusulas também se encarregam de descrever a tecnologia instrumento da transação negocial; de determinar as obrigações atreladas ao contrato; e igualmente de definir se acontecerá ou não o repasse do valor pecuniário correspondente aos aperfeiçoamentos feitos à tecnologia no decurso do contrato.[158]

Em continuidade, quando as cláusulas centrais se conectam com a questão da exploração em si da tecnologia, e elas abarcam aspectos

---

contratos-de-transferencia-de-tecnologia-know-how-e-suas-variacoes. Acesso em: 13 mar. 2022.

[157] PRADO, Maurício Curvelo de Almeida. *Contrato internacional de transferência de tecnologia*: patente e know-how. Porto Alegre: Livraria do Advogado, 1997, p. 86.

[158] CORREA, Daniel Rocha. *Contratos de transferência de tecnologia*: controle de práticas abusivas e cláusulas restritivas. Belo Horizonte: Movimento Editorial da Faculdade de Direito da UFMG, 2005.

primordiais, tais como: o quesito territorial, apontando o limite de alcance da utilização tecnológica pelo receptor; a possibilidade ou não de um sublicenciamento – depende diretamente da anuência do transferente; o auxílio intelectual, que corresponde ao compartilhamento de informações acerca da tecnologia objeto do contrato; e o valor pecuniário da transação.[159]

Já as cláusulas complementares condizem com aquelas que acrescentam as qualidades do negócio, que não se tornam menos importantes, mas tão somente, mais abrangentes, tais como: a de exclusividade no território – sendo ela absoluta ou relativa; a relacionada à remuneração – que engloba tanto a variável (*royalties*), que flutua de valor no curso do contrato, quanto à remuneração fixa – à vista ou em parcelas, e a aplicação delas ocorre por mútuo acordo entre as partes levando em consideração as vantagens existentes em cada tipo de emolumento; a de licença; e alguns pormenores acerca da confidencialidade.[160]

De acordo com a divisão feita por Maurício Curvelo Prado, existem as cláusulas usuais. Estas dispõem sobre os pontos basilares do pacto contratual, como exemplo da definição do momento em que se inicia a relação objeto do contrato – discute-se que seria quando a existência do *know-how* passa a ser de conhecimento público; da lei ideal aplicável ao caso; e da forma em que a extinção do contrato se perfaz – que pode acontecer por um termo final de vigência preestabelecido ou por meio de uma extinção antecipada (por inadimplemento de determinadas obrigações ou pela ocorrência de evento de força maior).[161]

2.3.3 Direito à privacidade

Com o passar do tempo, a globalização tecnológica assumiu um papel cada vez mais essencial no desenvolvimento da sociedade. As inovações científicas decorrentes dela modernizaram as mais diversas

---

[159] DURO, Laura Delgado. *Aspectos jurídicos do contrato de know-how*. 2018. Disponível em: https://www.pucrs.br/direito/wp-content/uploads/sites/11/2018/09/laura_duro.pdf. Acesso em: 12 out. 2021.

[160] DURO, Laura Delgado. *Aspectos jurídicos do contrato de know-how*. 2018. Disponível em: https://www.pucrs.br/direito/wp-content/uploads/sites/11/2018/09/laura_duro.pdf. Acesso em: 12 out. 2021.

[161] MENDES, Lorena. Contratos Internacionais de transferência de tecnologia: aspectos gerais, know-how e a proteção jurídica ao patrimônio tecnológico. 2016. Disponível em: https://juridicocerto.com/p/lorena-mendes-advoc/artigos/contratos-internacionais-de-transferencia-de-tecnologia-aspectos-gerais-know-how-e-a-protecao-juridica-ao-patrimonio-tecnologico-3021. Acesso em: 20 set. 2021.

áreas e possibilitaram o alcance de ângulos ainda não explorados, aperfeiçoando conhecimentos e técnicas.[162] Cumpre ressaltar que, ainda que o processo da globalização tenha sido mais incitado na atualidade, ele não é uma prática recém-chegada. Em verdade, ele passou a surgir de forma mais expressiva em meados do século XX, com o fim da Segunda Guerra Mundial.[163] Entre os frutos da referida globalização, ocorreram diversas mudanças nas dinâmicas sociais, inúmeros aspectos facilitadores de constituições de vínculos entre os indivíduos e o desenvolvimento de tecnologias que não apenas quebram barreiras de espaço e tempo, mas que facilitam a rápida troca de informações.

Pelo crescimento exponencial de inovações que impulsionam um intenso fluxo de informações, a privacidade e a proteção de dados passaram a ser uma temática de destaque cada vez mais estimada.[164] Assim, é necessário compreender o que significa o termo direito à privacidade, qual a sua importância, a sua conceituação e como ele é visto no cenário doutrinário e jurídico.

Ainda que o direito à privacidade tenha sido objeto de destaque na atualidade, em decorrência das inovações tecnológicas e da facilidade de acesso às informações, ele vem sendo discutido há tempos. A sua conceituação está ligada a um tipo do gênero "direitos da personalidade".[165]

A validação desse direito passou a ser constantemente reafirmada em diversas tipificações jurídicas nacionais e internacionais, tal como exemplificado no trecho que segue:

---

[162] LEITE, Talitha Dias Martins. *A interligação entre a inteligência artificial (ia) e inovação legislativa*: a lei geral de proteção de dados (LGPD). *In*: LEITE, Talitha Dias Martins. *Relações privadas na contemporaneidade*. Recife. Editora Meraki, 2021, p. 136-147.

[163] GLOBALIZAÇÃO tecnológica: panorama atual. *Cia Web Sites*. Disponível em: https://www. ciawebsites.com.br/tecnologia/globalizacao-tecnologica-panorama-atual/. Acesso em: 20 nov. 2021.

[164] GARNIER, Cintia Miele; PADILHA, Tamyris Michele. *Ética, privacidade e novas tecnologias*: o impacto da lei de proteção de dados na sociedade. 2019. Disponível em: https://www. migalhas.com.br/depeso/311142/etica--privacidade-e-novas-tecnologias--o-impacto-da-lei-de-protecao-de-dados-na-sociedade. Acesso em: 21 nov. 2021.

[165] Cf. MIRANDA, 2012, p. 5 e ss.; DE CUPIS, Adriano. *Il diritto alla riservatezza*. Foro Italiano. Milão: A. Giuffrà, 1960; DE-MATTIA, Fabio Maria. Direito da personalidade. *Enciclopédia Saraiva do direito*, v. 28, p. 155 e ss, 1979; e AMARAL, Francisco. *Direito civil*: introdução. São Paulo: Saraiva, 2017, p. 283 e ss. Por sua vez, KAYSER, Pierre. *Protection de la vie privée*. Marseille: Economica, 2002, classifica os direitos de personalidade em: direito de se opor à divulgação da vida privada, direito de se opor a uma investigação na vida privada e, ainda, direito de resposta.

Na Declaração dos Direitos do Homem e do Cidadão, de 1789, a Declaração Universal dos Direitos do Homem, de 1948 (art. 12), a 9ª Conferência Internacional Americana de 1948 (art. 5º), a Convenção Europeia dos Direitos do Homem de 1950 (art. 8º), a Convenção Pan-americana dos Direitos do Homem de 1959, a Conferência Nórdica sobre o Direito à Intimidade, de 1967, além de outros documentos internacionais. Vale ressaltar que a matéria é objeto tanto da Constituição Federal de 1988 quanto do Código Civil brasileiro de 2002 (arts. 11 ao 21), o que provocou o seu tratamento mais aprofundado e amplo pela doutrina nacional. Ainda, a Constituição Federal de 1988,[166] à semelhança do texto constitucional de 1967, com a redação dada pela Emenda Constitucional 1/1969, atribui às figuras da intimidade e da vida privada tipificação diversa.[167]

Com o passar do tempo, a necessidade de reforçar a proteção já efetivada ao direito da privacidade se tornou algo crucial e de relevante expressividade. A globalização e o avanço tecnológico fizeram com que a imagem, a voz e a escrita fossem facilmente e rapidamente transmitidas, o que causou "um aumento desenfreado nas possibilidades e na velocidade do acesso à informação, levando, consequentemente, a uma maior fragilidade da esfera privada, da intimidade das pessoas".[168]

A privacidade, dessa forma, pode ser considerada, em uma concepção abrangente, como a garantia da não interferência estatal e de terceiros, na vida particular de um indivíduo. Pela Constituição Federal vigente, basicamente pode ser entendida como: "o direito do indivíduo de desenvolver livremente sua personalidade, sem ser direcionado ou influenciado pelo Estado, pela sociedade, pela Igreja ou pela família".[169]

Por outro lado, de forma mais restrita, comungando da realidade da sociedade contemporânea,[170] a privacidade vai além desse conceito

---

[166] O art. 5º, X, da CF 1988 considera "invioláveis à intimidade, a vida privada, a honra e a imagem das pessoas, assegurado o direito à indenização pelo dano material ou moral decorrente de sua violação".

[167] HIRATA, Alessandro. Direito à privacidade. *Tomo Direito Administrativo e Constitucional.* Edição 1. São Paulo: Enciclopédia Jurídica PUCSP, abr. 2017.

[168] COSTA JR., Paulo José da. *O direito de estar só*: tutela penal da intimidade. 2. ed. São Paulo: Revista dos Tribunais, 1995, p. 14.

[169] FACCHINI NETO, Eugênio; DEMOLINER, Karine Silva. Direito à privacidade e novas tecnologias: breves considerações acerca da proteção de dados pessoais no Brasil e na Europa. *Revista Internacional CONSINTER de Direito*, ano IV, n. VII, 2018. DOI: 10.19135/revista.consinter.0007.01.

[170] GAVISON, Ruth. Privacy and the limits of law. *The Yale law journal*, v. 89, n. 3, 1980. p. 438.

amplo, mas diz respeito, especialmente, à salvaguarda contra acesso e utilizações indesejadas de suas informações.

Insta salientar que alguns autores fazem questão de distinguir o direito à privacidade de outro direito comumente ligado a ele: o direito à intimidade. Entre eles, pode-se mencionar o renomado autor italiano Adriano De Cupis que "entende que a esfera íntima da pessoa se divide em direito à *riservatezza* e o direito à *segretezza*".[171]

Essa definição de De Cupis pode ser esmiuçada claramente pela descrição dada ao direito à intimidade por Pontes de Miranda, que afirma que ele "pode ser conceituado como aquele que visa a resguardar as pessoas dos sentidos alheios, principalmente da vista e dos ouvidos de outrem. Ou seja, é o direito da pessoa de excluir do conhecimento de terceiros tudo aquilo que a ela se relaciona".[172]

Quando se fala sobre privacidade em si, é importante manter em mente a visão de que está associado com a essência da "não intrusão". Esse ponto de vista debutou a sua averiguação, conforme registros, ainda em 1800, por meio dos estudos de Warren e Brandeis, que em sua obra, introduziram ideia de que a privacidade seria *"the right to be let alone"*, ou seja, o direito de ser deixado "em paz", de não ser incomodado.[173]

Não obstante o pontapé inicial no conceito macro da privacidade, instaurou-se uma grande dificuldade em conseguir estabelecer concordância geral entre todos os países acerca do significado oficial, afinal, cada local possuía as suas especificidades culturais e sociais. Contudo, entre algumas das apreciações efetuadas que foram e permanecem sendo aceitas como visões válidas, pode-se citar o trecho que segue:

> Westin, na mesma linha dos anteriores, passou a sustentar que a privacidade incorporou o direito a controlar a maneira pela qual os outros utilizam as informações a nosso respeito; Friedman, igualmente, passou a defini-la como proteção de escolhas de vida contra qualquer forma de controle público e estigma social; no mesmo sentido, Rosen aduziu que a privacidade deve ser vista como a reivindicação dos limites que

---

[171] DE CUPIS, Adriano. *Il diritto alla riservatezza*. Foro Italiano. Milão: A. Giuffrà, 1960; DE-MATTIA, Fabio Maria. Direito da personalidade. *Enciclopédia Saraiva do direito*, v. 28, p. 90, 1979.

[172] MIRANDA, Francisco Cavalcanti Pontes de. Tratado de direito privado. São Paulo: Revista dos Tribunais, p. 124 e ss. 2012.

[173] BRANDEIS, Louis; WARREN, Samuel. The Right to Privacy. *Harvard Law Review*, v. IV, n. 5, December 15, 1980. Artigo, na sua versão eletrônica. Disponível em: http://groups.csail.mit.edu/mac/classes/6.805/articles/privacy/Privacy_brand_warr2.html. Acesso em: 20 nov. 2021.

protegem o direito de cada indivíduo a não ser simplificado, objetivado, e avaliado fora de contexto. Por fim, Rodotá sugeriu que a privacidade venha a ser compreendida também como "o direito de manter o controle sobre suas próprias informações e de determinar a maneira de construir sua própria esfera particular".[174] [175]

Com as modificações estruturais nas sociedades decorrentes da revolução industrial e da comunicação, em escala global, a maneira como a privacidade é contemplada foi sendo remoldada gradualmente. A tecnologia permitiu algo anteriormente inimaginável: a possibilidade de ter um acesso ágil, preciso e imediato das informações, chegando inclusive a deixar vestígios virtuais.[176]

A circulação dos dados foi se tornando um procedimento cada vez mais incomplexo. Hoje, as comunicações são rápidas, o compartilhamento dos mais diversos elementos acontece em uma celeridade incredível e as informações pessoais circulam sem grande discricionariedade.

Existem, sim, diversos bônus decorrentes do rápido e fácil compartilhamento de dados decorrente das tecnologias, como a facilitação das transações negociais e a possibilidade de acesso aos entes queridos independentemente de sua localidade no mundo. Contudo, é inquestionável que a segurança do sigilo e confidencialidade das informações foi abalada, e assim, a privacidade passou a ser uma temática de importância ainda maior.

Diante dessas transformações, juristas e legisladores de vários países, objetivando acautelar o convívio democrático, passaram a despender esforços para a construção de normas específicas que fossem por um lado compreensíveis, por outro, mais severas, relacionadas diretamente à privacidade e proteção de dados. Assim o fizeram a fim de tentar tutelar os proveitos decursivos das tecnologias de comunicação, mitigando quaisquer impactos negativos.[177]

---

[174] FACCHINI NETO, Eugênio; DEMOLINER, Karine Silva. Direito à privacidade e novas tecnologias: breves considerações acerca da proteção de dados pessoais no Brasil e na Europa. *Revista Internacional CONSINTER de Direito*, ano IV, n. VII, 2018. DOI: 10.19135/revista.consinter.0007.01.

[175] RODOTÁ, Stefano. *A vida na sociedade de vigilância*: a privacidade hoje. Rio de Janeiro: Renovar, 2008. p. 15.

[176] FACCHINI NETO; DEMOLINER, 2018. *op. cit.*

[177] CANCELIER, Mikhail Vieira de Lorenzi. O direito à privacidade hoje: perspectiva histórica e o cenário brasileiro. *Sequência*, Florianópolis, n. 76, maio/ago. 2017. Disponível em: https://doi.org/10.5007/2177-7055.2017v38n76p213. Aceso em: 20 nov. 2021.

Por óbvio, este passo foi essencial para o crescimento e organização social; afinal, regulamentações legislativas são fundamentais para um funcionamento social harmonioso. Uma das primeiras a se movimentar nesse sentido foi a União Europeia, que editou como forma de atualização da já existente Diretiva 95/46/EC, o *General Data Protection Regulation* (GDPR) ou, como conhecimento nacionalmente: Regulamento Geral de Proteção de Dados da União Europeia.

Esse dispositivo passou a ser considerado, a partir da sua entrada em vigor, como legislação basilar e modelo para as demais sobre privacidade e proteção de dados que seguiram (e seguem) sendo realizadas mundialmente. Isso ocorreu não apenas por ter sido precursora em diversas previsões, mas especialmente por prever diretrizes complexas e amplas, capacitadas a preservar os "direitos e garantias fundamentais de seus cidadãos, em especial o direito à privacidade e à autodeterminação informativa".[178]

2.4 A cláusula de confidencialidade e a relação indissociável com a regulamentação de proteção de dados

A disposição considerada de maior relevância dentro do escopo contratual de *know-how* é a conhecida cláusula de confidencialidade. Isso ocorre, especialmente, nas transações negociais que têm como objeto a transferência de algum desenvolvimento tecnológico, o sigilo acerca de determinadas informações, como o teor da inovação e os aspectos do acordo.[179]

Essa cláusula assume um papel relevante nos contratos de transferência de tecnologia, pois ela se torna a maior encarregada pela formalização de salvaguarda da confidência do objeto contratual, pois este é que "preserva o valor econômico e a vantagem competitiva

---

[178] FACCHINI NETO, Eugênio; DEMOLINER, Karine Silva. Direito à privacidade e novas tecnologias: breves considerações acerca da proteção de dados pessoais no Brasil e na Europa. *Revista Internacional CONSINTER de Direito*, ano IV, n. VII, 2018. DOI: 10.19135/revista.consinter.0007.01.

[179] MENDES, Lorena. Contratos Internacionais de transferência de tecnologia: aspectos gerais, know-how e a proteção jurídica ao patrimônio tecnológico. 2016. Disponível em: https://juridicocerto.com/p/lorena-mendes-advoc/artigos/contratos-internacionais-de-transferencia-de-tecnologia-aspectos-gerais-know-how-e-a-protecao-juridica-ao-patrimonio-tecnologico-3021. Acesso em: 20 set. 2021.

conferida pela exploração da tecnologia".[180] Observa-se que essa cláusula não apenas assegura o sigilo das informações que são tidas como privadas, mas, acima disso, dentro da relação negocial, é imperativa para agregar valor.

Desse modo, a cláusula de confidencialidade determina certos vínculos jurídicos a serem seguidos que definem obrigações para ambas as partes da relação, tanto o transferente, quanto o receptor, vez que ambos têm interesse no sigilo do que é transmitido.

Tendo em vista que o contrato vincula ambas as partes a direitos e obrigações definidos em seu conteúdo, a cláusula de confidencialidade traz benefícios aos dois lados: o transferente – aquele que desenvolveu a tecnologia e a compartilhará com um terceiro pelo pacto estabelecido – e o receptor – que figura no polo passivo, recebendo a inovação criada. Essa visão se mostra clara na passagem exposta:

> O que acontece do natural interesse que tem o transferente de preservar o know-how de sua titularidade. O que, também, interessa ao receptor, tendo em vista que a manutenção da confidencialidade lhe assegura vantagem competitiva no mercado internacional, principalmente nos casos em que ocorre exclusividade.[181]

Existe, assim, uma obrigação mútua em agir de forma cuidadosa e assente, a fim de preservar com o sigilo da operação comercial. Nada obstante, cumpre ressaltar que, ainda que haja a responsabilidade em desempenhar um papel diligente na condução do processo da transferência tecnológica, as partes não podem ser responsabilizadas por questões supervenientes à sua vontade e seus esforços. Dessa forma, o maior encargo que podem assumir recai em se comportar cautelosamente para manter o sigilo das informações guardado.[182]

---

[180] PRADO, Maurício Curvelo de Almeida. *Contrato internacional de transferência de tecnologia*: patente e know-how. Porto Alegre: Livraria do Advogado, 1997, p. 138.

[181] MENDES, Lorena. Contratos Internacionais de transferência de tecnologia: aspectos gerais, know-how e a proteção jurídica ao patrimônio tecnológico. 2016. Disponível em: https://juridicocerto.com/p/lorena-mendes-advoc/artigos/contratos-internacionais-de-transferencia-de-tecnologia-aspectos-gerais-know-how-e-a-protecao-juridica-ao-patrimonio-tecnologico-3021. Acesso em: 20 set. 2021.

[182] FERNANDES, Natália Cepeda; D'ORNELLAS, Maria Cristina Gomes da Silva. A importância e aplicação da cláusula de confidencialidade nos contratos de know-how. 2014. Disponível em: chrome-extension://efaidnbmnnnibpcajpcglclefindmkaj/viewer.html?pdfurl=http%3A%2F%2Fpublicadireito.com.br%2Fartigos%2F%3Fcod%3D18464425b5cec45c&clen=255589. Acesso em: 21 nov. 2021.

De acordo com a sua particularidade, cada caso possui certa quantidade e diversidade de conteúdo, e em decorrência disso, as partes integrantes da relação negocial têm algumas responsabilidades atribuídas.

Aquele que se encontra no papel de cedente ou transferente tem a obrigação de não apenas compartilhar a criação com toda a sua descrição, funcionamento e explicação teórica, mas também a vantagem na efetivação da transação negocial em meio ao mercado atual. Por outro lado, a pessoa que se encontra como o receptor da tecnologia deve deixar a outra parte ciente, principalmente, do seu posicionamento no mercado e da utilidade que será dada ao objeto contratual.[183]

Quando o contrato está correlato ao propósito da transferência de tecnologia, cada uma dessas partes supramencionadas possui os seus carecimentos e intentos. A título de exemplo, no ângulo do receptor, a maior meta a ser alcançada com a aplicação da cláusula que promove o sigilo é garantir sua vantagem competitiva, tendo em vista que conseguirá manter a individualidade do produto.

De outra parte, o transferente procura manter o sigilo de sua criação, vez que, com isso, a sua inovação tecnológica lhe irá asseverar uma recompensa remuneratória satisfativa, assim como possibilitará a divulgação de um trabalho sério e vantajoso. Ambas as partes se dedicam a tutelar pela confidência dos dados, com o intento de compartilhar melhoramentos obtidos como uso da tecnologia.

Os aspectos da confidencialidade são alinhados desde a fase de negociação e perduram após o pacto contratual ser formalmente estabelecido. A maior distinção entre essas duas etapas no quesito desse aspecto construído é que, no tocante ao contrato "tanto o transferente quanto o receptor estão necessariamente obrigados pelo dever de confidencialidade, situação que usualmente vincula apenas uma das partes na fase negocial".[184]

---

[183] INPI – Instituto Nacional da Propriedade Industrial. *Manual de marcas*. 2014. Disponível em: http://manualdemarcas.inpi.gov.br/. Acesso em: 18 nov. 2021.

[184] FERNANDES, Natália Cepeda; D'ORNELLAS, Maria Cristina Gomes da Silva. A importância e aplicação da cláusula de confidencialidade nos contratos de know-how. p. 15. 2014. Disponível em: chrome-extension://efaidnbmnnnibpcajpcglclefindmkaj/viewer.html?pdf url=http%3A%2F%2Fpublicadireito.com.br%2Fartigos%2F%3Fcod%3D18464425b5cec45 c&clen=255589. Acesso em: 21 nov. 2021.

No que diz respeito à fase pré-contratual, pode-se classificá-la da seguinte maneira, levando em consideração não ser apenas uma carta de intenção:

> É um instrumento jurídico independente do contrato; pode ser acessório caso as partes venham a firmar o contrato, entretanto, caso isso não ocorra, pode permanecer como único instrumento jurídico que garanta o sigilo das informações divulgadas durante a fase de negociação, bem como serve para formalizar as intenções das partes na fase negocial, quanto à efetiva conclusão do contrato.[185]

No momento da formalização, um dos aspectos considerado como mais problemático é a questão das diferenças jurídicas e sociais existentes entre os países, o que faz com que os instrumentos contratuais tenham variações significativas nas suas formulações e interpretações. Seguindo essa linha de pensamento, o Instituto Internacional para a Unificação do Direito (UNIDROIT) busca efetivar a aplicação de cláusulas padrões, ainda que não existam modelos rígidos contratuais.[186]

Essas cláusulas padrões ou *standards* têm como principal objetivo tentar alcançar certa harmonização nas conduções negociais. A aplicação delas em conjunto com os princípios dos contratos internacionais – estes que não subordinam as partes, mas servem apenas como diretrizes desejáveis – é o melhor cenário na tentativa da garantia da harmonização nas relações comerciais internacionais.[187]

Os maiores vindicadores da formulação de concepções generalizadas no que diz respeito às descrições contratuais pertencem ao UNIDROIT e à Conferência das Nações Unidas para o Comércio e o Desenvolvimento (UNCTAD).[188]

---

[185] MORAES, Eduardo Barreto de. *Contratos Internacionais de Transferência de Tecnologia*. 2004. Monografia apresentada como requisito parcial para obtenção do grau de Bacharel em Direito no Curso de Direito, Setor de Ciências Jurídicas, da Universidade Federal do Paraná, Curitiba, 2004.

[186] FLORES, Nilton César da Silva. *Da cláusula de sigilo nos contratos internacionais de transferência de tecnologia*: know-how. 2006. Disponível em: https://repositorio.ufsc.br/handle/123456789/89479. Acesso em: 18 nov. 2021.

[187] GAMA JÚNIOR, Lauro. *Os princípios da UNIDROIT relativos aos contratos do comércio internacional*: uma nova dimensão harmonizadora dos contratos internacionais. 2014, p. 14. Disponível em: chrome-extension://efaidnbmnnnibpcajpcglclefindmkaj/viewer.html?pdfurl=https%3A%2F%2Fwww.oas.org%2Fdil%2Fesp%2F95-142%2520Gama.pdf&clen=393646&chunk=true. Acesso em: 27 nov. 2021.

[188] FLORES, Nilton César da Silva. *Da cláusula de sigilo nos contratos internacionais de transferência de tecnologia*: know-how. p. 169. 2006. Disponível em: https://repositorio.ufsc.br/handle/123456789/89479. Acesso em: 18 nov. 2021.

Ainda que este movimento possua uma ideia nobre e significativa, qual seja, a persecução da harmonia no gerenciamento das temáticas comerciais, cumpre ressaltar também que, por outro lado, não se pode esquecer que cada país possui um contexto diferente e que tal fato não pode deixar de ser levado em consideração. Caso assim ocorra, seria o mesmo que "admitir um conceito valorativo único e absoluto", o que claramente acabará forçando uma "imposição – que geralmente ocorre de forma vertical de países desenvolvidos para países em desenvolvimento".[189]

Hoje, com o desenvolvimento tecnológico e a forte influência da globalização, existe um espaço, anteriormente inexistente e impensável, para a tentativa da organização dos pactos contratuais estabelecidos, e a cláusula de confidencialidade entra nesse contexto, vez que ela é uma das cláusulas padrões que fora criada.

Nesse diapasão, Fernandez Roza menciona em sua obra, *Derecho del Comercio Internacional*, a seguinte perspectiva:

> O comércio internacional inclui o mundo inteiro como campo de ação e está, portanto, sob a esfera de intervenção de organizações internacionais, de caráter universal ou regional (...) Atualmente, o desenvolvimento da comunidade internacional, composta por fórmulas políticas estatais e supraestatais, introduz um elemento de organização, controle e intervenção que era impensável naquele momento e, consequentemente, seria inconcebível que os indivíduos pudessem se organizar à sua medida uma atividade de interesse público e internacional.[190]

Neste sentido, reafirma-se a importância das organizações internacionais na caminhada das relações negociais internacionais que são estabelecidas. Contudo, o atual sistema adotado pela OMPI é, por vezes, considerado como inapropriado, quando relacionado com transações de novas tecnologias.

---

[189] BARROS, Fernando Antônio Ferreira de. Os avanços da tecnologia, seus efeitos na sociedade contemporânea e repercussões no contexto brasileiro. *In*: BASSO, Maristela. *Contratos internacionais do comércio*. Porto Alegre: Livraria do advogado, 1998, p. 167-184.

[190] ROZAS, José Carlos Fernandez. *Derecho del Comercio Internacional*. Madrid: Eurolex, 1996. p. 36: "El comercio internacional comprende al mundo entero como campo de actuación y queda, por tanto, bajo la esfera de intervención de organismos internacionales, de carácter universal o regional (...) En la actualidad, el desarrollo de la comunidad internacional, integrada y formulas políticas estatales y supraestatales, introduce un elemento de organización, control e intervención impensable en aquellas épocas, y, en consecuencia, resultaría inconcebible que los particulares pudiesen organizar a su medida una actividad de tamaño interés público e internacional".

Por esse motivo, países com maior desenvolvimento tecnológico e que efetivam com maior regularidade contratos internacionais de *know-how*, como exemplo dos Estados Unidos, acionam, por diversas ocasiões, o foro do Acordo Geral de Tarifas e Comércio (GATT), com a intenção de adotar "regras internacionais mais rígidas e amplas" e "assegurar a vanguarda e o consequente domínio dos mercados de bens de alta tecnologia".[191]

Nesta seara de pensamento, o TRIPs e a OMC passaram a prever alguns aspectos a serem seguidos na relação comercial da transferência de tecnologia e propriedade intelectual.[192]

Os ora estudados contratos de *know-how* são contratos de transferência de tecnologia que, por possuírem um objeto imaterial, passam a necessitar de uma proteção específica e mais fortalecida, entrando em cena a cláusula de confidencialidade.

A confidencialidade sempre estará presente na formação dos pactos contratuais que tenham como intento uma transferência tecnológica, garantindo com a sua presença não apenas a salvaguarda do sigilo das questões relacionadas à inovação em si, mas também acerca de todos os outros aspectos presentes no escopo contratual.

A cláusula de confidencialidade assegurará a confidência de todas as condições presentes no contrato, tendo ela como princípios basilares a confiança e a boa-fé. Insta salientar que a forma como ela é descrita e interpretada varia de acordo com o objeto em que recai, ou seja, conforme a questão que esteja buscando proteger. As informações relativas ao objeto do negócio jurídico, por exemplo, são vistas por essa cláusula de forma diversa e mais significativa do que as informações gerais das partes previstas no contrato.[193]

Cabe mencionar que existem previsões de extinção dessa cláusula, as quais podem ser observadas em menção feita por Maurício C. A. Prado, conforme se pode observar em trecho a seguir retirado da *Revista dos Tribunais*:

---

[191] BARROS, Sebastião Rego. Tecnologia é instrumento de hegemonia. *Panorama da Tecnologia*, Rio de Janeiro, ano 3, 1. tr., p. 22-26, p. 22, 1989.

[192] CORREA, Carlos BASSO; ESTRELLA, Ângela; FLOH, Fábio. A lei de patentes brasileira e as regras da Organização Mundial do Comércio. *Revista da ABPI*, Rio de Janeiro, n. 55, p. 37, nov./dez. 2001.

[193] MARQUE, Claudia Lima. *Violação e importância da cláusula de confidencialidade no contrato de know-how e suas implicações, uma vez violada, para as partes contratantes*. 2004 Disponível em: https://lume.ufrgs.br/handle/10183/74037. Acesso em: 16 out. 2021.

a) Fica o receptor da informação igualmente exonerado da obrigação de mantê-la confidencial quando, de forma legítima, venha a adquira-la através de terceiros. Pois, o recebimento da notícia idêntica da parte de terceiros extingue a obrigação anteriormente contraída; b) pode ainda a informação cair em domínio público, o que também fará extinguir a obrigação de resguardo da confidencialidade; c) por fim, quando o receptor que participou de negociações infrutíferas obtém mediante pesquisa independente a informação que lhe fora comunicada a título confidencial pela outra parte.

Com essa referência supramencionada, percebe-se que a destinação introdutória da cláusula de confidencialidade dita muito sobre ela. Caso seja voltada à custódia de elementos conectados à atividade empresarial prevista no contrato, compreende-se que, mesmo após a extinção deste, a obrigação do sigilo prevalecerá.

Por isso a cláusula de confidencialidade se torna um instrumento tão imprescindível, pois a tecnologia e todas as determinações em torno de sua transferência envolvem um teor sigiloso que, quando quebrado, causa grande prejuízo. A cláusula ora avaliada deve ser inserida principalmente pelo fato de o *know-how*, por um acaso, não gozar de proteção legal, entretanto, é a peça fundamental na transferência de tecnologia.[194]

Ressalta-se que ela não tem força suficiente para impor o seu propósito protetivo de forma isolada. Essa cláusula une a sua potência jurídica com a aplicação das determinações legais que acautelam os dados. Isso acontece, pois a aplicação da cláusula de confidencialidade se estende além da proteção do objeto direto do pacto contratual de transferência tecnológica e ampara todos os dados que estejam associados ao negócio jurídico.

Com isso, o RGPD, que será ainda discorrido mais detalhadamente no decorrer desta dissertação, estabelece um vínculo direto com a cláusula de confidencialidade. Em primeiro lugar, por ser a norma basilar que norteia todo o movimento de formulação de regramentos de dados, e, por conseguinte, pelo fato de possuir em seu teor inúmeras previsões que estão atreladas ao resguarde das informações.

Como exemplo, pode-se mencionar o artigo 5º do RGPD, onde estão previstos os princípios que devem ser seguidos no tratamento dos

---

[194] PRADO, Maurício Curvelo de Almeida. *Contrato internacional de transferência de tecnologia*: patente e know-how. Porto Alegre: Livraria do Advogado, 1997, p. 42.

dados, e, entre eles, tem-se o da integridade e o da confidencialidade. Esses princípios instituem que os dados:

> (...) sejam tratados de uma forma que garanta a sua segurança, incluindo a proteção contra o tratamento não autorizado ou ilícito e contra a sua perda, destruição ou danificação acidental, devendo o responsável pelo tratamento adotar medidas técnicas e organizativas adequadas a evitar o acesso indevido e a utilização dos dados por pessoas não autorizadas.[195]

A regulamentação estabelece que caso o princípio da confidencialidade não seja seguido ocorrerá uma aplicação sancionatória, em decorrência do grave descumprimento, conforme determinado artigo 83, nº 5, alínea "a", do RGPD:

> 5. A violação das disposições a seguir enumeradas está sujeita, em conformidade com o nº 2, a coimas até 20 000 000 EUR ou, no caso de uma empresa, até 4 % do seu volume de negócios anual a nível mundial correspondente ao exercício financeiro anterior, consoante o montante que for mais elevado:
> a) Os princípios básicos do tratamento, incluindo as condições de consentimento, nos termos dos artigos 5, 6, 7 e 9 (...).[196]

Resta claro que o processamento de dados das informações sigilosas que são compartilhadas no contrato de *know-how* sempre deve seguir parâmetros de proteção ideais, e estes estão relacionados não apenas às questões contratuais propriamente ditas, mas também a previsões legais relacionadas, como é o caso do RGPD.

Medidas organizacionais, jurídicas, técnicas e negociais devem ser definidas, a fim de garantir que a base da cláusula de confidencialidade e das previsões de sigilo do RGPD sejam respeitadas. Por base se entende os princípios da confiança e da boa-fé objetiva, que servem como direção para a forma como o sigilo deve ser protegido.

Os integrantes da relação negocial estabelecida nos contratos de transferência de tecnologia – a parte transferente e a parte receptora – devem se certificar de que toda a condução do processo – inclusive

---

[195] DIÁRIO DA REPÚBLICA ELETRÔNICO, de 06 de junho de 2022. Disponível em: https://dre.pt/dre/lexionario/termo/principio-integridade-confidencialidade-tratamento-dados-pessoais. Acesso em: 01 maio 2022.

[196] RGPD – Regulamento Geral de Proteção de Dados. *Art. 83*. 08 ago. 2021a. Disponível em: https://www.privacy-regulation.eu/pt/83.htm. Acesso em: 01 maio 2022.

de terceiros participantes – esteja nos conformes do compromisso de confidencialidade e das questões legais relacionadas à norma de privacidade e proteção de dados.

Constata-se que as tratativas negociais e o estabelecimento formal nos contratos de transferência de tecnologia estão resguardados graças à introdução da cláusula de confidencialidade em conjunto com as previsões da Regulamentação de Proteção de Dados. Por meio delas, é certificado que ocorrerá a preservação imprescindível para a efetuação do contrato de *know-how* de maneira protegida e apropriada.

CAPÍTULO 3

OS CONTRATOS DE TRANSFERÊNCIA DE TECNOLOGIA (*KNOW-HOW*) NO PLANO INTERNACIONAL

Os contratos de transferência de tecnologia foram criando cada vez mais visibilidade em escala global. As negociações internacionais passaram a direcionar o foco em objetos promissores em meio à globalização e constante modificação das estruturas padrões. O desenvolvimento de novas criações tecnológicas se tornou uma moeda de troca valiosa, tendo em vista que as empresas que as possuem se destacam no mercado.

Por conseguinte, a positivação desse progresso inventivo se tornou indispensável, vez que a Propriedade Intelectual e Industrial associada a ele necessita de uma proteção efetiva e regulamentada. Isto posto, em âmbito mundial, pode-se mencionar, como destaque, a Convenção de Paris, feita em 1883, que se tornou um marco histórico no tocante à salvaguarda da Propriedade Industrial.

Por ser uma referência bastante ultrapassada, cumpre ressaltar que, no ano de 1967, houve uma reformulação da Convenção de Paris pela conhecida Convenção de Estocolmo. A partir disso, o novo instrumento basilar para as questões da Propriedade Industrial, em plano de visão internacional, passou a ser produzido nesta última convenção.[197]

Nela, além dos pontos escritos norteadores da temática, originou-se também o órgão de controle dos direitos relacionado à

---

[197] ROQUE, Sebastião José. A transferência internacional de tecnologia solidifica às empresas nacionais. 2012. Disponível em: https://conteudojuridico.com.br/consulta/Artigos/27728/a-transferencia-internacional-de-tecnologia-solidifica-as-empresas-nacionais. Acesso em: 05 nov. 2021.

Propriedade Industrial, a OMPI.[198] O Brasil teve participação ativa nessa convenção, o que acabou por impulsionar o surgimento do INPI. No que diz respeito aos aspectos relacionados aos contratos de transferência de tecnologia, estes já vinham sendo norteados por algumas regulamentações esparsas, entre elas, por meio das especificações do Ato Normativo nº 15/75 do INPI, que posteriormente foi reciclado e em seu lugar surgiu a Resolução nº 22/91.

É importante ressaltar que o Ato Normativo nº 15/75 possui descrições doutrinárias plausíveis e ainda enquadráveis à realidade atual, especialmente no que diz respeito à transferência de tecnologia que acontecer para fora do território brasileiro.

Neste ato, já existia a determinação de que a operação internacional de compartilhamento com enfoque tecnológico deve, quando saído do Brasil, ter o registro formalizado no INPI. Caso contrário, existe uma série de empecilhos que decorrerão da falta de validação do procedimento, tais como: o impedimento de envio de "*royalties*, da licença concedida".

A posterior atualização do Ato Normativo supramencionado, a Resolução nº 22/91, ampliou a ótica acerca dos contratos de transferência tecnológica e os segmentou de acordo com o propósito e demanda de averbação no INPI, da seguinte maneira: para exploração de patente; para uso de marca; de fornecimento de tecnologia; e de prestação de serviços de assistência técnica e científica.[199]

A tecnologia passou a se tornar um objeto nas transações negociais internacionais cada vez mais avultado, sendo que do ponto de vista da economia, do crescimento empresarial e do destaque imaginativo, ela é uma preciosidade no mundo moderno.

A tecnologia em si engloba todo o conjunto de novas ideias, criação de novos projetos e construção de novos produtos, desde a sua fabricação à formulação de sua marca e posterior divulgação no mercado. As relações comerciais que possuem inovações tecnológicas como o seu cerne buscam, de algum modo, unir empresas e estimular a cooperação técnica entre elas, com o objetivo de combinar soluções práticas.

---

[198] Denominado como "WIPO", que significa: "*World Intellectual Property Organization*".

[199] INPI – Instituto Nacional da Propriedade Industrial. *Manual de marcas*. 2014. Disponível em: http://manualdemarcas.inpi.gov.br/. Acesso em: 18 nov. 2021.

Desse modo, o contrato de transferência de tecnologia, mais conhecido como de *"know-how"*, diz respeito à associação de uma empresa que se encontre na posição de "detentora de técnicas, fórmulas de produtos ou de processos, arte de fabricação ou conhecimento confidencial de método de trabalho", e que se coloca no papel de busca na demanda ofertada por esta primeira empresa, em especial, no direito de utilizar os inventos que, por certo, irão se destacar no mercado.[200]

De regra, nesse vínculo estabelecido, a empresa que está como "produtora" do *know-how* (a concedente) faz parte de países mais desenvolvidos, e em contrapartida, encontram-se aquelas localizadas em países em desenvolvimento.

O *know-how* é um patrimônio intelectual, transferível e comercializável, que incorpora valor à empresa, pois é um conglomerado de inúmeros "conhecimentos secretos capazes de criar ou melhorar um produto, tornando-o mais rentável".[201]

O âmago do *know-how* pode estar em desenvolvimento, simultaneamente, em diversos lugares, em fases diferentes e de formas variadas, a depender da estruturação social, jurídica e econômica do local.

3.1 Relações negociais de tecnologia e os aspectos do *hard law* e *soft law*

Os costumes comerciais transnacionais são parte inafastável do direito extraestatal e já são bastante utilizados em negociações em todo o mundo. Esta nova vertente do direito vai além dos limites territoriais e atua em diferentes processos e circunstâncias, caminhando na direção da superação do antigo modelo, que adota apenas medidas exclusivamente estatais e se distancia da densidade política deste.

Inicialmente, tem-se a reconfiguração da realidade, uma vez que os limites impostos pelos territórios e limites espaciais não mais se aplicam diante da globalização. Surge, portanto, uma nova configuração

---

[200] MARQUE, Claudia Lima. *Violação e importância da cláusula de confidencialidade no contrato de know-how e suas implicações, uma vez violada, para as partes contratantes.* 2004. Disponível em: https://lume.ufrgs.br/handle/10183/74037. Acesso em: 16 out. 2021.

[201] ROQUE, Sebastião José. A transferência internacional de tecnologia solidifica às empresas nacionais. 2012. Disponível em: https://conteudojuridico.com.br/consulta/Artigos/27728/a-transferencia-internacional-de-tecnologia-solidifica-as-empresas-nacionais. Acesso em: 05 nov. 2021.

em que os indivíduos se conectam em rede e modificam suas relações no que se refere ao espaço e tempo. Para que isso se desse ocorreu um:

> Exponencial processo de transformação tecnológica e de comunicação responsável pela maciça interação horizontal entre as diversas partes do mundo, especialmente no tocante a uma economia sem fronteiras e livre da influência do governo nacional, com consequências desafiadoras à estrutura jurídica estatal que até então fazia uso dos tradicionais esquemas do "estado moderno".[202]

Com isso, passa-se a analisar quais são as consequências para o direito estatal que advieram dessa nova realidade globalizada objetivando demonstrar como o racional econômico vem se desvinculando de escolhas políticas ou relativas à soberania estatal. Assim, é possível demonstrar que o Estado:

> Exerce cada vez menos influência nas interconexões de um mercado que opera sob a base de autorregulação, em uma espécie de governança negocial, cujos protagonistas são os atores privados que se desvelam na criação de um direito próprio extra estatal, mais afeto aos influxos dos ordenamentos supranacionais, das organizações internacionais e dos chamados reguladores globais.

Segundo Braudel e Wallerstein, desde os séculos XVI e VXII já existiam formas mais territorialmente abrangentes de integração econômica. Com a intensificação das trocas comerciais surgiram coletividades organizadas que podem ser consideradas o nascedouro do comércio internacional.

Atualmente, para além de regiões circunvizinhas, as interações humanas extrapolam quaisquer limitações territoriais e podem se dar a nível mundial através da conexão com a internet.

O termo globalização usualmente faz referência a uma junção de processos multifacetados, a título de exemplo, a construção política e econômica de um local; a reestruturação do comércio em amplitude mundial de acordo com o desenvolvimento da sociedade;

---

[202] NASCIMENTO, Ana Lúcia Lemos Lovisaro. *Os desafios impostos pela praxe transnacional do comércio ao direito tradicional.* 2020. Disponível em: chrome-extension: //efaid nbmnnnibpcajpcglclefindmkaj/viewer.html?pdfurl=https%3A%2F%2Frevistas.unifacs. br%2Findex.php%2Fredu%2Farticle%2FviewFile%2F6822%2F4135&clen=80278. Acesso em: 5 fev. 2022.

a desnacionalização dos direitos; a conexão estabelecida por inúmeros sistemas, como se pode mencionar o financeiro com o securitário, e a constante readaptação das conduções negociais de acordo com o fluxo necessário. Inclusive, a Comissão Europeia também segue esse mesmo pensamento e conceitua globalização como sendo a:

> (...) combinação de quatro aspectos: a crescente integração dos mercados financeiros e o aumento dos fluxos financeiros; a transformação do mercado internacional num espaço único de produção e comércio; a multiplicação das empresas que implementam estratégias globais; e o aparecimento de um conjunto de normas e regulamentações transnacionais.[203]

Desse modo, pode-se identificar que hoje o direito não está mais adstrito aos limites territoriais dos Estados e a "juridicidade passa a atuar sob novos processos e percursos, significando a superação da medida puramente estatal do direito e da correspondente densidade política".[204]

Com essa nova mensuração do alcance jurídico, passou a ser tido como um forte ordenamento a aplicação do conhecido *soft law*, vez que ele é considerado um direito "não impositivo", por não determinar regras nacionais, e sim segmentadas por estados ou condados.[205]

Desse modo, pelo fato de o *soft law* ser composto por um conjunto de Resoluções, Declarações e Decisões, esse instrumento do Direito alcançou um espaço de atuação significativo no aspecto internacional. Isso ocorre, pois as partes integrantes de relacionamentos extra e multiterritoriais, quando em processo de negociações comerciais, buscam aplicar diretrizes "guia" em detrimento de dispositivos com teor coercitivo ou com determinação de prescritibilidade.

A explicação para a escolha dessa realidade supramencionada é bastante simples: as diferentes realidades jurídicas, sociais, políticas e econômicas de cada país exigem que sejam pesados e avaliados aspectos intrinsecamente imiscíveis.

Dessa forma, o que o *soft law* oferece se torna imensamente apelativo: a persuasão ou estímulo em oposição e desfavor à regulamentação

---

[203] THE EUROPEAN Union as a World Trade Partner. European EconomyReports and Studies. *BEL*, Brussels, n. 3, 76, p. 1997. Veja também BECK, Ulrich. *Cos'è la globalizzazione*: rischi e prospettive della società planetaria. Roma: Carocci, 1999.

[204] FERRARESE, Maria Rosaria. *Diritto sconfinato*. Inventiva giuridica e spazi nel mondo globale. Roma Bari: Laterza, 2015, p. 20. Versão e-Book.

[205] *Ibidem.*

impositiva. Esse método "assume o lugar de mediadora entre atores existentes sobre diversos planos territoriais, em pacífico trânsito entre o local, o nacional e o global, como ainda entre os representantes públicos e os representantes privados".[206]

A título de exemplo do *soft law*, pode-se mencionar algumas criações de maior prestígio e conhecimento global, tais como: as famosas resoluções da Assembleia Geral das Nações Unidas (ONU),[207] os acordos *nonbinding* (não vinculativos) ou "*gentlemen's agreement*" – tratos que apenas assumem a forma de orientações dirigidas aos Estados e que não assumem, por se dizer, uma forma jurídica, mas que é de boa prática ser respeitado por seus signatários –,[208] os pareceres, os julgados de questões contenciosas, as orientações principiológicas, os famosos códigos de conduta aplicados pelas maiores organizações nacionais, internacionais e supranacionais[209] – e que são vitais nos trâmites das relações negociais e nos pactos contratuais internacionais –, entre diversas outras documentações norteadoras e fundamentais.

Os Princípios da Unidroit, produzidos pelo Instituto Internacional para a Unificação do Direito Privado (organização intergovernamental independente), são também um forte exemplo de colaboração entre os países de maneira colaborativa e não impositiva, tendo em vista a integralização de locais de cinco diferentes continentes, com representação de inúmeros sistemas jurídicos, políticos e econômicos. O maior objetivo deles é o apoio na construção dos contratos comerciais internacionais, levando em consideração todas as diferentes nuances de cada localidade das partes integrantes da relação.[210]

Observa-se que o *soft law* acaba sendo considerado – por sua característica primordial de ser persuasivo – como possuidor dos melhores instrumentos de aplicação na perspectiva jurídica de colaboração. E em conjunto com as ferramentas disponibilizadas pelo *soft law*, o emprego

---

[206] MESSINA, Giovanni. *Diritto liquido?*: la governance come nuovo paradigma dela politica e del diritto. Milano: Franco Angeli, 2012, p. 91.

[207] MOSTACCI, Edmondo. *La soft law nel sistema delle fonti*: uno studio comparato. Padova: Cedam, 2008, p. 2.

[208] MACEDO, Leonardo Andrade. *O Fundo Monetário Internacional e seus acordos stand-by*. Belo Horizonte: Del Rey, 2007, p. 71.

[209] FERRARESE, Maria Rosaria. *Prima lezione di diritto globale*. Bari, Itália: Laterza, 2012, p. 23. (Coleção: Universale Laterza).

[210] UNIDROIT – Instituto Internacional para a Unificação do Direito. *Apresentação da UNIDROIT*. Disponível em: https://www.unidroit.org/fr/presentation-dunidroit/presentation/. Acesso em: 14 jul. 2021.

dos dispositivos contratuais são de grande serventia, vez que é um ponto de convergência no mundo dos negócios e do comércio, por se mostrar ser um apetrecho que consegue verter práticas e costumes do mercado global.[211]

O contrato é considerado um "elemento facilitador de inúmeras e diversificadas relações jurídicas", e é por isso que, deles, existem tantos formatos, tipos e amplitudes. As espécies contratuais variam diretamente em proporção à quantidade e classificação dos objetos centrais do negócio. Com isso, os modelos adotados no mercado têm variado tanto, especialmente pós-globalização, e, hoje, um dos mais expressivos se tornou o de transferência de tecnologia (*know-how*), pela gama variada de interessados participantes de transações negociais internacionais.[212]

Desse modo, resta claro que o já aludido "redimensionamento jurídico", exemplificado com os mecanismos adotados pelo *soft law* e pelas diferentes espécies contratuais – com a "adesão espontânea dos operadores do comércio internacional às práticas difundidas e na corrente aceitação de cláusulas e modelos contratuais utilizados como base jurídica para determinadas operações econômicas"[213] –, ambos optantes por direcionamentos maleáveis e por regras extraestatais, é fortemente usado na prática do comércio transnacional.[214]

No comércio transnacional, o uso desses mecanismos já apontados, que foram, outrora e ainda atualmente, pensados, estruturados e compartilhados por organizações internacionais, alguns organismos não governamentais, empresas multinacionais e pela exigência de resoluções de conflitos eminentes, mostram-se cada vez mais adequados nas questões relacionadas às negociações econômicas.

A Câmara de Comércio Internacional (CCI), que auxilia e estimula o comércio internacional e a globalização, a fim de impulsionar a

---

[211] GALGANO, Francesco. *La globalizzazione nello specchio del diritto*. Roma, Itália: Il Mulino, 2005, p. 8.

[212] FERRARESE, Maria Rosaria. *Prima lezione di diritto globale*. Bari, Itália: Laterza, 2012, p. 43-46. (Coleção: Universale Laterza).

[213] GALGANO, Francesco; MARRELLA, Fabrizio. Diritto del commercio Internazionale. *In*: GALVÃO, Cláudia Andreoli; PEREIRA, Violeta de Faria. Empresas transnacionais (ETNs) e os países pobres: reflexões sobre a governança global. *Geosul*, Florianópolis, v. 32, n. 63, p. 7-48, p. 281, jan./abr. 2017.

[214] NASCIMENTO, Ana Lúcia Lemos Lovisaro. *Os desafios impostos pela praxe transnacional do comércio ao direito tradicional*. p. 15. 2020. Disponível em: chrome-extension:// efaidnbmnnnibpcajpcglclefindmkaj/viewer.html?pdfurl=https%3A%2F%2Frevistas. unifacs.br%2Findex.php%2Fredu%2Farticle%2FviewFile%2F6822%2F4135&clen=80278. Acesso em: 5 fev. 2022.

economia global,[215] é uma amostra sistemática da catalogação de ações norteadoras da condução comercial extranacional. Pode-se mencionar os termos comerciais internacionais – *Incoterms* – que são "termos internacionais de comércio, são cláusulas contratuais aplicadas nas transações de compra e venda internacional",[216] aplicáveis constantemente na formalização das transações negociais internacionais e que têm servido como grande apoio nos contratos de transferência tecnológica, tendo em vista os polos de distintos países e realidades.

Constata-se, com o exposto até o momento, que a concepção e assentamento de padrões de referência no comando das relações negociais entre agentes de locais com aspectos sociais, jurídicos e políticos diferentes, assim como de "praxes transnacionais do comércio com o intuito de assegurar a dinâmica do mercado global",[217] vem criando uma potência e uma representatividade cada vez mais ampla. Essa elaboração referida tem um propósito e um porquê apontado no trecho abaixo:

> (...) vem sendo definido como *ius mercatorum*, um direito espontâneo que surgiu tentando preencher as lacunas representadas pela ausência de um direito internacional uniforme do comércio e pela inexistência de uma jurisdição mundial ou universal, destinada a conhecer as controvérsias do comércio transnacional entre atores diversificados em uma economia mundializada.[218]

Dessa forma, importa acrescentar que, na atualidade, o referido *ius mercatorum* passou a ser considerado como uma classe de atos negociais singular e específica, constituídos, em especial, pelas empresas classificadas como transnacionais. Estas foram, em sua maioria esmagadora, de origem da América do Norte, particularmente dos Estados Unidos da América (EUA), e por volta da década de 1970 procuraram

---

[215] ICC BRASIL. Resolução de disputas. 2021. Disponível em: https://www.iccbrasil.org/. Acesso em: 06 set. 2021.

[216] BUENO, Sarah. *Incoterms*: Guia Definitivo. Disponível em: https://www.fazcomex.com.br/blog/incoterms/. Acesso em: 17 mar. 2022.

[217] NASCIMENTO, Ana Lúcia Lemos Lovisaro. *Os desafios impostos pela praxe transnacional do comércio ao direito tradicional.* p. 16. 2020. Disponível em: chrome-extension://efaidnbmnnnibpcajpcglclefindmkaj/viewer.html?pdfurl=https%3A%2F%2Frevistas.unifacs.br%2Findex.php%2Fredu%2Farticle%2FviewFile%2F6822%2F4135&clen=80278. Acesso em: 5 fev. 2022.

[218] MARRELLA, Fabrizio. *La nuova lex mercatoria*: principi Unidroit ed usi dei contratti del commercio Internazionale. Padova: Cedam, 2003. v. XXX, p. 21.

potencializar as práticas contratuais internacionais, a fim de estimular o comércio exterior e ampliar a abrangência do *ius mercatorum*.[219] Nessa linha de pensamento, faz-se importante mencionar que um significativo fator de colaboração para o acontecimento supramencionado se alastrar foi o fato de que passou a ocorrer com mais veemência o deslocamento de empresas multinacionais – de larga escala – afora do seu território nacional. Com isso, iniciou-se uma comoção mordaz para a elaboração de *standards* (padrões) jurídicos, objetivando alinhar a trajetória das negociações internacionais.

Com isso, os polos integrantes das relações econômicas uniram as suas práticas corriqueiras e originaram os embasamentos dos contratos-padrão internacionais.[220] Ante esse fato, a exposição da juridicidade dos novos paradigmas adotados pelo direito comercial transnacional se tornou primordial. Nesse diapasão, o autor Ugo Draetta se aventurou na descrição do *ius mercatorum*, relacionando-o ao arquitetado:

> Ampara a juridicidade sobre a própria efetividade, seja como concreta atitude de regulares situações contratuais complexas em relação às quais os ordenamentos internos se revelam inadequados, seja como capacidade de impor-se como juridicamente vinculante para os operadores econômicos em razão da *opinio necessitatis* que esses nutrem em suas relações.[221]

Destarte, colocam-se na balança dois lados contrapostos da descrição acima estabelecida, quais sejam: o *ius mercatorum* aparenta ter uma formação própria, pautada em uma segurança sintetizada em punições atreladas à condução profissional da parte – o que pode gerar, como consequência, o desligamento de um inadimplente da categoria a que pertence; assim como possui, por outro lado, o aspecto de se valer das características do direito interno, a fim de ter uma coercitividade maior.[222]

---

[219] NASCIMENTO, *op. cit.*

[220] GALGANO, Francesco. *La globalizzazione nello specchio del diritto*. Roma, Itália: Il Mulino, 2005, p. 25.

[221] DRAETTA, Ugo. *Il diritto dei contratti internazionali*. La formazione dei contratti. Padova: Cedam, 1984, p. 14-15.

[222] NASCIMENTO, Ana Lúcia Lemos Lovisaro. *Os desafios impostos pela praxe transnacional do comércio ao direito tradicional*. p. 16. 2020. Disponível em: chrome-extension: // efaidnbmnnnibpcajpcglclefindmkaj/viewer.html?pdfurl=https%3A%2F%2Frevistas. unifacs.br%2Findex.php%2Fedu%2Farticle%2FviewFile%2F6822%2F4135&clen=80278. Acesso em: 5 fev. 2022.

Por vezes, alguns países possibilitam a abertura das fronteiras no sentido legislativo, fazendo com que as partes integrantes de uma negociação comercial internacional possam, por acordo mútuo, livre e espontâneo, vincular vertentes legais de outros países, formalizando uma vinculação maleável. A título de exemplo, pode-se mencionar o Código Civil argentino, que em sua alínea "d" do art. 2651 "admite que as partes incorporem ao contrato os usos e práticas comerciais geralmente aceitos, os costumes e os princípios do Direito comercial internacional".[223]

Portanto, a criação legal de regras supranacionais globais transcende as legislaturas nacionais, tribunais e os poderes públicos internos, fortalecendo as organizações internacionais, as grandes corporações e as organizações não governamentais (ONGs), assim como também colocam mais ênfase e trazem mais força para associações privadas e até para os cidadãos de forma geral.

Passaram a ser desenvolvidos cada vez mais mecanismos de apoio às transações negociais internacionais, entre eles, apetrechos associados aos modelos contratuais basilares, que contemplam cláusulas padrões e vertentes diferenciadas, como a transferência internacional de dados e a essencialidade da proteção desse fluxo.

Além disso, outros elementos básicos no segmento do comércio internacional que o fomentam e revigoram são: "as decisões colégios arbitrais (...) que constituem uma espécie de estatuto jurisprudencial, repleto de usos comerciais e orientações desenvolvidas (...) e com cláusulas contratuais difusas e muitas vezes inovadoras em relação ao Direito privado".[224]

As entidades privadas envolvidas na formulação do "direito mundializado", ou seja, de normativas internacionais, incluem empresas

---

[223] ARGENTINA. *Código Civil y Comercial de La Nación*, de 07 de octobre de 2014. Apruébase el Código Civil y Comercial de la Nación. Buenos Aires, 2014. Artículo 2651: "Autonomía de la voluntad. Reglas. Los contratos se rigen por el derecho elegido por las partes en cuanto a su validez intrínseca, naturaleza, efectos, derechos y obligaciones. La elección debe ser expresa o resultar de manera cierta y evidente de los términos del contrato o de las circunstancias del caso. Dicha elección puede referirse a la totalidad o a partes del contrato. El ejercicio de este derecho está sujeto a las siguientes reglas:" [...] "d) los usos y prácticas comerciales generalmente aceptados, las costumbres y los principios del derecho comercial internacional, resultan aplicables cuando las partes los han incorporado al contrato". Disponível em: http://servicios.infoleg.gob.ar/infolegInternet/anexos/235000-239999/235975/texact.htm. Acesso em: 09 fev. 2022.

[224] MESSINA, Giovanni. *Diritto liquido?*: la governance come nuovo paradigma dela politica e del diritto. Milano: Franco Angeli, 2012, p. 249.

de larga escala e corporações multinacionais. Estas são ressaltadas pela colaboração conjunta na formação de regulamentações na esfera econômica e com aptidão de persuasão em vários tópicos, tendo em vista que o fazem após efetivar uma avaliação extensiva e volumosa do mercado.

É possível constatar que, embora o pilar do direito comercial transnacional esteja centralizado em ângulos principiológicos, valorativos e de experiências práticas, existe a união com a confecção das determinações positivadas. E aos poucos, houve, cada vez mais, um reconhecimento integral desses pontos, nos contextos transnacionais e pelas tradições empresariais.[225]

Inegável se mostra que tal direito está totalmente capacitado para ser aplicado de forma natural nas negociações transnacionais, sem necessidade de um apoio em uma legislação estatal prévia. Um dos momentos de maior expressividade dessa manifestação se dá por meio da execução voluntária de sentenças arbitrais com esteio no *ius mercatorum*.[226]

Na perspectiva doutrinária da questão ora analisada, existe o entendimento, quase que cônsono, do reconhecimento da arbitragem como o melhor mecanismo a ser aplicado nas controvérsias do comércio transnacional, vez que a existência plural de entendimentos legislativos entre os países não facilita a escolha de um em detrimento de outro.[227]

É fato notório que o instituto da arbitragem nasceu como uma variação de escolha ao sistema judicial padrão, especialmente no que diz respeito a aspectos do comércio internacional. Os juízes locais tendem a julgar com base nas legislações igualmente locais, o que, de regra, é um método inadequado para as transações extraterritoriais, pois cada localidade tem suas realidades sociais, econômicas e jurídicas que devem ser levadas em consideração.[228]

O comércio transnacional, que conta com a interligação de inúmeras relações públicas e privadas, transfronteiriças, necessita de regramentos-base do Direito Internacional Privado para presidir a

---

[225] NASCIMENTO, Ana Lúcia Lemos Lovisaro. *Os desafios impostos pela praxe transnacional do comércio ao direito tradicional.* p. 16. 2020. Disponível em: chrome-extension: // efaidnbmnnnibpcajpcglclefindmkaj/viewer.html?pdfurl=https%3A%2F%2Frevistas. unifacs.br%2Findex.php%2Fredu%2Farticle%2FviewFile%2F6822%2F4135&clen=80278. Acesso em: 5 fev. 2022.

[226] *Ibidem.*

[227] FRIGNANI, Aldo. Il contratto internazionale. *In:* GALGANO, Francesco (dir.). *Trattato di diritto commerciale.* Padova: Cedam, 1990, p. 387e s. p. 403-569.

[228] FRIGNANI, 1990, *op. cit.* p. 8.

forma como os conflitos que viessem a surgir das relações internacionais pactuadas, tal como ocorre nos contratos de transferência internacional de tecnologia. As disposições adotadas por essa linha do Direito continuam a ser aplicadas ainda hoje, com destaque na América Latina e na União Europeia – o que traz uma relação direta com a aplicação das legislações de proteção de Dados de ambas as localidades (a LGPD e o RGPD), dentro dessas questões.

O objetivo da manutenção de embates do Direito Internacional Privado é conseguir fazer uma seleção e eduzir das normas existentes mundialmente, o que é conhecido como "regras de junção ou regras indiretas",[229] que acabam por comandar a trajetória das transações negociais internacionais. Contudo, existem algumas arestas a serem aprumadas, vez que o fato de cada país possuir regramentos diferentes causa entraves e este acaba por ser uma das questões de maior complexidade do *soft law*, por não estabelecer uma unificação normativa no país. Nesse aspecto, cabe mencionar citação de Nádia de Araújo, que coloca que:

> (...) a aplicação dessas abordagens contraditórias enfrenta dificuldades porque cada país tem suas próprias regras de propriedade intelectual, e a mesma situação pode encontrar soluções diferentes em cada país. Além disso, dependendo do sistema utilizado, uma decisão pode ser válida em um país, mas não em outro.[230]

Em continuidade ao pensamento de Nádia de Araújo, ela aponta que, procurando, de alguma forma, apaziguar algumas questões, a Europa acabou por tornar menos rígidas as regras relacionadas a conflitos, chegando até mesmo a sugerir uma abordagem pluralista. Com isso, no presente momento, empenha-se para alcançar o objetivo das partes que estabeleçam um pacto contratual, pesando os ônus e os bônus para ambos os lados. Para tanto, utilizam-se os seguintes aparatos: "regras substantivas de propriedade intelectual; convenções internacionais; da utilização de regras alternativas; da cláusula de exceção; do

---

[229] ARAÚJO, N. *Direito internacional privado*: teoria e prática brasileira. 6. ed. Porto Alegre: Revolução e-Book, 2016, p. 37. Versão e-Book.

[230] ARAÚJO, N. *Direito internacional privado*: teoria e prática brasileira. 6. ed. Porto Alegre: Revolução e-Book, 2016, p. 38-76. Versão e-Book.

reconhecimento da autonomia da vontade em outras áreas do direito; e da incidência de princípios mais flexíveis".[231]

Ante o descrito, pode-se dizer que hoje a sociedade vive no que é chamado de "geodireito", momento este em que a evolução econômica e a atuação estatal incitaram o direito privado, de maneira que o *soft law* foi perdendo espaço de atuação no cenário do comércio internacional, pois a formalização das negociações (por meio especialmente de contratos), pautadas em uma *lex generalis* (lei geral) comum passou a ser tida como primordial em acordos executados extrafronteiriços.[232]

Assim sendo, uma das maiores peculiaridades do *soft law*, com formações de padrões voluntários e não impositivos, abalizado, por exemplo, pelo fato de que convenções e desempenhos da práxis empresarial são incorporados nas providências adotadas pelos operadores econômicos nas vinculações comerciais internacionais, passou a precisar de um reforço positivado. Isso ocorreu em amoldamento à nova realidade multímodo, com diferentes características sociais e econômicas, das transações internacionais, fruto da globalização.[233]

Nesse diapasão, convém lembrar que o outro lado da moeda do *soft law* – em que é definida a vertente do Direito Internacional que elabora instrumentos normativos sem força jurídica – é o *hard law* – que possui disposições impositivas, enquadradas em instrumentos positivados. Ambos afetam, de alguma forma, o manuseio dos ordenamentos internos de suas aplicações. O professor Dr. Miguel Santos Neves conceituou a interferência do *soft law*, de maneira impecável, no seguinte trecho: "é um processo de produção de standards normativos, que têm como vocação a regulação de comportamentos sociais, sem caráter vinculativo e cujo incumprimento não estão associados a sanções jurídicas".[234]

Resta claro que o *soft law* é entendido como um "conjunto de recomendações", em que o seu conteúdo conduz determinados

---

[231] *Ibidem*, p. 76.

[232] NASCIMENTO, Ana Lúcia Lemos Lovisaro. *Os desafios impostos pela praxe transnacional do comércio ao direito tradicional.* p. 26. 2020. Disponível em: chrome-extension: // efaidnbmnnnibpcajpcglclefindmkaj/viewer.html?pdfurl=https%3A%2F%2Frevistas. unifacs.br%2Findex.php%2Fredu%2Farticle%2FviewFile%2F6822%2F4135&clen=80278. Acesso em: 5 fev. 2022.

[233] EUROPEAN COMMISION. The European Union as a World Trade Partner. *European Economy Reports and Studies*, Brussels, BEL, n. 3, 1997, p. 76.

[234] NEVES, M. S. Soft Law. *In*: NASSER, S. H. *Fontes e normas do direito internacional*: um estudo sobre a soft law. 2. ed. São Paulo: Atlas, 2006. p. 61-70. ISBN 8522445265.

comportamentos, mas que não impõe obrigações ou sanções em caso de seu descumprimento, como acontece com o *hard law*.

Outras descrições dessa vertente, qual seja, o *soft law*, são igualmente importantes para que seja possível compreender mais a fundo a influência que desempenha sobre as conduções das transações internacionais, em conjunto com alguns aspectos do *hard law*. Afinal, a junção de ambos é o que traz o equilíbrio perfeito, na fase pré-negocial e na fase de legitimação – com aplicação contratual e legal. Assim, segue abaixo, outra definição do *soft law*:

> O termo soft law se refere a qualquer instrumento internacional, além dos tratados, que contenham princípios, normas, padrões ou outras declarações de comportamento esperado. Sob esse ponto de vista, orientações internacionais, sem a força vinculativa de tratados, possuem o condão de influenciar nas instituições de direito interno, conforme veremos adiante.[235]

Conclui-se que o *soft law* não cria vínculos juridicamente vinculativos; é baseado em questões principiológicas, não em regramentos estabelecidos; não possui caráter autocrata e forçoso, mas, em linhas gerais, apenas sugestivos; e é basilar, assim como também essencial, no processo internacional, mormente nas questões do comércio transfronteiriço.[236]

Nesse sentido, o *soft law* acaba por ser considerado como meras "recomendações ou códigos de prática", assentando o terreno e organizando o que pode vir a ser considerado como passível – e principalmente, necessário – de se tornar regras que sejam juridicamente vinculantes, ou seja, de certa forma, acaba por ser o ponto de partida para a construção do *hard law*.[237] Inclusive, o *soft law* surgiu, sobretudo, dos debates e das relações entre agentes integrantes de tratativas negociais de diferentes localidades. O estímulo para a composição de questões que se coadunassem originou o que se vê a seguir:

---

[235] EVANS, Malcolm. *International Law*. Oxford University Press, 2010, p. 160.
[236] RIBEIRO, Alanna Caroline Brito Muniz. *Soft law e hard law como caminho para afirmação do direito à proteção de dados*. 2020. Disponível em: https://ayresbritto.adv.br/soft-law-e-hard-law-como-caminho-para-afirmacao-do-direito-a-protecao-de-dados/. Acesso em: 04 nov. 2021.
[237] *Ibidem*.

A formação do soft law ocorre por meio de negociações entre os sujeitos de Direito Internacional ou dentro de órgãos técnicos das organizações internacionais. A elaboração de suas regras caracteriza-se por ser mais rápida, sem as dificuldades inerentes a esforços de articulação prolongados e perpassados por inúmeras questões políticas. Além disso, os preceitos de soft law, em regra, incorporam melhor as peculiaridades técnicas referentes às questões reguladas, o que nem sempre é possível nos tratados, pelas dificuldades normais encontradas nas negociações internacionais.[238]

Ainda que decorrente do curso percorrido pelo *soft law*, o erguimento do *hard law*, por sua vez, é sustentado pela premissa da vinculação. Esse instituto engloba normas jurídicas, tratados e acordos, com força coercitiva e possibilidade de aplicação de sanções legais, inclusive, na seara extrafronteiriça, com a atuação da Corte Internacional de Justiça ou mesmo dos órgãos judiciais internos dos países que sejam signatários e possuam alguma associação.[239]

Na esfera das relações internacionais, o *soft law* e o *hard law* são considerados como "instrumentos supralegais" e a existência deles impeliu e alicerçou o princípio dos direitos de proteção de dados no contexto internacional, assim como também imputou a essencialidade desse aspecto na condução de todos os processos negociais e nas formalizações contratuais, em especial, quando o objeto carece de sigilo, como acontece no *know-how*.[240]

3.2 Contribuição dos organismos internacionais para o disciplinamento da transferência de tecnologia

Quando os contratos internacionais de transferência de tecnologia são colocados em foco, não apenas se deve analisar aspectos teóricos, normativos e organizacionais – na seara contratual –, mas também as demais interferências e influências externas existentes em

---

[238] PORTELA, P. H. G. *Direito Internacional Público e Privado*. 10. ed. rev. São Paulo: Juspodivm, 2018, p. 205.

[239] CIHANGIR, N. The Role of Soft Law and The Interplay Between Soft Law and Hard Law in the Context of International Human Rights. *Law & Justice Review*, ed. 14, p. 204, 2017.

[240] RIBEIRO, Alanna Caroline Brito Muniz. *Soft law e hard law como caminho para afirmação do direito à proteção de dados*. 2020. Disponível em: https://ayresbritto.adv.br/soft-law-e-hard-law-como-caminho-para-afirmacao-do-direito-a-protecao-de-dados/. Acesso em: 04 nov. 2021.

sua formação. É neste contexto que se faz meritório e oportuno avaliar as contribuições feitas também pelos Organismos Internacionais. Afinal, as relações avaliadas neste tipo contatual ultrapassam o limite de espaço físico estatal. Cumpre iniciar o raciocínio, alinhando alguns aspectos conceituais e de abrangência. Desse modo, as ONGs (conhecidas no Brasil como Organizações da Sociedade Civil – OSC) apresentam as seguintes características, conforme a Lei nº 13.019, de 31 de julho de 2014, como se apresenta:

> Art. 2º Para os fins desta Lei, considera-se:
> I – Organização da sociedade civil: (Redação dada pela Lei nº 13.204, de 2015)
> a) entidade privada sem fins lucrativos que não distribua entre os seus sócios ou associados, conselheiros, diretores, empregados, doadores ou terceiros eventuais resultados, sobras, excedentes operacionais, brutos ou líquidos, dividendos, isenções de qualquer natureza, participações ou parcelas do seu patrimônio, auferidos mediante o exercício de suas atividades, e que os aplique integralmente na consecução do respectivo objeto social, de forma imediata ou por meio da constituição de fundo patrimonial ou fundo de reserva;
> b) as sociedades cooperativas previstas na Lei nº 9.867, de 10 de novembro de 1999; as integradas por pessoas em situação de risco ou vulnerabilidade pessoal ou social; as alcançadas por programas e ações de combate à pobreza e de geração de trabalho e renda; as voltadas para fomento, educação e capacitação de trabalhadores rurais ou capacitação de agentes de assistência técnica e extensão rural; e as capacitadas para execução de atividades ou de projetos de interesse público e de cunho social. (Incluído pela Lei nº 13.204, de 2015);
> c) as organizações religiosas que se dediquem a atividades ou a projetos de interesse público e de cunho social distintas das destinadas a fins exclusivamente religiosos.[241]

Todas as OSCs se caracterizam por serem entidades de direito privado, sem fins lucrativos, e por agir para a consecução de finalidades de interesse público na dignificação dos mais necessitados, através de projetos e/ou atividades solidárias de cunho social; e em algumas situações, para denunciar abusos ou violações de direitos, como nos recentes casos:

---

[241] BRASIL. *Lei nº 13.019*. 2014. Disponível em: http://www.planalto.gov.br/ccivil_03/_ato2011-2014/2014/lei/l13019.htm. Acesso em: 22 set. 2021.

a) *Human Rights Watch* – HRW Cuba, que divulgou em 19.10.2021 um relatório que denuncia abusos sistemáticos do governo cubano contra manifestantes pacíficos nos protestos que tomaram conta do país em julho de 2021.[242]

b) ONGs Oxfam Brasil, Justiça Global, Coligação Negra por Direitos, Plataforma Dhesca, Rede Eclesial Pan-Amazônica (Repam) e Artigo 19, denunciaram violações de direitos humanos, negligência, negacionismo e desinformação no Brasil durante a pandemia de covid-19; em audiência realizada no dia 01.07.2021, durante o 180º período de audiências públicas da Comissão Interamericana de Direitos Humanos (CIDH).[243]

O principal objetivo das ONGs/OSCs é a dignificação dos mais necessitados perante o Estado, a partir de inclusão de pautas sociais nos debates dos *policy makers* (Poder Legislativo), geração de leis protetivas e transformação das políticas públicas em âmbito interno e externo.[244]

Com participação ativa, também cabe mencionar as atuações das *"transnational law firms"*, que em apoio aos objetivos das empresas transnacionais, em nome das quais atuam, propõem novas formas de interpretar o ordenamento jurídico – e, em algumas situações, criam cláusulas contratuais padrão e específicas que se transformam em jurisprudências nos tribunais, e acabam virando pauta de tratados e convenções internacionais – para atender às necessidades regulatórias de transferências de tecnologias – tanto incrementais, quanto disruptivas.[245]

Além dos atores privados citados acima, existem outros, como por exemplo:

a) A OCDE, sediada em Paris, que é uma organização internacional composta por 35 (trinta e cinco) países-membros e tem por objetivo alinhar as políticas públicas internas desses países, estabelecendo um parâmetro mínimo de proteção para

---

[242] HRW. Cuba: manifestantes pacíficos detidos e violentados sistematicamente: Detenção arbitrária, maus-tratos e julgamentos sem o devido processo afetam centenas. Disponível em: https://www.hrw.org/pt/news/2021/10/19/380116. Acesso em: 06 set. 2021.

[243] CIDH. *Situación de los derechos humanos en Brasil en el contexto de la pandemia de COVID-19.* 2021. Disponível em: http://www.oas.org/pt/cidh/sessoes/Calendario.asp?S=180. Acesso em: 04 nov. 2021.

[244] BACKER, Larry Catá, 2008 *apud* FERRARESE, Maria Rosaria. *Prima lezione di diritto globale.* Bari, Itália: Laterza, 2012, p. 47. (Coleção: Universale Laterza).

[245] FERRARESE, Maria Rosaria. *Le istituzioni della globalizzazione.* Roma, Itália: Il Mulino, 2000, p. 104-111.

potencializar o desenvolvimento econômico e colaborar com o desenvolvimento de todos os países membros;[246]

b) O Fundo Monetário Internacional (FMI): organização internacional composta por 190 países membros que tem por objetivo promover estabilidade financeira e cooperação monetária, fomentando o comércio internacional e o emprego para gerar um crescimento econômico sustentável, reduzindo a pobreza mundial;[247] e

c) O Banco Mundial: espécie de cooperativa internacional composta por 189 países-membros (sendo os cinco principais: França, Alemanha, Japão, Reino Unido e os Estados Unidos), trabalhando: "(...) em todas as principais áreas de desenvolvimento: fornece uma ampla gama de produtos financeiros e assistência técnica e ajuda os países a enfrentar os desafios, compartilhando conhecimento de ponta e aplicando soluções inovadoras".[248]

Destacam-se, também, acordos interestatais cujas consequências afetam vários países. Arrolam-se alguns desses acordos:

a) O Tratado de Livre Comércio Norte-Americano (NAFTA), estabelecido entre Canadá, México e Estados Unidos. O referido tratado criou novos procedimentos legais que previam a eliminação de barreiras alfandegárias; facilitação da livre circulação de produtos/serviços entre os países-membros; a promoção de regras concorrenciais justas; o incremento de investimentos econômicos; o estabelecimento de parâmetros

---

[246] THORSTENSEN, Vera; NOGUEIRA, Thiago. *O Brasil a caminho da OCDE*: explorando novos desafios. 2020. FDV EESP. Disponível em: chrome-extension://efaidnbmnnnibpcajpc glclefindmkaj/viewer.html?pdfurl=https%3A%2F%2Fccgi.fgv.br%2Fsites%2Fccgi.fgv. br%2Ffiles%2Fu5%2F2020_OCDE_acessao_BR_FinalTN_pb.pdf&clen=4669797&chunk=true. Acesso em: 02 maio 2022.

[247] INTERNATIONAL MONETARY FUND. *FMI em síntese*. Departamento de Relações Externas. Washington, D.C. 20431. 2019. Disponível em: chrome-extension:// efaidnbmnnnibpcajpcglclefindmkaj/viewer.html?pdfurl=https%3A%2F%2Fwww. imf.org%2Fexternal%2Flang%2Fportuguese%2Fnp%2Fexr%2Ffacts%2Fglancep. pdf&clen=156830&chunk=true. Acesso em: 14 jan. 2022.

[248] "(...) en todas las principales esferas del desarrollo: proporciona una gran variedad de productos financieros y asistencia técnica, y ayuda a los países a enfrentar los desafíos mediante el intercambio de conocimiento de vanguardia y la aplicación de soluciones inovadoras" (BM. *Qué Hacemos*. 2022. Disponível em: https://www.bancomundial.org/es/ what-we-do. Acesso em: 08 fev. 2022).

de proteção dos Direitos da Propriedade Intelectual; segundo o tratado, os países signatários deveriam gerir e resolver, de forma conjunta, as disputas existentes visando à transformação dessa cooperação;[249]

b) O Mercado Comum do Sul (MERCOSUL): cujo objetivo principal foi formar um mercado comum entre os países signatários, a saber: Brasil, Argentina, Paraguai e Uruguai, com livre circulação interna de bens, serviços e fatores produtivos, a adoção de uma política comercial comum e a harmonização de políticas setoriais.[250]

É possível afirmar que, a partir da globalização econômica, houve uma intensificação das relações jurídicas privadas internacionais em decorrência do exponencial aumento da integração global via mercado, e segundo Lubenow, gerou uma crise dos Estados nacionais, pois:

> Ao deslocar o fiador da integração social para além das fronteiras nacionais, o capitalismo global foge ao controle estatal e esvazia o poder dos Estados nacionais, em termos de substância democrática e de política social, e gera um déficit de legitimação, ao transferir competências nacionais para agências ou organismos transnacionais, cuja legitimação não deriva da sociedade civil ou de uma esfera pública politicamente constituída.[251]

O autor evidencia que a alteração estrutural do sistema econômico mundial, que ocorre em razão da globalização, ultrapassa as fronteiras dos Estados nacionais, diminuindo sua legitimação para regular os problemas econômicos, administrativos e socioculturais esvaziando o poder estatal, e segue explicando que esta alteração causou um enfraquecimento:

> (...) em termos de soberania (econômica, financeira, fiscal, administrativa, jurídica...), o Estado nacional perde em termos de autonomia e

---

[249] RIBEIRO, Amanda. *NAFTA*. 2018. Disponível em: https://mundoeducacao.uol.com.br/geografia/nafta.htm. Acesso em: 12 dez. 2021.

[250] SOARES FILHO, José. MERCOSUL: surgimento, estrutura, direitos sociais, relação com Unasul, perspectivas de sua evolução. *Revista CEJ*, Brasília, ano XIII, n. 46, jul./set. 2009.

[251] LEBANOW, Jorge Adriano. *Globalização econômica, desmonte do estado social e déficit político transnacional*: uma análise crítica a partir de Jürgen Habermas. 2021. Disponível em: https://www.scielo.br/j/trans/a/XBz6fGKGfPKTVcj5Pm7yrds/?format=pdf&lang=pt. Acesso em: 14 set. 2021.

competência de ação (capacidade de controle), em substância democrática (déficit de legitimação) e de política social (fornecer serviços de modo eficaz). A perda da autonomia se revela na incapacidade do Estado nacional em proteger os cidadãos contra os efeitos de decisões externas, fora de suas fronteiras, mas que impactam, de modo decisivo, nos âmbitos internos de ação.[252]

Ao estudar a referida perda de autonomia e deslegitimação dos Estados nacionais, Stelzer defende que a globalização econômica foi responsável pelo fenômeno da transnacionalização que se traduz na "desterritorialização, expansão capitalista, enfraquecimento da soberania e emergência de ordenamento jurídico gerado à margem do monopólio estatal".[253]

E uma das grandes consequências dessa "transnacionalização", que contribui bastante, inclusive, no disciplinamento das transações que envolvem transferência de tecnologia, por existir mais de um país envolvido – tendo em vista que esses contratos internacionais compartilham *know-how* entre localidades diferentes –, é que ela é moldada de acordo com as necessidades que surgem do mercado globalizado, com certa flexibilidade.[254]

Os Estados nacionais abrem mão da sua soberania política e econômica, e para que haja um fortalecimento do seu poder, frente ao mercado global, formam blocos econômicos regionais de âmbito transnacional, como os citados NAFTA, União Europeia, MERCOSUL, cujas consequências são administrativas, jurídicas e sociais:

> A efetividade administrativa reguladora e a segurança jurídica do Estado nacional são afetadas por novas ameaças que ultrapassam as fronteiras nacionais, tais como problemas ecológicos (problemas atômicos ou buracos na camada de ozônio), criminalidade organizada, tráfico de drogas e de armas, ou mobilidade acelerada de capitais (que ameaçam emigrar, em virtude da taxação dos lucros).[255]

---

[252] *Ibidem.*

[253] STELZER, Joana. O fenômeno da transnacionalização da dimensão jurídica. *In*: CRUZ, Paulo Márcio; STELZER, Joana (org.). *Direito e transnacionalidade.* Curitiba: Juruá, 2009, p. 130-158, p. 16.

[254] PAINO, Rossella. La globalizzazione, lessico e significati. Brevi note sul dibattito nelle scienze sociali. *Quaderni di Intercultura*, v. IV, Dipartimento di Scienze Cognitive, Psicologiche, Pedagogiche e degli Studi Culturali (COSPECS), Messina, Itália, p. 1-13, 2012. ISSN 2035-858X.

[255] LEBANOW, Jorge Adriano. *Globalização econômica, desmonte do estado social e déficit político transnacional*: uma análise crítica a partir de Jürgen Habermas. 2021. Disponível em: https://

Além da conceituação geral, a OCDE adentra um pouco mais o tópico da inovação e apresenta uma subdivisão quádrupla dela, qual seja: produto – desenvolvimento de melhorias significativas nas especificações técnicas, componentes e materiais; processo: mudanças em equipamentos ou na organização/melhoramento de métodos de produção; organizacional: implementação de um novo método organizacional nos negócios; e de *marketing*: com, por exemplo, o reposicionamento de produtos no mercado.[256]

No quesito da inovação, quando se fala da transferência de tecnologia, é crucial entender a trajetória seguida nas inovações no que diz respeito à propriedade intelectual. Isto se apresenta no Quadro 1. O processo evolutivo da inovação, descrito a seguir, evidencia a existência de atividades ou processos mais ou menos inovadores. A ISO 56000 (2020)[257] estabelece as definições dos tipos de inovação: a considerada como radical: com um alto grau de mudança; e a conhecida como disruptiva/incremental, que exige menos recursos, oferecidos a custo mais baixo.

De acordo com a OCDE,[258] as inovações radicais geram um produto ou processo inédito, pela combinação de tecnologias existentes ou originais em novos usos, podendo redefinir um mercado e gerar patentes de invento. Por outro lado, as inovações incrementais refletem em ajustes de produtos ou processos outrora existentes e que geram valor para as empresas. O entendimento desses ângulos e particularidades é crucial no decurso da evolução de uma negociação que envolva uma transferência de tecnologia.[259]

---

www.scielo.br/j/trans/a/XBz6fGKGfPKTVcj5Pm7yrds/?format=pdf&lang=pt. Acesso em: 14 set. 2021.

[256] CARVALHO, Carlos Alberto; BAHRUTH, Eliane de Britto; RIBEIRO, Fernando de Nielander. *Manual de Oslo*. Diretrizes para coleta e interpretação de dados sobre inovação. OCDE. 3. ed. 1997. Disponível em: chrome-extension://efaidnbmnnnibpcajpcglclefindmkaj/viewer.html?pdfurl=http%3A%2F%2Fwww.finep.gov.br%2Fimages%2Fapoio-e-financiamento%2Fmanualoslo.pdf&clen=763338&chunk=true. Acesso em: 02 fev. 2022.

[257] ISO 56000:2020. *Innovation management*: fundamentals and vocabulary. Disponível em: https://www.iso.org/standard/69315.html. Acesso em: 04 jan. 2022.

[258] OCDE. *Diretrizes da OCDE sobre Governança Corporativa de Empresas Estatais*. Edição 2015. 02 out. 2018a. Disponível em: https://www.oecd.org/publications/diretrizes-da-ocde-sobre-governanca-corporativa-de-empresas-estatais-edicao-2015-9789264181106-pt.htm#:~:text=As%20Diretrizes%2C%20aprovadas%20pela%20primeira,de%20governan%C3%A7a%20corporativa%20das%20EEs. Acesso em: 04 out. 2021.

[259] CARVALHO, Carlos Alberto; BAHRUTH, Eliane de Britto; RIBEIRO, Fernando de Nielander. *Manual de Oslo*. Diretrizes para coleta e interpretação de dados sobre inovação.

Quadro 1 – Fases do processo evolutivo da inovação[260]

(continua)

Tipo	Década	Características
Empurrão Tecnológico	1940 a 1960	Resolução de problemas básicos de inovação e inserção crescente de novos produtos/serviços no mercado devido à Segunda Guerra Mundial.
Oferta e Demanda	1960	Desenvolvimento de pesquisas focadas em ferramentas operacionais para melhorar o gerenciamento de P&D, e atividades de diversificação P&D para gerar/melhorar produtos através de economia em escala, equilibrando a oferta e a demanda.
Pesquisa e Desenvolvimento – P&D e Clientes Externos	1970	Melhoramento da posição competitiva com a adoção de processos tecnológicos e integração destes para a estratégia corporativa: interação de informação do P&D (internamente na empresa) com as necessidades dos usuários (fontes externas)
Economia Oriental	1980	Nos EUA, a Lei Bayh-Dole promoveu amplas mudanças nos direitos de propriedade intelectual, aumentando o papel das universidades no gerenciamento de patentes e de seu licenciamento, refletindo no crescimento de renda, emprego e produtividade econômica.[261]
		Ao mesmo tempo, houve um aumento no desempenho de países orientais que se utilizavam de engenharia reversa, imitações tecnológicas, procedimentos mecanizados de produção (Sistema Toyota de Produção), buscando melhorar o controle de qualidade de seus produtos e serviços.

OCDE. 3. ed. 1997. Disponível em: chrome-extension://efaidnbmnnnibpcajpcglclefindmkaj/viewer.html?pdfurl=http%3A%2F%2Fwww.finep.gov.br%2Fimages%2Fapoio-e-financiamento%2Fmanualoslo.pdf&clen=763338&chunk=true. Acesso em: 02 fev. 2022.

[260] BARBOZA, Bertiene Maria Lack. *Sistema de gestão da inovação – ISO 56002*: proposta de framework que evidencia o processo de transferência de tecnologia. 2021. Dissertação (Mestrado em Engenharia de Produção) – Universidade Tecnológica Federal do Paraná, Ponta Grossa, 2021. Disponível em: chrome-extension://efaidnbmnnnibpcajpcglclefindmkaj/viewer.html?pdfurl=http%3A%2F%2Frepositorio.utfpr.edu.br%2Fjspui%2Fbitstream%2F1%2F25089%2F1%2Fsistemagestaoinovacaoiso.pdf&clen=2847188. Acesso em: 03 nov. 2021.

[261] MOWERY, D. C.; SAMPAT, B. N. The Bayh-Dole Act of 1980 and University Industry Technology Transfer: A Model for Other OECD Governments? *The Journal of Technology Transfer*, v. 30, n. 1-2, 2004.

Quadro 1 – Fases do processo evolutivo da inovação

(conclusão)

Tipo	Década	Características
Criatividade e Consumação da Inovação	1990 – 2000	A inovação passou a ser considerada como fundamental para alavancar negócios e alçar os países a *players* econômicos: houve um incremento no desenvolvimento de produtos altamente tecnológicos, promovendo rearranjos organizacionais (sociais, ambientais e econômicos), priorizando o cliente (e suas necessidades), e promovendo o conhecimento e a transferência de inovações oriundas do conhecimento gerado.[262]
Indústria 4.0	2000 até hoje	As inovações tecnológicas aumentaram as vantagens competitivas (indústria 4.0: digitalização de processos, uso da inteligência artificial para estabelecer conectividade entre as indústrias e as cadeias de suprimentos[263] gerando a redução de custo/tempo e fazendo com que as inovações sejam mais acessíveis, passando a integrar a vida dos usuários.

Fonte: BARBOZA, 2021.

As inovações, que são âmago dos contratos de *know-how*, dependem de uma custódia definida, considerando que a inventividade é a principal característica deste tipo contratual e que o objeto/ideia/serviço criado é exclusivo e, muitas vezes, revolucionário. Dessa maneira, a formulação de normas sobre propriedade intelectual com poder coativo tornou-se algo de aplicação irrefutável e essencial, especialmente no tocante aos aspectos do Direito da propriedade intelectual e industrial, que está intimamente ligado ao cerne da questão.

Assim, satisfaz entender a evolução jurídica das regulamentações atreladas ao percurso seguido pela matéria acima referida. E isso pode ser verificado no quadro a seguir:

---

[262] MANDERS, B.; DE VRIES, H. J.; BLIND, K. ISO 9001 and product innovation: A literature review and research framework. *Technovation*, v. 48-49, 2016.

[263] MULLER, J. M.; BULIGA, O.; VOIGT, K. I. Fortune favors the prepared: How SMEs approach business model innovations in Industry 4.0. *Technological Forecasting & Social Change*, v. 132, 2018.

Quadro 2 – Evolução dos principais tratados em matéria de direitos industriais[264]

(continua)

Nome da convenção ou tratado	Época da criação	Assunto abordado	Posição brasileira
Convenção de Paris	1883, com revisões: Bruxelas, 1900; Washington, 1911; Haia, 1925; Londres, 1934, e Estocolmo, 1967.	Fundou a União para Proteção da Propriedade Industrial com os seguintes princípios: tratamento nacional,[265] prioridade unionista,[266] independência dos direitos,[267] e territorialidade.[268]	O Brasil foi um dos 14 países signatários; entretanto só aderiu à revisão de Estocolmo no ano de 1992.
Acordo de Madri	1891, revisto em Washington, em 1911; Haia, 1925; Londres e Lisboa, 1958.	Repressão das falsas indicações de proveniência das mercadorias.	O Brasil aderiu ao referido acordo por meio do Decreto n° 19.427, de 25.11.1930.
Tratado de Haia de Depósito Internacional de Desenhos e Modelos Industriais	1925	Propõe que se obtenha a proteção em vários países por meio de um depósito internacional realizado perante	O Brasil não aderiu.[269]

---

[264] MULLER, Thaís Carnieletto. *O reconhecimento, a proteção e as políticas públicas para as marcas não tradicionais à luz da constituição de 1988*. 2016. Tese. Universidade de Santa Cruz do Sul. Disponível em: https://repositorio.unisc.br/jspui/bitstream/11624/1321/1/Tha%C3%ADs%20 Carnieletto%20Muller.pdf. Acesso em: 12 mar. 2022.

[265] Através da adoção desse princípio, os cidadãos teriam tratamento nacional em todos os países membros de direitos para os cidadãos dos outros países membros da convenção.

[266] Dessa forma, o pedido de patente/desenho industrial, depositado em um dos países signatários, deve ser aproveitado para os pedidos ulteriores relacionados com o mesmo conteúdo.

[267] Em virtude da independência, os pedidos de patentes/registro serão analisados de forma independente por cada país, não dependendo da concessão anterior de algum dos países signatários da convenção.

[268] Os pedidos de patente/registro e a sua concessão estão adstritos aos limites geográficos do país concedente.

[269] Mas iniciou, em 2019, uma avaliação interna sobre a assinatura deste tratado.

CAPÍTULO 3
OS CONTRATOS DE TRANSFERÊNCIAS DE TECNOLOGIA (*KNOW-HOW*) NO PLANO INTERNACIONAL | 107

Quadro 2 – Evolução dos principais tratados em matéria de direitos industriais

(continua)

Nome da convenção ou tratado	Época da criação	Assunto abordado	Posição brasileira
		a secretaria internacional da OMPI, ou administração nacional de um Estado membro.	
Acordo de Nice de Classificação de Bens e Serviços com vistas ao Registro de Marcas	1957	Estabelecia uma tabela classificatória de bens e serviços com vistas ao registro de marcas. Atualmente, essa classificação possui uma lista contendo 45 classes, referindo-se às classes 1-34 a produtos e às classes 35-45 a serviços.	Embora o Brasil adotasse um sistema próprio de classificação de marcas desde 1923 (Decreto nº 16.264), foi somente a partir de 3.11.2000 que o INPI passou a adotar o sistema internacional em conformidade com o Ato Normativo nº 150, publicado na RPI nº 1.502, de 19.10.1999.
Tratado de Lisboa para Proteção de Designações de Origem e seu Registro Internacional	1958	Por esse tratado se definiu o conceito de denominação de origem e se estabeleceu o reconhecimento recíproco das indicações geográficas existentes.	O Brasil não aderiu a esse acordo.
Acordo de Locarno de Classificação Internacional para Desenhos Industriais	1968	Propunha-se a classificar os desenhos de acordo com sua finalidade, e posteriormente, com o objeto que representam.	O Brasil, mesmo não sendo signatário, adota essa classificação.

Quadro 2 – Evolução dos principais tratados em matéria de direitos industriais

(continua)

Nome da convenção ou tratado	Época da criação	Assunto abordado	Posição brasileira
Acordo de Estrasburgo de Classificação Internacional de Patentes	1971	Criou um sistema específico e economicamente factível de manuseio de informações de pedidos de patentes e de documentos de patentes.	O Brasil é um dos 38 Estados-membros.
Acordo de Viena de Classificação Internacional de Elementos Figurativos de Marcas	1973	Empregado para indicar elementos que compõem marcas mistas e figurativas.	Incorporado pelo INPI por meio do Ato Normativo nº 151, publicado na RPI nº 1.502, de 19.10.1999.
Tratado de Budapeste para o Reconhecimento Internacional de Depósito de Micro-organismos para Efeitos do Procedimento em Matéria de Patentes	1977	Estabelece os parâmetros para recepção e depósito desses micro-organismos em autoridade internacional – Autoridade Depositária Internacional (IDA); a qual ficara como responsável pelo fornecimento de cópia do recibo de depósito para os países em que fosse solicitado depósito ulterior.	O Brasil não é signatário
Tratado de Cooperação em Patentes (*Patent Cooperation Treaty* – PCT)	1978	Prevê que um depósito de pedido de patente efetuado em países membros do PCT terá efeito simultâneo nos outros países membros designados pelo depositante.	No Brasil, esse tratado entrou em vigor com a promulgação do Decreto nº 81.742, de 31.05.1978.

CAPÍTULO 3
OS CONTRATOS DE TRANSFERÊNCIAS DE TECNOLOGIA (*KNOW-HOW*) NO PLANO INTERNACIONAL | 109

Quadro 2 – Evolução dos principais tratados em matéria de direitos industriais

(conclusão)

Nome da convenção ou tratado	Época da criação	Assunto abordado	Posição brasileira
Protocolo referente ao Acordo de Madrid	Adotado em 1989, entrou em vigor em 1º de dezembro de 1995 e começou a ser aplicado em 1º de abril de 1996	Visa a simplificar e a harmonizar os procedimentos relativos aos pedidos nacionais de proteção às marcas de bens e serviços, bem como estender «o pedido de base» ou o registro (adiante denominado «o registro de base») da sua marca no território das partes	O Brasil é signatário, mas encontra dificuldades de implementar esse acordo, devido ao *backlog* da análise de pedido de marca perante o INPI.[270]
Tratado sobre os Direitos de Propriedade Intelectual Relacionados com o Comércio – TRIPS	1986	Uma Rodada de Negociações Multilaterais de Comércio que aconteceu no Uruguai, convocada pelo Acordo Geral de Tarifas e Comércio (GATT), por insistência dos Estados Unidos e de outros países desenvolvidos, fez com que um grupo de trabalho sobre Questões de Propriedade Intelectual Relacionadas com o Comércio fosse incluído nas discussões.	O Brasil é signatário

Fonte: MULLER, 2016.

---

[270] Em julho de 2019, o Brasil depositou junto à OMPI o instrumento de adesão ao Protocolo e, publicou, no Diário Oficial da União de 2 de outubro de 2019, o Decreto nº 10.033, que promulgou o tratado e, portanto, permitiu o início do seu funcionamento no Brasil.

Para o autor Dário Moura Vicente, esses tratados beneficiam mais os países desenvolvidos, pois o desenvolvimento dos países subdesenvolvidos e em desenvolvimento:

(...) dependem de transferências internacionais de tecnologia que os habilitem a explorar os seus recursos económicos; e estas pressupõem a consagração, nos sistemas jurídicos locais, de regimes e instituições de tutela da propriedade intelectual, bem como a abertura dos mesmos às empresas e aos cidadãos estrangeiros.[271]

De certa forma, estes mecanismos acabam por estimular o crescimento da transferência de tecnologia extrafronteiriça. E com o que se pode chamar de *"standartização"* (padronização) dos direitos de Propriedade Industrial, segundo Bezerra, aumenta a capacidade concorrencial dos países: "(...) numa condição em que as instituições são pouco ativas na proteção às patentes, ou seja, em condições em que o conhecimento é facilmente difundido e, portanto, de baixa apropriabilidade, as empresas teriam pouco incentivo para investir em inovação".[272]

Ante o exposto, há interesse na definição de standarts globais sobre a propriedade intelectual das inovações de seus ativos e na regulação da sua transferência, para que a tecnologia gerada com as inovações dos *players* de mercado possa ser livremente comercializada entre os agentes econômicos.

É importante lembrar que os Estados nacionais que não atendem satisfatoriamente às demandas globais, ignorando os *standarts* regulatórios transnacionais (e não estabelecendo uma conexão de legitimidade-validade-eficácia entre o seu ordenamento nacional com as demais regulamentações transnacionais e supranacionais), ou acaba sofrendo uma *captio diminutio*[273] em seus interesses jurídicos, ou a exclusão de muitos mercados globais. Para a ONU,[274]

---

[271] VICENTE, Dário Moura. *A tutela internacional da propriedade intelectual.* Coimbra: Almedina, 2008, p. 26.

[272] BEZERRA, Carolina Marchiori. *Inovações tecnológicas e a complexidade do sistema econômico.* São Paulo: Cultura Acadêmica, 2010, p. 106-107.

[273] *Capitis deminutio ou capitis diminutio* é um termo usado no direito romano, referindo-se à extinção, no todo ou em parte, do *status* anterior e da capacidade legal de uma pessoa (ENCICLOPÉDIA JURÍDICA. 2000. Disponível em: http://www.enciclopedia-juridica.com/pt/d/capitis-diminutio/capitis-diminutio.htm. Acesso em: 12 out. 2021).

[274] ONU. *Estudio Económico y Social mundial 2009*: promover el desarrollo, salvar el planeta. Nueva York: Naciones Unidas, 2010.

(...) Na ausência de constante inovação e aprendizado, a economia permanece presa a métodos de produção que utilizam tecnologia menos avançada e não consegue se diversificar em atividades mais dinâmicas. Uma vez que o aumento do conhecimento tecnológico é muitas vezes incorporado em bens de capital, uma rápida taxa de formação de capital e o progresso tecnológico são muitas vezes altamente complementares (Salter, 1969). Portanto, é necessária uma política macroeconômica favorável ao investimento para fortalecer o desenvolvimento tecnológico.[275]

Conforme Muller, é por esse motivo que os países em desenvolvimento devem se preocupar com esse fenômeno, pois a sua capacidade de se integrar na competição mundial depende de apoio político, "para fomentar a capacidade científica de inovação e de desenvolvimento tecnológico, a partir de uma rede de políticas públicas que fomentem esse processo".[276]

E é nesse ponto que entra a atuação de certas organizações internacionais multilaterais em peso, devido ao contexto das interações entre países – tanto fornecedor, quanto receptor – com realidades diferentes tentando estabelecer uma negociação de *know-how*, transferindo dados internacionalmente.

Na atuação das organizações internacionais multilaterais, é fundamental a análise das disposições normativas, discussões e projetos presentes nelas. Entre esses organismos internacionais que ocupam um espaço de representação e ingerência sobre as transações de transferência de tecnologia, cabe ressaltar: a OMPI, a OMC, a UNCTAD e a Comissão das Nações Unidas para o Direito Comercial Internacional (UNCITRAL), haja vista o relevante papel destas perante o cenário.

O instituto da transferência de tecnologia, para Takahashi e Sacomano, pode ser definido como um processo através do qual duas ou mais pessoas adquirem conhecimento tecnológico, desenvolvendo-o,

---

[275] "A falta de una innovación y un aprendizaje constantes, la economia permanece anquilosada em métodos de producción que utilizan una tecnología menos avanzada y no consegue diversificarse hacia atividades más dinâmicas. Habida cuenta de que el mayor conocimiento tecnológico a menudo se materializa en bienes de capital, un rápido ritmo de formación de capital y el prograso tecnológico son, con frecuencia, altamente complementários (Salter, 1969). Por conseguinte, se requiere una política macroeconómica favorable a las inversiones para fortalecer el desarrollo tecnológico" (ONU, 2010).

[276] MULLER, Thaís Carnieletto. *O reconhecimento, a proteção e as políticas públicas para as marcas não tradicionais à luz da constituição de 1988.* p. 44. 2016. Tese. Universidade de Santa Cruz do Sul. Disponível em: https://repositorio.unisc.br/jspui/bitstream/11624/1321/1/Tha%C3%ADs%20 Carnieletto%20Muller.pdf. Acesso em: 12 mar. 2022.

utilizando-o e melhorando-o por meio da transferência de componentes de inovações, visando implementar uma metodologia, um processo ou um produto (criando-o ou melhorando-o). Para esses autores:

> (...) a transferência é reconhecida como um processo complexo que engloba a identificação da tecnologia a ser transferida, a seleção dos modos (joint ventures, cooperação de pesquisa, fusões, licenciamento, etc.) e mecanismos e transferência (treinamento, seminários, software, informações técnicas quanto ao uso e à manutenção da tecnologia, intercâmbio de profissionais, etc.) e a completa implementação e absorção da tecnologia.[277]

Dentre os aspectos contidos na transferência de tecnologia, um dos que se inserem no âmago da questão é a propriedade intelectual. No Brasil, ela é considerada como um direito fundamental a ser assegurado, pelo Estado, mas para que tenha essa proteção, é necessário que obedeça à sua função social, atendendo ao interesse social e ao desenvolvimento econômico e tecnológico do país (art. 5, XXIX da CF/88); igualmente o artigo 7º do Agreement on Trade-Related Aspects of Intellectual Property Rights (TRIPs), do qual o Brasil é signatário, confirma essa vinculação, a saber:

> Art. 7º – A proteção e a aplicação de normas de proteção dos direitos de propriedade intelectual devem contribuir para a promoção da inovação tecnológica e para a transferência e difusão de tecnologia, em benefício mútuo de produtores e usuários de conhecimento tecnológico e de uma forma conducente ao bem-estar social e econômico e a um equilíbrio entre direitos e obrigações.[278]

Com os olhos postos nesse preceito constitucional, a Diretoria de Contratos, Indicações Geográficas e Registros (DICIG) (anteriormente Diretoria de Transferência de Tecnologia (DIRTEC) – conforme a IN PR nº 16/13), vinculada ao INPI, define o instituto da transferência de

---

[277] TAKAHASHI, Vânia Passarini; SACOMANO, José Benedito. Proposta de um modelo conceitual para análise do sucesso de projetos de transferência de tecnologia: estudo em empresas farmacêuticas. *Gestão & Produção*, v. 9, n. 2, ago. 2002, p. 184.

[278] BRASIL, *Trade Related Aspects of Intellectual Property Rights*, de 15 de abril de 1994. Incorporada na legislação brasileira pelo Decreto nº 1.355, de 30 de dezembro de 1994. Brasília, 2020b. Disponível em: chrome-extension://efaidnbmnnnibpcajpcglclefindmkaj/viewer.html?pdfur l=https%3A%2F%2Frepositório.unb.br%2Fbitstream%2F10482%2F38744%2F1%2F2020_Le onaraGon%25C3%25A7alveseSilvaPires.pdf& clen=1390073. Acesso em: 19 nov. 2021.

tecnologia da seguinte forma: "a transferência de tecnologia é uma negociação econômica e comercial que desta maneira deve atender a determinados preceitos legais e promover o progresso da empresa receptora e o desenvolvimento econômico do país".[279]

Em síntese, a transferência de tecnologia compreende um processo de negociação de conhecimentos, no qual a parte transferente procura explorar a inovação, de modo a maximizar a sua rentabilidade, comercializando a tecnologia por ela desenvolvida, de forma regrada e amparada pela propriedade intelectual, e que se concretiza através da celebração de um contrato.

Assim, o transferente tem a oportunidade de recuperar os investimentos despendidos com a pesquisa e desenvolvimento da tecnologia negociada e reinvesti-los em novas pesquisas e novas tecnologias, mantendo-se o ciclo e a sua competitividade no mercado internacional.[280]

Entretanto, não se pode olvidar que não basta contratar a transferência de tecnologia, é preciso que o adquirente aprenda a explorar adequadamente a inovação tecnológica, e isso depende da capacitação tecnológica de seus funcionários, para que durante as suas atividades, haja autonomia operacional em relação ao transferente.

De acordo com o Índice de Realização Tecnológica (IRT), de 2021, elaborado pela UNCTAD, analisaram-se 158 países, detectando-se uma enorme disparidade entre eles para assimilar inovações radicais e incrementais, o que justifica que em negociações referentes à transferência de tecnologia, entre contratantes localizados em países com diferentes níveis de desenvolvimento, há existência de um sistema protetivo mais benéfico para o adquirente, tendo em vista a sua hipossuficiência perante os *players* de mercado.[281]

Considerando-se a posição acima, no que diz respeito à autonomia, pode-se afirmar que os Estados nacionais têm relativa liberdade para a autorregulação dos interesses dos contratantes, levando em consideração os limites do sistema jurídico das partes integrantes do

---

[279] UNIVERSITEC. *Transferência de tecnologia*. Pará. Agência de Inovação Tecnológica da UFPA, 2018. Disponível em: https://universitec.ufpa.br/propriedade-intelectual/transferencia-de-tecnologia/. Acesso em: 04 ago. 2021.

[280] PIMENTEL, L. *O direito industrial*: as funções do direito de patentes. Porto Alegre: Síntese, 1999.

[281] IPEA. *Revista Tempo do Mundo*, v. 5, n. 1, 2019. Disponível em: chrome-extension://efaid nbmnnnibpcajpcglclefindmkaj/viewer.html?pdfurl=http%3A%2F%2Frepositorio.ipea. gov.br%2Fbitstream%2F11058%2F9715%2F1%2FTempo%2520do%2520Mundo_v5_n01. pdf&clen=5625698. Acesso em: 10 mar. 2022.

processo de transferência de tecnologia, assim como também as convenções e tratados internacionais, firmados pelos Estados nacionais dos contratantes, e regulamentados por organizações internacionais,[282] ponderando o desenvolvimento econômico e tecnológico dos países. Dessa maneira, é essencial a análise um pouco mais aprofundada de algumas organizações internacionais – que se envolvem na transferência de tecnologia, em grande parte pelo caráter internacional de tal negócio jurídico, bem como pelas reverberações que acarretam na tolerância comercial, pela proteção dos direitos de propriedade intelectual, pela relevância dada aos aspectos concorrenciais e pelos ângulos tributários – e a maneira como ela se relaciona com essa espécie contratual.

A OMPI, que promove a proteção regulatória da propriedade intelectual em nível global, por *standarts* protetivos, o faz pela cooperação (política, jurídica, econômica e administrativa) entre os diferentes Estados nacionais, assim como com outras organizações internacionais. Seu maior propósito é impulsionar o desenvolvimento industrial e cultural, que acaba estimulando a desenvoltura da transferência de tecnologia.[283]

Considerando-se o Quadro 2, sobre a evolução dos principais tratados em matéria de direitos industriais, ao se analisar a Convenção de Paris, que faz referência a aspectos da propriedade industrial, é possível detectar uma omissão, vez que não faz menção direta aos contratos de transferência de tecnologia. Entretanto, ao estabelecer princípios e garantias mínimas, a referida Convenção acabou, de certa forma, propiciando o fomento da inovação tecnológica, na medida em que padronizou direitos e, com o assentamento da segurança jurídica, as partes envolvidas nas negociações comerciais passaram a aplicar mecanismos de proteção ao objeto da transação, através do estabelecimento de contratos de transferência de tecnologia.[284]

A OMC, substituta direta do GATT (Acordo Geral de Tarifas e Comércio), surgiu para facilitar as negociações extrafronteiriças, promovendo um sistema multilateral de comércio cooperativo. Ela faz alusão à transferência de tecnologia, inicialmente pelo TRIPS, e hoje permanece

---

[282] BARBOSA, Denis Borges. *Uma introdução à propriedade intelectual*. 2. ed. Rio de Janeiro: Lumen Iuris, 2002. v. 2.

[283] PRADO, Maurício Curvelo de Almeida. *Contrato internacional de transferência de tecnologia*: patente e know-how. Porto Alegre: Livraria do Advogado, 1997, p. 72-73.

[284] PIMENTEL, L. O. O acordo sobre os aspectos dos direitos de propriedade intelectual relacionados com o comércio. *Revista Sequência*, n. 44, CPGD/UFSC, p. 2-4, jul. 2002.

sendo debatido em um dos Grupos de Trabalho mais importantes da organização em foco, que está relacionado com o comércio e a transferência de tecnologia.[285]

Ainda no tocante ao TRIPs – Acordo criado por meio de um decreto em 1984 – existe uma preocupação de não apenas dispor sobre o exercício da propriedade intelectual, mas também compreender a amplitude de sua aplicação diante das diversas realidades dos países, o que gera uma ânsia em adotar certa flexibilidade, a fim de possibilitar o espaço para o crescimento tecnológico, e assim, o seu compartilhamento, em todos os locais.[286]

Desse modo, é primordial destacar alguns dos principais artigos existentes nesse acordo que estão ligados à transferência de tecnologia:

O art. 7, por sua vez, ao dispor sobre os objetivos do TRIPS, estabelece que a proteção e aplicação dos direitos de propriedade intelectual devem contribuir para a transferência de tecnologia, levando em conta o benefício mútuo de fornecedores e usuários, o bem estar econômico e social e o equilíbrio entre os direitos e obrigações, ou seja, o reconhecimento dos direitos de propriedade intelectual pelos países em desenvolvimento encontra-se relacionada à contrapartida da transferência de tecnologia em benefício destes.

O art. 8, em seu item 2, sob o título de princípios, dispõe que medidas apropriadas, desde que sejam consistentes com as demais disposições do acordo, possam ser necessárias para prevenir o abuso dos direitos de propriedade intelectual pelos detentores ou afastar práticas que injustificadamente restrinjam o comércio ou afetem negativamente a transferência de tecnologia internacional.

O art. 40, seção 8, por sua vez, versa sobre o controle de práticas anticompetitivas relacionadas a licenciamento. Estabelece, em seu item 1, que certas práticas e condições estabelecidas podem impedir a transferência de tecnologia e serem consideradas anticompetitivas. No item 2, é expresso que disposições nacionais que versem sobre a coibição de práticas anticompetitivas podem ser adotadas, desde que em consonância com as demais disposições desse acordo.

---

[285] KEMMELMIER, Carolina Spack; SAKAMOTO, Priscila Yumiko. *Transferência de tecnologia perante as organizações internacionais multilaterais*: OMPI, OMC, UNCTAD E UNCITRAL. 2005. Disponível em: file:///C:/Users/Talitha/Downloads/729-1861-1-SM.pdf. Acesso em: 05 fev. 2022.

[286] BRASIL. *Decreto nº 1.355*. 1994. Disponível em: chrome-extension://efaidnbmnnnibp cajpcglclefindmkaj/viewer.html?pdfurl=https%3A%2F%2Fwww.gov.br%2Finpi%2Fpt-br%2Fbackup%2 Flegislacao-1%2F27-trips-portugues1.pdf&clen=143247&chunk=true. Acesso em: 04 out. 2021.

O art. 60, item prevê que Estados-membros desenvolvidos forneçam incentivos a empresas localizadas em seus territórios, para promover a transferência de tecnologia para países menos desenvolvidos.

Dentro da OMC, um dos maiores avanços existentes no quesito do compartilhamento tecnológico decorreu da Declaração Ministerial de Doha, que, em meio às duas disposições, deu origem a um Grupo de Trabalho (GT), especificamente acerca do comércio internacional e transferência de tecnologia.[287] Esse GT procura, principalmente, alcançar o "entendimento comum da definição de transferência de tecnologia" e a "identificação dos canais de transferência de tecnologia" com mais efetividade.[288]

A UNCTAD (United Nations Conference on Trade and Development – Conferência das Nações Unidas sobre Comércio e Desenvolvimento), vinculada à ONU, dedica-se a propiciar o desenvolvimento na economia mundial, por meio de uma integração entre os países; afinal, os debates são acerca de uma maior liberalização do comércio. Ela tem um desempenho concentrado em três vertentes: "fórum intergovernamental de deliberações, visando à construção de um consenso entre Estados-membros; desenvolve pesquisas, análise de políticas e coleta de dados; e providencia assistência técnica para países em desenvolvimento".[289]

Com isso, essa organização iniciou uma série de diligências atreladas à rota da transferência de tecnologia. Uma delas foi o estímulo para a produção de material teórico e de pesquisa, a fim de solidificar ainda mais a matéria, e foi nessa linha de pensamento que, em 2001, uma publicação de referência foi efetivada, a "*Transfer of technology*".[290]

---

[287] O art. 37, da Convenção Ministerial de Doha: "We agree to an examination, in a Working Group under the auspices of the General Council, of the relationship between trade and transfer of technology, and of any possible recommendations on steps that might be taken within the mandate of the WTO to increase flows of technology to developing countries. The General Council shall report to the Fifth Session of the Ministerial Conference on progress in the examination" WT/MIN(01)/DEC/1 (OMC). *In*: KEMMELMIER; SAKAMOTO, 2005.

[288] WT/WGTTT/1, p. 1 (OMC). *In*: KEMMELMIER; SAKAMOTO, *op. cit.*

[289] KEMMELMIER, Carolina Spack; SAKAMOTO, Priscila Yumiko. *Transferência de tecnologia perante as organizações internacionais multilaterais*: OMPI, OMC, UNCTAD E UNCITRAL. 2005. Disponível em: file:///C:/Users/Talitha/Downloads/729-1861-1-SM.pdf. Acesso em: 05 fev. 2022.

[290] UNCTAD. *Transfer of technology*. UNCTAD/ITE/IIT/28. Publicado por: United Nations Publications, 2001.

Esta explorou duas facetas importantes, a regulatória e a do livre mercado, conforme se pode observar a seguir:

A primeira, chamada de "regulatória", busca intervir no mercado, corrigindo desigualdades entre o transferente e o receptor, já que esse último é visto como parte mais fraca. Tal intervenção estatal visa, por exemplo, tornar sem efeito disposições contratuais que sejam indevidamente favoráveis ao fornecedor da tecnologia, ou então, o estabelecimento das chamadas garantias de resultados. A segunda modalidade valoriza o livre mercado. Assim, deixa de lado a perspectiva intervencionista, e passa a enfatizar a criação de condições de livre mercado. Como principais características dessa política, tem-se: a valorização da proteção dos direitos relacionados à tecnologia, através da normativa de proteção da propriedade intelectual; a ausência de intervenção direta nas negociações e no conteúdo dos contratos de transferência de tecnologia, salvo quando esses implicam em prática anticompetitiva, e fim da obrigação de estabelecimento de garantias de resultado. É essa abordagem que tem prevalecido nos acordos internacionais atualmente.[291]

Assim, a UNCITAD se coloca em uma posição favorável para desempenhar algumas ações que acabam por auxiliar o processo seguido pela transferência de tecnologia. Entre elas, pode-se mencionar, em particular, quatro mais significativas:[292]

a) fornecer assistência a países em desenvolvimento a fim de aumentar sua capacidade de discutir e negociar disposições sobre transferência de tecnologia em acordos internacionais; b) maior investigação de maneiras que favoreçam a concretização dos compromissos internacionais na área de transferência de tecnologia; c) elaborar lista de medidas eficazes adotadas por países desenvolvidos que incentivem a transferência de tecnologia para países em desenvolvimento; d) assistir países interessados em conciliar os padrões TRIPS com suas necessidades nacionais, bem como na criação e implementação de política de defesa da concorrência que se volte para tal temática.[293]

---

[291] KEMMELMIER; SAKAMOTO, *op. cit.*

[292] UNCTAD, 2021, *op. cit.*

[293] KEMMELMIER, Carolina Spack; SAKAMOTO, Priscila Yumiko. *Transferência de tecnologia perante as organizações internacionais multilaterais*: OMPI, OMC, UNCTAD E UNCITRAL. 2005. Disponível em: file:///C:/Users/Talitha/Downloads/729-1861-1-SM.pdf. Acesso em: 05 fev. 2022.

Na UNCITRAL, quando o tópico em pauta é a transferência de tecnologia, deve-se avaliar a abordagem feita pelo "Guia Jurídico",[294] que prevê diretrizes sobre as transações internacionais de comércio e os contratos ideais a serem realizados. Essa Comissão busca fornecer subsídios para questões relacionadas à matéria, desde a fase pré-contratual até a pós-contratual, observando e aplicando as diferenças decorrentes das peculiaridades de cada parte integrante da negociação, tendo em vista estarem localizados em países diferentes.

Independentemente do nível de desenvolvimento alcançado pelos países, a transferência de tecnologia é um tema de extrema relevância para as políticas governamentais, sendo objeto para intensa regulamentação, mesmo com o avanço do liberalismo a respeito do tema, acarretando em constante intervenção governamental.[295]

Quando se fala em transferência de tecnologia, as questões envolvendo o tema acabam por se tornar alvo de polêmicas tanto internas quanto nas negociações intergovernamentais, a título de exemplo a Rodada Uruguai do GATT. Entre os tópicos debatidos na Rodada, entra de forma expressiva a área de tecnologia, especialmente porque, na atualidade, os governos estão dedicados a encontrar uma nova metodologia para as questões relacionadas à transferência de tecnologia e à proteção de seus ativos tecnológicos, devido ao enfoque da proteção de dados e ao estímulo da área pela globalização.[296]

Em 1986, na Rodada Uruguai de negociações multilaterais do GATT, os países com maior poder aquisitivo defendiam propostas que tinham por objetivo tornar os sistemas de proteção da propriedade intelectual mais rigorosos e inflexíveis, acarretando na possibilidade de legislar de forma unilateral.[297]

No caso dos países industrializados, os acordos intergovernamentais existentes, principalmente quando se fala na União de Paris para a Proteção da Propriedade Industrial, os princípios para proteção são

---

[294] O sumário do Guia Jurídico, "comércio compensatório" é denominação que abrange transações em que uma parte fornece mercadorias, serviços ou tecnologia ou outro valor econômico para a segunda parte e em troca, a primeira parte adquire bens, serviços, tecnologia ou outro valor econômico da segunda parte. Caso haja extinção de um dos contratos, também há a do outro (UNCITRAL).

[295] BARBIERI, José Carlos; DELAZARO, Walter. Nova regulamentação da transferência de tecnologia no Brasil. *RAE-Revista de Administração de Empresas*, v. 33, n. 3, 1993.

[296] *Ibidem.*

[297] GONDA, Roberto U. La nueva ley mexicana en matéria de propriedad industrial. *Comércio Exterior*, México (DF), v. 21, n. 11, 1991.

muito flexíveis, tornando mais simples a criação de sistemas nacionais de proteção aos ativos tecnológicos com pouca eficácia.[298] Por esse motivo, os governos dos países supramencionados defenderam a inclusão do tema da Propriedade Intelectual na esfera das negociações do GATT, tema que até então possuía como foro privilegiado a OMPI.[299] A substituição de foro para essa questão acarretou o abandono de uma regulamentação internacional formada por adesões voluntárias – como são os tratados administrados pela OMPI – para um tratamento de caráter impositivo, típico do GATT, com dispositivos mais eficientes para forçar o implemento das cláusulas preestabelecidas, a exemplo da utilização da ferramenta das retaliações comerciais. Ademais, os países de maior capital econômico defenderam um aumento dos direitos frutos das atividades científicas e tecnológicas, quais foram:

redução da descrição da invenção (disclosure) para efeito de patenteamento; proteção aos segredos de comércio (trade secrets); proibição da possibilidade dos países de excluir setores econômicos ou áreas tecnológicas da proteção patentária; eliminação dos dispositivos legais que obrigam a exploração da patente concedida no país concedente, como é o caso da licença obrigatória estabelecida na Convenção da União de Paris; e, como já foi dito, o uso de mecanismos punitivos, como a retaliação comercial, aos países que permitirem infrações aos direitos de propriedade intelectual.[300]

As medidas acima citadas mudam o modo de adquirir o conhecimento a respeito dos desenvolvimentos tecnológicos. Uma dessas medidas, a exigência de extinção do *full disclosure* como condição para atribuir patentes às partes. Essa delimitação quebrou os paradigmas ora criados no que diz respeito ao que já fora determinado como aspectos da Propriedade Intelectual relacionada às patentes.[301] Essa redução, no caso da evolução da tecnologia dos países de industrialização tardia, acabará acarretando alguns entraves, pois

---

[298] BARRAZA, Juan Antonio Toledo. Justificaciones de política industrial y comercial para abrogar la ley de transferência de tecnologia. *Comércio Exterior*, México (DF), v. 41, n. 11, nov. 1991.

[299] *Ibidem.*

[300] BARBIERI, José Carlos; DELAZARO, Walter. Nova regulamentação da transferência de tecnologia no Brasil. *RAE-Revista de Administração de Empresas*, v. 33, n. 3, 1993.

[301] *Ibidem.*

tornará mais complicada a utilização das informações que integram as documentações do trajeto seguido pelo patenteamento. Insta salientar ainda que, relacionado aos aspectos do desenvolvimento de novas tecnologias, o *full disclosure* era uma prática que costumava ser corriqueiramente adotada por organizações de grande expressividade, como: a OMPI, a União das Nações Unidas para o Desenvolvimento Industrial (UNIDO) e a UNCTAD.[302]

O que acabou por acontecer, em consequência a essas transformações e decorrente de uma necessidade imediata do comércio exterior, assim como também da coerção compulsória de países mais evoluídos, é que, mesmo não estando ainda aprovadas pelo GATT, vários países começaram a expor e disseminar legislações de propriedade industrial.

A título de exemplo, pode-se mencionar a legislação dos Estados Unidos, que, transformada no ano de 1984, determina a aplicação de uma represália econômica aos países que não se encarregassem de salvaguardar, de maneira apropriada, os direitos de propriedade intelectual – "U. S. Trade and Tariff Act, seção 301 e Omnibus Trade and Competitiveness Act, super 301".[303]

Outras exemplificações de legislações importantes na seara da propriedade intelectual e de transferência de tecnologia são: a do México – com a "Ley de Fomento y Proteción de La Propriedad Industrial", de 1991; e a do Brasil – com o Código da Propriedade Industrial (a Lei nº 5.772/71) que hoje se encontra com uma proposta de alteração.[304]

A presente situação é extremamente conflitante. Por um lado, pode-se observar o crescimento de teses liberais e, de outro, um protecionismo na área da propriedade intelectual, e também na seara da transferência de tecnologia.

Muitos autores, como exemplo de Zysman, usam a expressão "neomercantilismo" para representar a nova compostura intervencionista

---

[302] UNITED NATIONS CONFERENCE ON TRADE AND DEVELOPEMENT (UNCTAD). *Control of restrictive pratices in transfer of tecnology transaction*: selected principal regulation, policy guidelines and cases law at the national and regional level. New York: ONU/UNCTAD, 1982.

[303] GONDA, Roberto U. La nueva ley mexicana en matéria de propriedad industrial. *Comércio Exterior*, México (DF), v. 21, n. 11, p. 1057.1991.

[304] PATEL, Surendra J. Los derechos de propriedad intelectual em la Ronda de Uruguay. *Comércio Exterior*, México (DF), v. 39 n. 4, p. 288-301, p. 299, abr. 1989.

adotada pelos governos que possuem um nível de tecnologia mais avançado.[305]

As ações entre as empresas produtoras de tecnologias já foram absorvidas pelo protecionismo que rondou as relações da Rodada Uruguai. As negociações que envolvem tecnologia e foram formalizadas contratualmente acabam com a influência direta dos organismos internacionais, acrescentando ainda mais aspectos protecionistas, em decorrência de acordos globais entre as empresas.[306]

Com esses pactos, presume-se que existiram interações mais prolongadas e desenvolvidas entres as partes, como exemplo do "*joint venture*, projetos conjunto de P&D e licenças cruzadas (*cross-licensing*) para uso de patentes, marcas e *know-how*, o que forma um relacionamento bastante cooperativo e com competição de forma simultânea".[307]

Ademais, os acordos realizados exponenciam a eficácia para a desenvoltura organizada e o compartilhamento nos moldes legais de conhecimentos/inovações tecnológicas, assim como estreitam os laços entre as partes componentes na negociação comercial, vez que, no momento em que é estabelecida uma relação de confiança, com embasamentos de regulamentações e diretrizes internacionais, elas se sentem seguras para explorar novos vínculos comerciais.

Dessarte, diante dos fatos explanados nesse segmento, resta evidente que existe uma influição dos organismos internacionais na trajetória da transferência de tecnologia extrafronteiriça, em especial, no que diz respeito às questões normativas e regulamentares, assim como acrescentam no escopo dos pactos contratuais. Ressalta-se, por outro lado, que o fato de existirem desnivelamentos sociais, políticos e econômicos evidentes entre os países, ainda que existam mediadores, tais como alguns dos organismos já mencionados, continuarão a existir alguns embates entre exportadores e importadores de tecnologia; contudo, cabe, mais uma vez, a estes organismos, atuar, a fim de balancear e intermediar as atividades.[308]

---

[305] ZYSMAN, John. Trade, Tecnology and national competition. *Internation Journal of Tecnology Management*, v. 7, n. 1, jan. 1992.

[306] BARBIERI, José Carlos; DELAZARO, Walter. Nova regulamentação da transferência de tecnologia no Brasil. *RAE-Revista de Administração de Empresas*, v. 33, n. 3, 1993.

[307] BERG, Sanford V.; DUNCAN, Jerome; FRIEDMAN, Philip. *Joint venture strategies and corporate innovation*. Cambridge, Mass: Gunn & Hain Publishers Inc., 1982.

[308] KEMMELMIER, Carolina Spack; SAKAMOTO, Priscila Yumiko. *Transferência de tecnologia perante as organizações internacionais multilaterais*: OMPI, OMC, UNCTAD E UNCITRAL.

3.3 Critérios para indicação de lei aplicável aos contratos internacionais de *know-how* e o resguarde dos dados

Nos contratos internacionais de *know-how*, que se encarregam de formalizar a transferência de tecnologia, as cláusulas apresentam características que distinguem esse tipo documental e o posicionam em um patamar de protagonismo, pelas particularidades existentes nelas[309] – e pela forma como representam toda a fundamentação necessária para firmar os critérios de interpretação de tais contratos.

Contudo, a tarefa atribuída de definir qual legislação aplicar nesses pactos contratuais não é algo fácil, afinal, eles são pautados por relações extrafronteiriças, o que envolve uma série de dispositivos em contextos políticos, econômicos e sociais totalmente diversos. A problemática da escolha e aplicabilidade de leis nos contratos internacionais é realmente algo concreto.[310]

Antes de tudo, cabe avaliar o tópico da autonomia da vontade, que representa um dos fatores que influencia a escolha da legislação aplicável. Nessa visão, destaca-se o pensamento da autora Nádia de Araújo, que busca sinalizar a necessidade do entendimento de que esta, no Direito Internacional Privado (DIPr), usada nos devidos contratos, não se relaciona com a ideia da autonomia privada – ou seja, com a capacidade das partes em estabelecer pactos contratuais[311] – mas, em verdade, representa a possibilidade da escolha da legislação que será adotada, por meio da livre vontade e mútuo acordo entre as partes. Tal cenário, da adoção de um sistema jurídico específico que será responsável pela resolução de contratempos, só se apresenta efetivamente no contrato internacional, no qual existe a característica extrafronteiriça.

Com isso, a comunidade internacional, atenta à movimentação regular das novas movimentações no cenário do comércio mundial

---

2005. Disponível em: file:///C:/Users/Talitha/Downloads/729-1861-1-SM.pdf. Acesso em: 05 fev. 2022.

[309] AMARAL, A. C. R. *Direito do Comércio Internacional*. Aspectos Fundamentais. São Paulo: Aduaneiras, 2004.

[310] VENTURA, Carla A. Arena. Da Negociação à Formação dos Contratos Internacionais do Comércio: Especificidades do Contrato de Compra e Venda Internacional. *Revista Eletrônica de Direito Internacional*, v. 6, 2010. ISSN 1981-9439. Disponível em: chrome-extension://efaidnbmnnnibpcajpcglclefindmkaj/viewer.html?pdfurl=http%3A%2F%2Fwww.eerp.usp.br%2Fmedia%2Fwcms%2Ffiles%2Fcarla_ventura.pdf&clen=272042&chunk=true. Acesso em: 27 ago. 2021.

[311] ARAÚJO, N. *Direito Internacional Privado*. Rio de Janeiro: Renovar, 2004.

e das inovações tecnológicas, passou a procurar formas seguras de garantia a esse progresso.

Nos primórdios, compreendia-se que a escolha da lei a ser aplicada, por parte dos próprios autores, funcionava como uma maneira de conferir a eles um poder que não era de seu domínio, certo de que tal alçada era de exclusividade do Estado. Com o decorrer do tempo, esse conhecimento foi adaptado à nova realidade social, passando a ser compreendida como parte fundamental da autonomia dos contratos internacionais, tornando-se uma das características mais distintivas desses contratos.[312]

A propensão ao surgimento de novos blocos econômicos – reflexo de processos integracionistas – auxiliou a formação de correntes de trocas internacionais, e, por conseguinte, acabou também por florescer o aumento da necessidade de formalizar as interações multinacionais por meio de contratos globais – com orientações específicas.

Nesse segmento foi que o *Common Law* montou o entendimento do que é conhecido como *"proper law"* do contrato. Este assegura que, a partir do tratamento ideal do caso em concreto, é possível avaliar e determinar qual a lei que regerá o contrato que estiver em questão.[313]

Uma corrente diferente aponta que não se deve acreditar na existência da autonomia da vontade, no processo de nomeação da norma aplicável, dentro do Direito Internacional Privado. Nesta concepção, as partes têm como dever, apenas, exercer a liberdade contratual em contextos de disposições integrativas da lei aplicável, configurando-se como uma "autonomia às avessas".[314]

Pode-se compreender, de certa forma que, em alguns aspectos, os sistemas jurídicos podem vir a criar algumas restrições ao princípio da autonomia – esta é, inclusive, a visão predominante do sistema jurídico do Brasil. Compreende, também, a noção de restrições parciais,

---

[312] VENTURA, *op. cit.*
ARAÚJO, *op. cit.*

[313] RODAS, J. G. Elementos de conexão do direito internacional privado brasileiro relativamente às contratuais. *In:* RODAS, J. G. (coord.). *Contratos Internacionais*. 3. ed. São Paulo: RT, 2002, p. 19-65.

[314] VENTURA, Carla A. Arena. Da Negociação à Formação dos Contratos Internacionais do Comércio: Especificidades do Contrato de Compra e Venda Internacional. *Revista Eletrônica de Direito Internacional*, v. 6, 2010. ISSN 1981-9439. Disponível em: chrome-extension:// efaidnbmnnnibpcajpcglclefindmkaj/viewer.html?pdfurl=http%3A%2F%2Fwww.eerp.usp. br%2Fmedia%2Fwcms%2Ffiles%2Fcarla_ventura.pdf&clen=272042&chunk=true. Acesso em: 27 ago. p. 100. 2021.

em que estabelecem a escolha da lei que possua, de qualquer maneira, uma ligação com as partes ou transações inseridas no contrato. Há, até mesmo, algumas noções jurídicas internacionais que intrincam a aplicação de legislações internas em certos casos.

Não obstante, o doutrinador José Garcez aponta que, para os contratos internacionais, a grande parte dos sistemas opta por impor a livre escolha da lei a ser aplicada, através de negociações entre as partes.[315]

A respeito da cláusula de lei aplicável, determinados sistemas jurídicos aceitam como complemento o que é determinado com "fracionamento" (*dépeçage*), sendo ele uma ferramenta divisora do contrato, capaz de submeter cada nova parte às leis distintas.

Esse fracionamento pode acontecer de duas formas, sendo a primeira correspondente ao aspecto do regimento base por meio de uma lei preexistente, mas deixando a execução e forma a cargo de outro controle. Na segunda forma, a fragmentação é um resultado da independência das partes, sendo elas responsáveis por selecionar mais de uma lei a ser submetida ao contrato.[316]

Seguindo esse viés, o autor Paulo Borba Casella constata que a validação da efetividade dos contratos internacionais é de extrema relevância, uma vez que a celebração contratual marca não só o local de sua efetivação, como o desenvolvimento de novas técnicas para otimizar o processo da celebração contratual.[317]

O marco do local no qual o contrato foi celebrado garante uma maior efetividade na aplicação correta da lei, uma vez que leva em consideração o foro competente do local, assim como também serve de referencial para o entendimento do alcance da eficácia e da possibilidade de aceitação jurídica e social da transação negocial.

Para o *common law*, acredita-se na ideia do *"mail box rule"*, no qual o contrato só se apresenta como concluso no momento de sua emissão. De igual maneira, no sistema romano, existe a concepção de que o contrato deve ser considerado como efetivado no momento de seu recebimento. A partir desse contexto, o contrato só se apresenta

---

[315] GARCEZ, J. M. R. *Contratos Internacionais Comerciais*. São Paulo: Saraiva, 1994.

[316] VENTURA, *op. cit.*, p. 106.

[317] CASELLA, P. B. Negociação e formação de contratos internacionais: em direito francês e inglês. *Revista da Faculdade de Direito,* Universidade de São Paulo, v. 84, n. 84-85, p. 124-171, São Paulo, 1990.

como válido a partir da ciência das partes e da concordância da oferta apresentada pelo destinatário.[318]

A conexão da formulação contratual internacional com aspectos de alguns sistemas nacionais é extremamente rica e complexa. De tal maneira, é apresentada uma noção inovativa aos negociadores da transação, qual seja: a atenção à cláusula de lei aplicável, que acaba por ser uma nova ideia para sustentação da aplicabilidade da lei, levando em consideração as consequências diretas para as partes.[319]

Outras cláusulas que passaram a ser atribuídas de uma credibilidade maior foram também as cláusulas de pagamento, de força maior, de *hardship*, de estabilização e as de solução de controvérsia. Todas elas, de alguma maneira, construídas em cima da base da legislação que venha a ser adotada.[320]

Sendo as obrigações e direitos das partes, estabelecidos pelas cláusulas contratuais, as escolhas das linguagens utilizadas e as técnicas de redação se tornam elementos essenciais à negociação. Para que se obtenha um maior proveito das relações contratuais, é necessário que as partes tenham sabedoria para determinar os diferentes níveis contratuais e suas consequências.[321]

Há uma exceção quando se fala em compra e venda internacional, tendo como diferencial a delimitação dos direitos das partes, evitando maiores conflitos. Seguindo esse pensamento, a avaliação dos *Incoterms* (termos internacionais de comércio aplicados nas compras e vendas internacionais)[322] precisa ser cuidadosa, buscando agregar os aspectos técnicos e as diferenças culturais, almejando uma negociação amigável e efetiva.

Destarte, com o aumento da procura pelos contratos internacionais, torna-se necessária a existência de novas técnicas de resolução de

---

[318] CASELLA, 1990. *op. cit.*

[319] DAMIAN, Terezinha. Lei aplicável aos contratos internacionais. *Revista Jus Navigandi*, Teresina, 2017. ISSN 1518-4862. Disponível em: https://jus.com.br/artigos/59292/lei-aplicavel-aos-contratos-internacionais/2. Acesso em: 20 nov. 2021.

[320] BASSO, Maristela. *Contratos internacionais do comércio*: negociação, conclusão, prática. Porto Alegre: Livraria do advogado, 2002, p. 92.

[321] *Ibidem.*

[322] LOGCOMEX. *Incoterms*: o que são? Quais os principais tipos? Quais escolher? 2022. Disponível em: https://blog.logcomex.com/incoterms/?utm_source=adwords&utm_campaign=&utm_medium=ppc&utm_term=&hsa_ver=3&hsa_grp=&hsa_acc=1288017270&hsa_ad=&hsa_src=x&hsa_tgt=&hsa_kw=&hsa_cam=16184759746&hsa_mt=&hsa_net=adwords&gclid=Cj0KCQiA0p2QBhDvARIsAACSOOMGdUlycnG1ocRo3pr0H89KWw-o7yBlR0RUZRdS zRyZ5h5LXv74lUaAmd3EALw_wcB. Acesso em: 12 dez. 2021.

conflitos que possam satisfazer as partes/países envolvidos. É válido destacar que grande parte desses contratos é realizada por empresários que buscam facilitar a resolução de seus problemas e otimizar seu tempo, sendo necessário um novo conjunto de regramentos que envolva contratos empresariais internacionais.[323]

A partir da extensão da economia, o comércio internacional passou a agregar vários serviços, que com tamanho desdobramento estimulou que ocorressem mudanças nos meios de organização e desenvolvimento de regras jurídicas. Os foros internacionais tomaram como problemática principal a eficiência da justiça no âmbito das relações internacionais.[324]

Nesse aspecto, a mediação comercial internacional acabou assumindo um papel de relativa importância, pois ainda que tenha decorrido de instrumentos que ainda carecem de ratificação e efetiva aplicação – em todos os Estados –, ela funciona como um ponto de resolução pragmática em conflitos internacionais entre as empresas.

O maior passo dado significativo relacionado a essa temática foi quando o Grupo de Trabalho II da UNCITRAL – Comissão das Nações Unidas sobre Direito Comercial – "aprovou as minutas finais de um Convenção sobre a Execução dos Acordos de Liquidação da Mediação e uma Lei Modelo sobre Mediação Comercial Internacional e Acordos de Liquidação Internacional Resultante da Mediação".[325]

A mediação aos poucos foi criando mais visibilidade e sendo vista como possibilidade de solução aos embates. Esses dois documentos acima mencionados foram criados exatamente com o propósito de fortalecer esse mecanismo por meio da criação de preceitos a serem seguidos e instaurando a maneira de condução apropriada.

---

[323] VENTURA, Carla A. Arena. Da negociação à formação dos contratos internacionais do comércio: especificidades do contrato de compra e venda internacional. *Revista Eletrônica de Direito Internacional*, v. 6, 2010. ISSN 1981-9439. Disponível em: chrome-extension://efaidnbmnnnibpcajpcglclefindmkaj/viewer.html?pdfurl=http%3A%2F%2Fwww.eerp.usp.br%2Fmedia%2Fwcms%2Ffiles%2Fcarla_ventura.pdf&clen=272042&chunk=true. Acesso em: 27 ago. p. 106. 2021.

[324] AMARAL, A. C. R. *Direito do Comércio Internacional*: aspectos fundamentais. São Paulo: Aduaneiras, 2004.

[325] CONSTANTINO, Ana. *Arbitragem internacional*: projetos da UNCITRAL de uma convenção sobre a aplicação de acordos de liquidação e mediação e de uma lei modelo sobre mediação comercial internacional e acordos de liquidação internacional resultantes da mediação. 2019. Disponível em: https://www.international-arbitration-attorney.com/pt/uncitral-drafts-for-a-convention-on-the-enforcement-of–mediation-settlement-agreements-and-for-a-model-law-on-international-commercial-mediation-and-international-settlement-agreements-resulting-from/. Acesso em: 4 maio 2022.

Por conseguinte, como o comércio internacional envolve uma conexão entre países, a relação jurídica terá que estreitar seus elos para solucionar a problemática da jurisdição a ser aplicada, uma vez que cada país possui suas próprias noções de suas legislações.

Assim, entre a realidade do avanço desenfreado da tecnologia, o crescimento da construção das legislações sobre proteção de dados se tornou gigantesco. A temática que antes já era discutida por legislações esparsas, de forma indireta – como exemplo do conhecido Marco Civil da Internet – passou a ser aprofundada de maneira específica, o que colocou o tema cada vez mais sob uma posição de destaque.

Desse modo, em análise da trajetória percorrida pelas legislações de proteção de dados, têm-se grandes marcos históricos, como a Convenção nº 108, que teve destaque em sua contribuição, junto às Diretrizes da OCDE, pois:

> (...) em termos de proteção de dados pessoais, as disposições e princípios influenciaram e impulsionaram a elaboração de leis nacionais pelos estados-membros. Porém, tais normas, que continham expressões vagas, não apresentavam uniformidade, pois alguns países da União Europeia já possuíam leis que tratavam do assunto antes mesmo da aprovação da convenção e das diretrizes, inclusive, com níveis mais elevados e diferenciados de proteção.[326]

Mas, em especial, existiu a Diretiva nº 95/46. Esta impulsionou a existência do Regulamento Geral de Proteção de Dados, que passou a determinar certa "uniformidade no regramento".[327] O surgimento, por si só, dessa legislação "serviu como catalisador para outros países"[328] como exemplo do Brasil com a LGPD.

Antes da existência dessa regulamentação, existiam apenas diversas leis setoriais de proteção de dados, o que deixava em aberto a forma de administrar situações em diversos setores e variadas realidades. Contudo, no momento da entrada em vigor do RGPD "restaram expressas as diretrizes e regras para compartilhamento, coleta e tratamento de dados pessoais dos usuários, fazendo com que as empresas

---

[326] EVANS, A.C. European Data Protection Law. *The American Journal of Comparative Law*, v. 29, p. 580-581, 1981.

[327] BIONI, Bruno Ricardo. *Proteção de dados pessoais*: a função e os limites do consentimento. Rio de Janeiro: Forense, 2019, p. 103.

[328] *Ibidem.*

criassem infraestruturas eficientes para segurança da informação e proteção dos dados dos usuários".[329]

Pela grande quantidade de formas estabelecidas mundo afora acerca da proteção de dados, foi constatado que uma tentativa de "harmonização" era inexorável,[330] e foi assim que o RGPD se tornou o "texto de referência em termos de proteção de dados pessoais, instituindo um quadro regulamentar com vistas a equilibrar os níveis de proteção da vida privada dos indivíduos e a livre circulação dos dados pessoais".[331]

Ainda que não seja descomplicado o processo de estabelecer qual legislação deve ser, de fato, empregada nos contratos de transferência de tecnologia, pelos fatos aqui apontados, mormente, a questão de concatenar aspectos sociais, econômicos, jurídicos e políticos, de locais diferentes – por ser uma relação internacional – a existência da Regulamentação de proteção de dados, claramente é algo que facilitou o processo.

A partir do momento em que existe uma norma basilar que regulamenta a forma como a salvaguarda dos dados deve ocorrer, em âmbito extrafronteiriço, passam a existir padrões que devem ser seguidos e diretrizes que funcionam como guia.

---

[329] MOTTA, Isamel Moises da. *Proteção de dados pessoais na era da informação*: desafios ao direito e à democracia. 2021, p. 9. Disponível em: chrome-extension://efaidnbmnnnibpcajpcglclefindmkaj/ https://www.upf.br/_uploads/PROJETO%20-%20ISMAEL%20MOISES%20DA%20 MOTTA_299039.pdf. Acesso em: 01 maio 2022.

[330] TAVARES, Letícia Antunes; ALVAREZ, Bruna Acosta. Da proteção dos dados pessoais: uma análise comparada dos modelos de regulação da Europa, dos Estados Unidos da América e do Brasil. *Revista Jurídica Luso Brasileira (RJLB)*, Lisboa, ano 7, n. 2, p. 169, 2021.

[331] Disponível em: http://eur-lex.europa.eu/legal-content/PT/TXT/?uri=uriserv:l14012. Acesso em: 01 maio 2022.

CAPÍTULO 4

PRIVACIDADE E PROTEÇÃO DE DADOS

Contrariando o senso comum, as questões relacionadas à privacidade e proteção de dados, não é um assunto recente. Na realidade, as leis iniciais que tratam da proteção de dados pessoais surgiram nos anos 1970. Ao longo do tempo surgiram diversas regulações específicas sobre o tema, como a sueca, a dinamarquesa, entre outras.

A privacidade e proteção de dados, portanto, já fazem parte dos debates jurídicos há várias décadas e, com o advento das novas tecnologias, a globalização e o avanço da internet, se tornaram novamente foco de debates e de preocupações.

O exemplo clássico, quando se trata de privacidade e proteção de dados, é o caso envolvendo a Eastman Kodak Company, conhecida apenas como Kodak. Essa empresa floresceu nos anos 1980 e era sinônimo de revolução ao trazer ao público o acesso à fotografia analógica.

O acesso massificado à fotografia e a possibilidade de se obter câmeras e filmes para registro de imagens de maneira mais acessível trouxe novamente à tona a questão da privacidade e da preservação da imagem. O direito à privacidade, *"Right of Privacy"*, passou a ser uma questão importante e alvo de preocupação devido a essa circulação de imagens sem controle ou qualquer filtro. As legislações modernas que tratam da privacidade e da proteção de dados não são necessariamente inovadoras, mas sim um desenvolvimento das legislações já existentes e seus conceitos e parâmetros.

Finalmente, houve a elevação dessas questões ao nível de proteção constitucional quando a privacidade e a proteção de dados foram reconhecidas como direitos fundamentais relacionados à autodeterminação informativa que concede ao titular a prerrogativa de decisão quanto ao uso de seus dados.

4.1 Formulação do Regulamento Geral de Proteção de Dados (RGPD) da União Europeia

4.1.1 Convenção nº 108 de 1981

Antes de se falar particularmente do RGPD, é importante compreender como as várias legislações antecedentes formaram as bases da privacidade e da proteção de dados na Europa e, principalmente, é necessário compreender este desenrolar histórico para que se obtenha o real entendimento do que o Regulamento Europeu representa e a sua importância hoje.[332]

Inicialmente se pode referir a Convenção nº 108, o primeiro e único tratado internacional referente à proteção de dados pessoais; foi instituída em 1981 em Estrasburgo, na França, e ainda hoje é consagrada como um dos mais relevantes instrumentos envolvendo o tema globalmente, cujo objetivo principal é a unificação e regulamentação das regras relativas à proteção de dados.[333]

Essa convenção é um instrumento juridicamente vinculativo que foi aberto para assinatura em 28 de janeiro de 1981 pelo Conselho da Europa e é a razão pela qual os europeus celebram o Dia da Proteção de Dados anualmente nesta data.[334]

São hoje 55 signatários da Convenção nº 108 e oito os países observadores,[335] entre eles o Brasil, que em 2018 tornou-se um observador do comitê internacional da convenção. Esse tratado abarca ainda vários países signatários localizados fora da Europa, de modo que a

---

[332] COMISSÃO EUROPEIA. *A proteção de dados na EU*. 2016. Disponível em: https://ec.europa.eu/info/law/law-topic/data-protection/data-protection-eupt#:~:text=Regulamento%20Geral%20sobre%20a%20Prote%C3%A7%C3%A3o%20de%20Dados%20(RGPD)&text=Este%20regulamento%20%C3%A9%20uma%20medida,p%C3%BAblicos%20no%20mercado%20%C3%BAnico%20digital. Acesso em: 18 jan. 2021.

[333] SILVA, Vanessa Junior da. *Proteção Geral de Dados*: Comunidade Europeia x Brasil. UNIVATES, 2019, p. 13. Disponível em: chrome-extension://efaidnbmnnnibpcajpcglclefindmkaj/viewer.html?pdfurl=https%3A%2F%2Fwww.univates.br%2Fbdu%2Fbitstream%2F10737%2F2796%2F1%2F2019VanessaJuniordaSilva.pdf&clen=789480. Acesso em: 13 mar. 2022.

[334] FICHAS técnicas sobre a União Europeia – 2021. *Proteção de Dados Pessoais*. Disponível em: chrome-extension://efaidnbmnnnibpcajpcglclefindmkaj/viewer.html?pdfurl=https%3A%2F%2Fwww.europarl.europa. eu%2Fftu%2Fpdf%2Fpt%2FFTU_4.2.8.pdf&clen=325601&chunk=true. Acesso em: 05 jan. 2022.

[335] COUNCIL OF EUROPE. *Chart of signatures and ratifications of Treaty 108*. Convention for the Protection of Individuals with regard to Automatic Processing of Personal Data. ETS No. 108. 2018. Disponível em: https://www.coe.int/en/web/conventions/full-list?module=signatures-by-treaty&treatynum=108. Acesso em: 07 abr. 2022.

convenção passa a ser vista por muitos como um potencial futuro sistema internacional de proteção de dados pessoais.

Esta convenção possui claramente três divisões principais que consistem, primeiramente, em uma indicação de objetivos, finalidades e princípios fundantes da proteção de dados pessoais; a seguir, a convenção traz definições acerca do tratamento internacional de dados pessoais e, finalmente, trata do acesso a bancos de dados e de "mecanismos de assistência mútua e consulta entre os signatários".[336]

Ainda sobre a Convenção de Estrasburgo, tem-se que esse tratado indica como um de seus principais objetivos alcançar um relacionamento mais estreito e uma união cooperativa entre os países signatários garantindo uma liberdade de informação de maneira mais abrangente.[337]

É a ideia trazida pelo primeiro artigo:

> A presente Convenção tem por objeto assegurar no território de cada Parte para cada indivíduo, qualquer que seja a sua nacionalidade ou residência, o respeito pelos seus direitos e liberdades fundamentais e, em particular, o seu direito à privacidade, no que diz respeito ao tratamento automático de dados pessoais relativos a ele ("proteção de dados").[338]

Mais adiante, no artigo 2º, a Convenção define vários termos, que são referenciados também no RGPD, como, por exemplo, o conceito de dados pessoais e ainda a conceituação de controlador de dados. Este tratado também apresenta alguns princípios básicos e definições para o tratamento internacional de dados.[339]

Outro pronto importantíssimo trazido por esta convenção são os princípios indicados como norteadores para condução do tratamento de dados pessoais, princípios estes também presentes no atual Regulamento Europeu. São os princípios trazidos por este tratado o

---

[336] CAMARGO, Guilherme; FACHINETTI, Aline Fuke. Convenção 108+: o tratamento de proteção de dados e a relevância do tema para o Brasil. 2021. Disponível em: https://www.conjur.com.br/2021-jul-04/opiniao-convencao-108-relevancia-protecao-dados. Acesso em: 17 dez. 2021.

[337] RODRIGUES, Julian Henrique Dias. 6 Convenções Europeias que todo internacionalista deve conhecer. 2020. Disponível em: https://jhdr.jusbrasil.com.br/artigos/913949018/6-convencoes-europeias-que-todo-internacionalista-deve-conhecer. Acesso em: 12 dez. 2021.

[338] "The purpose of this Convention is to secure in the territory of each Party for every individual, whatever his nationality or residence, respect for his rights and fundamental freedoms, and in particular his right to privacy, with regard to automatic processing of personal data relating to him ("data protection")" (COUNCIL OF EUROPE, 2018).

[339] *Ibidem.*

princípio da transparência, o princípio da exatidão dos dados, o princípio da finalidade, princípio do livre acesso, princípio da segurança física e lógica, entre outros.

É inquestionável a essencialidade dos princípios trazidos pela Convenção nº 108, também ratificados pelo RGPD e LGPD, uma vez que são responsáveis por nortear todas as outras legislações posteriores, e compõem o cerne das principais matérias que devem ser enfrentadas pelo ordenamento jurídico diante das problemáticas envolvendo a privacidade e proteção de dados.[340]

De maneira geral, a Convenção nº 108 busca garantir que os dados pessoais sejam captados licitamente e de maneira restrita, ou seja, apenas se essenciais para a finalidade a que se destinam, e busca assegurar que todo o ciclo de tratamento de dados pessoais ocorra de maneira segura, resguardando a integridade dos dados envolvidos e evitando seu armazenamento por tempo excessivo.

Essa construção trazida pela convenção deu grande impulso e estabeleceu as bases para outras regulamentações que tratam da proteção de dados pessoais, entre elas a Diretiva nº 95/46/CE e o a atualíssimo RGPD.

4.1.2 Diretiva nº 95/46

A Diretiva nº 95/46/CE do Parlamento Europeu e do Conselho Europeu (CE) objetivou a uniformização do ciclo de uso de dados pessoais em todos os estados-membros da EU e ansiava por servir de base para os regramentos internacionais envolvendo esse tema.[341]

Limberger indicou que a Diretiva nº 95/46 era diferente no que se refere ao Convênio nº 108 do Conselho Europeu por não se preocupar

---

[340] DONEDA, Danilo. A proteção dos dados pessoais como um direito fundamental. *Joaçaba*, v. 12, n. 2, p. 91-108, jul./dez. 2011. Disponível em: https://www.academia.edu/23345552/A_prote%C3%A7%C3%A3o_dos_dados_pessoais_como_um_direito_fundamental. Acesso em: 03 fev. 2022.

[341] DIRECTIVA 95/46/CE do Parlamento Europeu e do Conselho. *Jornal Oficial das Comunidades Europeias*. nº L 281/31. 1995. Disponível em: chrome-extension://efaidnbmnnnibpcajpcglclefindmkaj/viewer.html?pdfurl=https%3A%2F%2Fwww.ipvc.pt%2Fwp-content%2Fuploads%2F2021%2F01%2FDirectiva-n.%25C2%25BA-95_46_CE-do-Parlamento-Europeu-e-do-Conselho-de-24-de-outubro-de-1995.pdf&clen=1139986&chunk=true. Acesso em: 02 jan. 2022.

com "uso incontrolado"[342] dos dados, tendo como objetivo regular e proteger a livre circulação dos dados pessoais.

Segundo este autor, o foco do Convênio seria restringir o uso, já a Diretiva se ocupava de defender o uso livre de dados, desde que realizado de maneira segura.

A Diretiva apresentava ainda 72 considerandos que já continham a essência da legislação e tratavam inclusive da inexistência de barreiras entre os Estados-membros, observação dos direitos fundamentais dos titulares, da liberdade de acesso aos dados pessoais e sua circulação condicionadas ao tratamento seguro e adequado, da criação de novos canais de comunicação para fins de cooperação científica, da harmonização dos regramentos dos diferentes Estados-membros no que se refere aos direitos e liberdades pessoais, entre outras questões.[343]

Outro ponto de atenção é que a Diretiva nº 95/46 indicava como seu objetivo principal a "proteção dos direitos e liberdades fundamentais das pessoas singulares e, em particular, o seu direito à privacidade no que diz respeito ao tratamento de dados pessoais".[344]

Esse regramento trouxe também importantes definições e aprimorou as que já existiam na Convenção nº 108, definindo o que viriam a ser dados pessoais, tratamento de dados pessoais, banco de dados pessoais, responsabilidades diante do tratamento, subcontratantes, terceiros destinatários e ainda o consentimento.

Quanto aos princípios trazidos pela diretiva, é importante ressaltar que essa legislação buscou garantir que os dados pessoais tivessem um tratamento leal e lícito e ainda que os dados fossem utilizados apenas para finalidades declaradas aos titulares de maneira explícita e legítima.

A diretiva permitia o tratamento de dados pessoais desde que "adequados, pertinentes e não excessivos relativamente às finalidades para que são recolhidos e para que são tratados posteriormente".[345]

---

[342] LIMBERGER, Têmis. *O direito à intimidade na era da informática*: a necessidade de proteção dos dados pessoais. Porto Alegre: Livraria do Advogado, 2007, p. 66.

[343] VIOLA, Mario. *Transferência de dados entre Europa e Brasil*: análise da adequação da Legislação Brasileira. ITS – Instituo de Tecnologia & Sociedade do Rio. Rio de Janeiro, 2019. Disponível em: chrome-extension://efaidnbmnnnibpcajpcglclefindmkaj/viewer.html?pdfurl=https%3A%2F%2Fitsrio.org%2Fwpcontent%2Fuploads%2F2019%2F12%2FRelatorioUAzuINTERACTIVEJustificado.pdf&clen=439318&chunk=true. Acesso em: 14 fev. 2022.

[344] DIRECTIVA 95/46/CE do Parlamento Europeu e do Conselho, *op. cit.*

[345] DIRECTIVA 95/46/CE do Parlamento Europeu e do Conselho. *Jornal Oficial das Comunidades Europeias*. Nº L 281/31. 1995. Disponível em: chrome-extension://efaidnbmnnnibpcajpcglclefindmkaj/viewer.html?pdfurl=https%3A%2F%2Fwww.ipvc.pt%2Fwp-content%2Fuploads%2F2021%2F01%2FDirectiva-n.%25C2%25

Outras exigências legais eram a permissão do uso de dados pessoais desde que se fosse capaz de garantir sua integridade, adequação à finalidade indicada e se levasse em consideração o tempo permitido para retenção das informações.

Além de seguir os princípios trazidos pela diretiva, era requisito para licitude do tratamento de dados pessoais a obtenção do consentimento inequívoco ou, ainda, a comprovação de que o tratamento se baseava em algumas das hipóteses a seguir: cumprimento de obrigação legal; ou proteção à vida; ou para realização de algum interesse público; ou para fins dos interesses legítimos do controlador.

Vê-se, nesse ponto, que a diretiva trazia em seu texto não apenas as orientações principiológicas, mas também os fundamentos das bases legais de tratamento perpetuadas mais adiante pelo RGPD.

Em seu artigo 8º a diretiva também trazia a preocupação com os dados pessoais de categoria especial, que tratam da origem racial, étnica e relativos às crenças, religiosidade, filosóficas, políticas, partidárias, sindicais e definições quanto à saúde e sexualidade dos indivíduos. Havia inclusive previsões para o tratamento diferenciado nesses casos, novamente indicando a direção para o que viria a ser regulamentado pelo RGPD.[346]

Constata-se que a Diretiva nº 96/46/CE já trazia em seu texto vários elementos fundamentais que foram posteriormente ajustados e atualizados à nova realidade da União Europeia quando da confecção do RGPD.

O mesmo se pode constatar quando observados os direitos dos titulares indicados pelo texto da diretiva. Nele se encontra que os titulares de dados possuem a garantia de acesso aos seus dados devendo ser informados inclusive da origem da coleta, objetivos, destinação e retificação em prazo razoável e sem custos excessivos.

O artigo 19 e o 22 da diretiva apontam a necessidade de que o titular seja informado dos compartilhamentos de seus dados com terceiros, podendo inclusive se opor ao tratamento sendo garantido o acesso às medidas judiciais para isso.

BA-95_46_CE-do-Parlamento-Europeu-e-do-Conselho-de-24-de-outubro-de-1995. pdf&clen=1139986& chunk=true. Acesso em: 02 jan. 2022.

[346] COMISSÃO NACIONAL DE PROTEÇÃO DE DADOS. *Convenção nº 108*. 2021. Disponível em: https://www.cnpd.pt/bin/legis/internacional/Convencao108.htm. Acesso em: 17 out. 2021.

A Diretiva da Comissão Europeia, em seu artigo 27, tratava da transferência internacional de dados e determinava que, para que essas transferências fossem realizadas de maneira lícita, deveria existir uma avaliação prévia quanto às normas do país destinatário dos dados para verificação do seu grau de adequação, o que autorizaria ou não as transferências. As normas do Estado estrangeiro localizado fora da União Europeia, portanto, deveriam estar dentro do padrão de "adequação" da União Europeia no que se refere à proteção da privacidade.[347]

Este tipo de previsão exigiu dos Estados localizados fora da União Europeia uma preocupação com as suas normas internas, principalmente aquelas relativas à proteção de dados, já que se estas fossem consideradas insuficientes ou inadequadas, isso poderia impedir a transferência de dados para o país terceiro, prejudicando as relações comerciais e econômicas entre esses países.

Como já mencionado, até 2018 vigorava na União Europeia a Diretiva nº 95/46, que consistia num quadro regulamentar aos países membros da EU com relação às questões de privacidade e proteção de dados. Essa diretiva servia como base para que os próprios países membros elaborassem suas legislações pertinentes à matéria tendo o que era indicado na diretiva como um norte. Era uma verdadeira *guideline* em privacidade e proteção de dados.[348]

A diretiva fixava limites estritos para a captação e utilização de dados pessoais e, dentre outros comandos, indicava a necessidade em cada Estado-membro da criação de uma estrutura nacional independente, que deveria estar à frente das atividades relacionadas com o tratamento de dados pessoais e ainda realizar as fiscalizações quanto a esta matéria.[349]

---

[347] SILVA, Alice Rocha; SANTOS, Ruth Maria Pereira dos. *As diretivas europeias como norma reguladora do direito administrativo global*. 2016. DOI: 10.5102/rdi.v13i3.4032. Disponível em: chrome-extension://efaidnbmnnnibpcajpcglclefindmkaj/viewer.html?pdfurl=https%3A%2F%2Fwww.corteidh.or.cr%2Ftablas%2Fr 26920.pdf&clen=310313&chunk=tru. Acesso em: 15 dez. 2021.

[348] LUGATI, Lys Nunes; ALMEIDA, Juliana Evangelista de. Da evolução das legislações sobre proteção de dados: a necessidade de reavaliação do papel do consentimento como garantidor da autodeterminação informativa. *Revista de Direito*, Viçosa, v. 12, n. 02, 2020. DOI: doi.org/10.32361/2020120210597. ISSN 2527-0389. Disponível em: file:///C:/Users/Talitha/Downloads/admin1,+15%20(2).pdf. Acesso em: 14 jan. 2022.

[349] LUGATI, Lys Nunes; ALMEIDA, Juliana Evangelista de. Da evolução das legislações sobre proteção de dados: a necessidade de reavaliação do papel do consentimento como garantidor da autodeterminação informativa. *Revista de Direito*, Viçosa, v. 12, n. 02, 2020. DOI: doi.org/10.32361/2020120210597. ISSN 2527-0389. Disponível em: file:///C:/Users/Talitha/Downloads/admin1,+15%20(2).pdf. Acesso em: 14 jan. 2022.

A Diretiva nº 95/46, embora trouxesse avanços e buscasse salvaguardar a privacidade e proteger dados pessoais, não era autoexecutável e nem suficiente para a regulação dessa matéria na União Europeia, servindo apenas como orientação para a criação de legislações nacionais. Essas leis nacionais foram, portanto, criadas de acordo com os entendimentos, necessidades e peculiaridades de cada um dos Estados-membros, o que culminou numa grande dificuldade de interoperabilidade de todos esses regramentos.

A Diretiva nº 95/46/CE era uma figura legislativa com menor poder impositivo, já que não era vinculante aos países-membros, servindo apenas como guia para estes desenvolverem suas legislações específicas sobre o tema.

A consequência fática é, como afirmado acima, que a legislação sobre privacidade e proteção de dados europeia era fragmentada e descentralizada, com eficácia bastante baixa e com severas dificuldades de aplicação e normatização dentro do território da EU.

Conforme se verifica da leitura do texto da Diretiva nº 95/46/CE,[350] os objetivos e princípios trazidos na legislação continuam válidos, relevantes e aplicados atualmente, mas questões outras prejudicaram a sua aplicação. A insegurança jurídica, desconfiança pública acerca da efetividade de suas previsões e a pulverização de regulamentações nacionais que conferiam diferentes níveis de proteção dos direitos dos titulares e eram muitas vezes conflitantes prejudicou significativamente a perpetuação da diretiva.

A fim de sanar as dificuldades trazidas pela Diretiva nº 95/46 e com o objetivo de estabelecer padrões mais abrangentes e evitar dúvidas de interpretação, foi aprovado em 15 de abril de 2016 o RGPD, que só entrou em vigor em 25 de maio de 2018.[351]

O RGPD visa assegurar uma proteção elevada, coerente e homogênea aos dados pessoais dentro da União Europeia e buscou fazê-lo

---

[350] DIRECTIVA 95/46/CE do Parlamento Europeu e do Conselho. *Jornal Oficial das Comunidades Europeias*. Nº L 281/31. 1995. Disponível em: chrome-extension:// efaidnbmnnnibpcajpcglclefindmkaj/viewer.html?pdfurl=https%3A%2F%2Fwww.ipvc. pt%2Fwp-content%2Fuploads%2F2021%2F01%2FDirectiva-n.%25C2%25BA-95_46_CE-do-Parlamento-Europeu-e-do-Conselho-de-24-de-outubro-de-1995.pdf&clen=1139986& chunk=true. Acesso em: 02 jan. 2022.

[351] IRAMINA, Alina. RGPR V. LGPD: Adoção estratégica da abordagem responsiva na elaboração da Lei Geral de Proteção de Dados do Brasil e do Regulamento Geral de Proteção de Dados da União Europeia. *Revista de Direito, Estado e Telecomunicações*, Brasília, v. 12, n. 2, p. 91-117, out. 2020. Disponível em: file:///C:/Users/Talitha/Downloads/27752.pdf. Acesso em: 06 dez. 2021.

eliminando os obstáculos à circulação de dados pessoais dentro desse bloco de países, conferindo o mesmo grau de proteção aos direitos e liberdades das pessoas singulares relativamente ao tratamento desses em todos os Estados-membros.[352]

O RGPD autoriza que cada Estado-membro regule por legislação nacional as questões relacionadas a privacidade e proteção de dados desde que respeitadas as disposições trazidas pelo RGPD. Com relação ao tratamento de dados pessoais para cumprimento de uma obrigação jurídica, por exemplo, os Estados-membros estão autorizados a manter ou elaborar legislações internas especificando regras para aplicação e operacionalização dessa disposição, mas jamais poderá dispor de maneira a modificar o que está disposto no Regulamento Geral.

Assim, o RGPD permite que cada país elabore especificações e regulamentações internas e não exclui o direito dos Estados de definir as circunstâncias em que o tratamento é considerado lícito.

Aqui cabe outra comparação entre a Diretiva nº 95/46/CE e o RGPD. A diretiva estabelecia uma obrigação geral de notificação do tratamento de dados pessoais às autoridades de controle, obrigação esta que além de implicar obrigações administrativas e despesas financeiras, nem sempre cumpria com a sua função de proteger os dados pessoais. Essas obrigações, com o advento do RGPD, deixaram de ser genéricas e abrangentes e foram substituídas por outras normas mais direcionadas e eficazes.[353]

O Regulamento Geral sobre a Proteção de Dados, ao revogar a Diretiva nº 95/46, buscou unificar o quadro regulamentar europeu, teve como pano de fundo diversos acontecimentos, principalmente uma série de vazamentos de dados e escândalos envolvendo violações de privacidade e dados, dentre estes se destaca o caso Cambridge Analytica, que utilizou dados pessoais coletados por meio do Facebook para influenciar movimentos políticos.[354]

---

[352] MALDONADO, Viviane Nóbrega; BLUM, Renato Ópice. *Comentários ao RGPD*. Regulamento Geral de Proteção de Dados da União Europeia. São Paulo: Revista dos Tribunais, 2018, p. 10.

[353] VARQUEZ, Rafael Ferraz. *A proteção de dados pessoais nos Estados Unidos, União Europeia e América do Sul*: interoperabilidade com a proposta de marco normativo no Brasil. 2010. Disponível em: chrome-extension://efaidnbmnnnibpcajpcglclefindmkaj/viewer. html?pdfurl=http%3A%2F%2Fwww.publicadireito.com.br%2Fartigos%2F%3Fcod%3D8 7682805257e619d&clen=335674. Acesso em: 28 jan. 2021.

[354] MALDONADO; BLUM, 2018, *op. cit.* p. 25.

O RGPD então passou a ter grande peso no que se refere à proteção de dados pessoais e à privacidade, não apenas dentro da União Europeia, mas impulsionou o debate e a criação de novas legislações a respeito desse tema nos mais diversos países.

O RGPD também impactou diversas empresas e organizações em todo o mundo discorrendo acerca de definições importantes e estabelecendo as responsabilidades dos agentes de tratamento e das partes envolvidas no processamento de dados pessoais.

4.1.3 Principais pontos relativos à privacidade e proteção de dados trazidos pelo RGPD

O RGPD trouxe não só um arcabouço de definições e previsões, mas, principalmente, concretude ao exercício do direito fundamental à privacidade e proteção de dados dos titulares, direito este que permite que todas as pessoas físicas possam determinar como as informações a seu respeito podem ser utilizadas por terceiros.

Outro conceito trazido pelo Regulamento Europeu é o do *one-stop-shop,* que se refere justamente à característica dessa legislação de ser uma criação unificada ou proveniente de comitês centralizados (como o *European Data Protection Board*), com o objetivo de evitar a dispersão e pulverização de regulamentações, que caracterizou a implementação da Diretiva nº 95/46/CE.[355]

Outra característica desse conceito se refere à permissão concedida pela legislação às empresas de escolher qual autoridade supervisora será comunicada em caso de um vazamento de dados ou outra falha cuja notificação seja compulsória com base no regulamento. Indica, entre outros aspectos, que os agentes de tratamento apenas estão autorizados a realizar o tratamento de dados pessoais quando houver uma justificativa legítima ou finalidade específica.[356]

---

[355] DALAESE, Pedro. *One-stop-shop*: o novo Sistema de resolução de litígios da União Europeia: o balcão único para a resolução de litígios relativos ao tratamento transfronteiriço de dados pessoais. Disponível em: https://www.jota.info/opiniao-e-analise/artigos/one-stop-shop-o-novo-sistema-de-resolucao-de-litigios-da-uniao-europeia-22012021#:~:text=O%20One%2Dstop%2Dshop%20%C3%A9,na%20Uni%C3%A3o%20Europeia%20(UE). Acesso em: 12 jan. 2021.

[356] RGPD – *Regulamento Geral de Proteção de Dados*. Banco Caixa Grande Brasil. Maio 2018. Disponível em: chrome-extension://efaidnbmnnnibpcajpcglclefindmkaj/viewer.html?pdfurl=https%3A%2F%2Fwww.Bcgbrasil.com.br%2FDocuments%2FBCG-Brasil_RGPD. pdf&clen=272890. Acesso em: 06 fev. 2022.

Outro aspecto interessante acerca do Regulamento Geral sobre a Proteção de Dados 2016/679 é que este é aplicável no âmbito da União Europeia e respectivo Espaço Econômico Europeu, mas também pode ser aplicado extraterritorialmente.

O RGPD ou *General Data Protection Regulation* (GDPR) é aplicável a todas as empresas que operam no Espaço Econômico Europeu, independentemente do seu país de origem, mas, por adotar a regra de extraterritorialidade pode afetar também organizações localizadas fora da União Europeia.[357]

Este é o caso, por exemplo, de uma empresa que oferta bens ou serviços, ou que coleta dados pessoais de europeus ou de pessoas localizadas na União Europeia. Aqui o legislador optou por indicar como fato gerador da aplicação da lei a origem do dado processado e não o local de processamento.[358]

Desse modo esta previsão legislativa busca, dentre outros aspectos, impedir que ocorra uma evasão de dados, ou seja, impedir que ao coletar dados pessoais no território da UE, estes possam ser processados no exterior e depois reinseridos em território da EU como uma forma de evitar a aplicação da lei.

O Regulamento Europeu traz outras obrigatoriedades para os empresários como a necessidade de que os processos empresariais que tratem de dados pessoais sejam planejados tendo a privacidade e segurança como padrão e que respeitem os princípios da proteção de dados desde a sua concepção. É o que a doutrina chama de *"Privacy by Design"* e *"Privacy by Default"*, ou seja, a determinação de que a privacidade deve ser considerada como um dos objetivos da arquitetura do sistema e deve ser tomada como um padrão a ser seguido.[359]

De forma sucinta, os conceitos de privacidade *"by design"* e *"by default"* determinam que todos os processos empresariais devem

---

[357] EXIN. *White paper*: EXIN Privacy & Data Protection Foundation and Essentials. Edição 2021. Disponível em: chrome-extension://efaidnbmnnnibpcajpcglclefindmkaj/viewer. html?pdfurl=https%3A%2F%2Fdam.exi.com%2Fapi%2F%26request%3Dasset.permadown load%26id%3D3813%26type%3Dthis%26token%3Db919a584f9c26623c236268316de989f &clen=1021424&chunk=true. Acesso em: 03 jan. 2022.

[358] HSC BRASIL. *O que é RGPD e o que muda para as empresas e os brasileiros?* 2019. Disponível em: https://www.hscbrasil.com.br/RGPD/. Acesso em: 17 nov. 2021.

[359] SIMONETTE, Marcel. Privacy by Design e Privacy by Default. Centro de Estudos Sociedade e Tecnologia (CEST). *Boletim*, v. 6, n. 06, ago. 2021. Disponível em: chrome-extension:// efaidnbmnnnibpcajpcglcl findmkaj/viewer.html?pdfurl=http%3A%2F%2Fwww.cest.poli. usp.br%2Fwp-content%2Fuploads%2F2021%2F08%2FPrivacy-By-Design-e-Default_pt_final. pdf&chunk=true. Acesso em: 18 mar. 2022.

incorporar maneiras de proteger a privacidade e os dados dos usuários, clientes, colaboradores etc.[360]

Dessa forma, apenas a título exemplificativo, isso significaria que a estrutura de um programa de computador e/ou de um sistema informático deve ser desenvolvida de maneira a utilizar a menor quantidade possível de dados pessoais para alcançar seu objetivo e funcionalidades evitando a coleta excessiva de dados sem, no entanto, comprometer a segurança ou se tornando vulnerável a eventuais intrusões de terceiros buscando se estruturar para mitigar riscos e danos em caso de vazamento de dados.[361]

O RGPD trata acerca das técnicas de pseudoanonimização e da anonimização completa que devem ser utilizadas, sempre que possível por padrão, prevenindo maiores danos aos titulares no caso de vazamento de dados. Esta última técnica é especialmente interessante uma vez que permite identificar alguém sem informação adicional armazenada em separado.[362]

O RGPD é categórico quanto a permitir o tratamento de dados apenas dentro de certos parâmetros e em determinadas hipóteses. Pode-se dizer que o Regulamento Europeu adere ao princípio da *accountability*, ou seja, indica que ser *"accountable"* é ser responsável e transparente em relação a uma obrigação legal, nesse caso, a proteção de dados pessoais e proteção à privacidade dos indivíduos. O princípio da *accountability* nada mais é que uma obrigação de transparência que já se aplica a outras legislações e compõe, inclusive, o cerne de algumas certificações com foco em qualidade de processo.[363]

No que se refere à proteção de dados, a obrigação de *accountability* responsabiliza os controladores e encarregados a seu comando

---

[360] *Ibidem.*

[361] SILVA, Everton Hora da. ISO 27001 e LGPD: como lidar com vazamento de dados. 2021. Disponível em: https://certificacaoiso.com.br/iso-27001-e-lgpd-como-lidar-com-vazamento-de-dados/. Acesso em: 10 fev. 2022.

[362] BIONI, Bruno Ricardo. Compreendendo o conceito de anonimização e dado anonimizado. *Cadernos Jurídicos*, São Paulo, ano 21, n. 53, p. 191-201, jan./mar. 2020. Disponível em: chrome-extension://efaidnbmnnnibpcajpcglclefindmkaj/viewer.html?pdfurl=https%3A%2F%2Fwww.tjsp.jus.br%2Fdownload%2FEPM%2FPublicacoes%2FCadernosJuridicos%2Fii_9anonimiz a%25C3%25A7%25C3%25A3o_e_dado.pdf%3Fd%3D637250349860810398&clen=356037& chunk=true. Acesso em: 03 nov. 2021.

[363] INTOSAI – Secretaria Geral – RECHNUNGSHOF (Tribunal de Contas da Áustria). *Princípios de transparência e accountability.* 2010. Disponível em: file:///C:/Users/Talitha/Downloads/ Semec_DIRAUD_2016_Issai_Tradu__o%20nivel%201%20e%202_%20Issai_Issais%20 1_2_Vers_o%20final%20PDF_ISSAI_20_Princ_pios%20de%20transpar_ncia%20e%20 accountability.pdf. Acesso em: 14 out. 2021.

por todo tratamento de dados pessoais, desde o momento da coleta, guarda até o descarte de dados.

Dessa forma, qualquer tratamento de dados pessoais deve ser antecedido de comunicação transparente com o titular, informando-o de seus direitos, utilização dos dados coletados, finalidade da coleta, hipóteses de compartilhamento dos dados, tempo de retenção, se há a transferência internacional ou não, canal para contato etc.

Outro ponto de atenção do RGPD é a necessidade de nomeação pelas empresas da figura do *data protection officer* (DPO), que possui a função primordial de assegurar a conformidade dos tratamentos de dados pessoais dentro da organização.[364]

O DPO deve ser nomeado quando se verificar qualquer das hipóteses do artigo 37 do RGPD. São elas: quando o processamento de dados é levado a cabo por uma entidade pública (exceto tribunais, que agem na sua capacidade judicial); quando as atividades centrais da empresa (controlador ou processador) consistem na monitorização regular e sistemática de dados pessoais de sujeitos numa larga escala ou ainda quando as atividades centrais da empresa (controlador ou processador) consistem no processamento numa larga escala de dados relacionados com a atividade criminal, conforme previsto nos artigos 9 e 10 do RGPD.[365]

4.1.4 O RGPD como um novo paradigma no que se refere a privacidade e proteção de dados

Com a entrada em vigor do Regulamento Europeu foi criada grande expectativa em torno dessa legislação e se estabeleceu um sentimento de confiança e esperança de que o RGPD estabeleceria um novo paradigma no que se refere à proteção de dados não só na Europa, mas também em todo o cenário mundial servindo de impulso para transformações nesta seara.[366]

---

[364] INTERSOFT CONSULTING. *RGPD – Data Protection Officer*. Disponível em: https://RGPD-info.eu/issues/data-protection-officer/. Acesso em: 06 dez. 2021.

[365] INTERSOFT CONSULTING. *RGPD – Data Protection Officer*. Disponível em: https://RGPD-info.eu/issues/data-protection-officer/. Acesso em: 06 dez. 2021.

[366] BLACKMER, W. Scott. *RGPD*: Getting Ready for the New EU General Data Protection Regulation. 2016. Disponível em: https://web.archive.org/web/20180514111300/https://www.infolawgroup.com/2016/05/articles/RGPD/RGPD-getting-ready-for-the-new-eu-general-data-protection-regulation/BM. Acesso em: 10 jan. 2022.

De fato, o Regulamento Geral de Proteção dos Dados Pessoais da União Europeia (RGPD) é resultado de toda uma construção jurídica mais madura e abrangente e serviu de modelo para várias outras legislações de países localizados fora da Europa.

Alguns autores indicam que o RGPD pode ser comparado a um "monstro normativo",[367] que surgiu com imensa força e influência capaz de nortear e induzir não apenas Estados europeus, mas Estados de todas as partes do mundo a aderirem às suas determinações e adotarem medidas para serem considerados adequados com relação à proteção dos dados pessoais.

Desde o seu nascedouro, o Regulamento nº 679/2016 objetivava não só continuar a tradição principiológica trazida pelas legislações anteriores e perpetuar toda a maturidade já existente na Europa, mas também buscar se adequar ao novo cenário mundial globalizado e já permeado de novas tecnologias. A tradução europeia e seu padrão legislativo de proteção de dados relativamente avançado passou a trazer termos e procedimentos modernos se compatibilizando às novas tecnologias, inclusive no que se refere às *startups,* inteligência artificial e o processo de automação.

Outro ponto de atenção com relação ao RGPD é que esta legislação não regula procedimentos que envolvem dados pessoais de pessoas falecidas nem o tratamento de dados pessoais efetuado por indivíduos no exercício de atividades exclusivamente pessoais ou domésticas e, portanto, sem qualquer ligação com uma atividade profissional ou comercial.[368]

O Regulamento Europeu define conceitos relativos aos dados pessoais, dados pessoais de categoria especial, processamento de dados pessoais, vazamento de dados, entre tantos outros; regula a manutenção

---

[367] POLIDO, Fabrício B. Pasquot; ANJOS, Lucas Costa dos; BRANDÃO, Luíza Couto Chaves. *Instituto de Referência em Internet e Sociedade* – RGPD e suas repercussões no direito brasileiro: primeiras impressões de análise comparativa. 2018. Disponível em: chrome-extension:// efaidnbmnnnibpcajpcglclefindmkaj/viewer.html?pdfurl=https%3A%2F%2Firisbh.com. br%2Fwp-content%2Fuploads%2F2018%2F06%2FRGPD-e-suas-repercuss%25C3%25B5es-no-direito-brasileiro-Primeiras-impress%25C3%25A5lise-comparativa-PT. pdf&clen=639863&chunk=true. Acesso em: 06 fev. 2022.

[368] DIRECTIVA 95/46/CE do Parlamento Europeu e do Conselho. *Jornal Oficial das Comunidades Europeias.* Nº L 281/31. 1995. Disponível em: chrome-extension:// efaidnbmnnnibpcajpcglclefindmkaj/viewer.html?pdfurl=https%3A%2F%2Fwww.ipvc. pt%2Fwp-content%2Fuploads%2F2021%2F01%2FDirectiva-n.%25C2%25BA-95_46_CE-do-Parlamento-Europeu-e-do-Conselho-de-24-de-outubro-de-1995.pdf&clen=1139986& chunk=true. Acesso em: 02 jan. 2022.

das Autoridades de Proteção de Dados Pessoais e inclui a exigência da nomeação da figura do Responsável pela Proteção de Dados.

Todas essas indicações legislativas e a bagagem empírica e principiológica do RGPD juntamente com a grande relevância econômica do mercado europeu perante o comércio mundial permite que a influência do RGPD se espalhe e cresça rapidamente.

Outro aspecto interessante é que com o crescimento dos negócios internacionais incentivados pelo crescimento do acesso à internet e a disponibilização de ferramentas de comércio eletrônico associada à possibilidade da prestação de serviços de forma remota, é de se esperar que vários outros cenários relevantes sejam afetados pela normativa europeia e necessitem estar em *compliance* com esta norma para a continuidade de suas atividades.

No Brasil, embora existisse alguma regulamentação muito pontual acerca da proteção de dados pessoais por meio de diversas legislações, entre elas o Marco Civil da Internet (Lei nº 12.965/2014), a elaboração de regulamentos internos mais abrangentes e específicos ganhou uma grande relevância e passou a receber mais atenção, principalmente após a vigência do RGPD. No cenário do comércio internacional hoje regular, a proteção de dados deixa de ser opcional e passa a ser indispensável.[369]

Não só os países localizados fora da Europa, mas também os diferentes blocos econômicos, como, por exemplo, o MERCOSUL, deverão caminhar no sentido de incentivar a elaboração de leis nacionais de proteção de dados pessoais, a fim de possibilitar a livre circulação de pessoas, bens e serviços. Para alcançar esse objetivo será essencial estabelecer mecanismos de integração dessas legislações entre os Estados-membros e destes com os demais blocos econômicos mundiais.[370]

Dessa forma, brevemente todos os países e blocos econômicos deverão estabelecer seu posicionamento legislativo e definir os rumos que pretendem tomar quanto à proteção dos dados pessoais em âmbito global. Para fazê-lo de modo responsável é essencial que se leve em consideração a sólida experiência europeia.

---

[369] MARTINS, Lucas. Ascensão legal da proteção de dados pessoais e os seus efeitos nas empresas. 2021. Disponível em: http://www.conteudojuridico.com.br/consulta/artigos/56221/asceno-legal-da-proteo-de-dados-pessoais-e-os-seus-efeitos-nas-empresas. Acesso em: 08 jan. 2022.

[370] RUARO, R. Linden; SILVA, C. Alberton Coutinho. Proteção de dados e o acordo de livre comércio Mercosul-União Europeia: notas sobre a adequação da autoridade nacional de proteção de dados no Brasil. *Direito Público*, v. 18, n. 98, 2021. Disponível em: https://www.portaldeperiodicos.idp.edu.br/direitopublico/article/view/4068. Acesso em: 05 fev. 2022.

Pra se manter sempre atual, o regulamento europeu foi elaborado em blocos. O primeiro bloco, por exemplo, trata das garantias fundamentais e as definições que precisam ser conhecidas para a interpretação de todo o restante da legislação.[371]

Essa técnica legislativa permite uma estrutura mais flexível e dinâmica, minorando a possibilidade de se tornar obsoleta com o passar do tempo. Esse método de construção legislativa estabelece princípios e garantias de forma que estes não fazem referência direta a nenhuma tecnologia de forma específica, assegurando sua aplicação futura, ainda que ocorram mudanças no campo tecnológico.

Tome-se como exemplo a definição trazida pelo RGPD relativa aos dados pessoais estabelecida de forma abrangente. O RGPD indica em seu texto que dado pessoal é qualquer informação que permita a identificação de um indivíduo de maneira mediata ou imediata. Essa redação não faz referência direta a nenhuma informação em específico, mas é abrangente e pode abarcar desde o nome de uma determinada pessoa a dados de localização de usuário, IDs de dispositivos móveis e até endereço IP.[372]

É evidente, portanto, que o RGPD pode ser considerado como uma referência mundial no que se refere à regulamentação das questões relacionadas à privacidade e proteção de dados e contribui de modo relevante nessa matéria.

4.2 A influência da regulamentação europeia no Direito brasileiro: Lei Geral de Proteção de Dados (LGPD)

Basta uma leitura rasa da Lei Geral de Proteção de Dados para que se possa perceber a clara influência europeia em sua construção

---

[371] SILVA, Cecília Alberton Coutinho. *Privacidade e Proteção dos dados pessoais na sociedade de vigilância*: perspectiva do Regulamento Europeu de Proteção de Dados. Trabalho apresentado no 20º Salão de Iniciação Científica da PUCRS 23 a 27 de setembro de 2019. Disponível em: chrome-extension://efaidnbmnnnibpcajpcglclefindmkaj/viewer.html?pdfurl=https%3A%2F%2Feditora.pucrs.br%2Fedipucrs%2Facessolivre%2Fanais%2Fsic%2Fassets%2Fedicoes%2F2019%2Farquivos%2F116.pdf&clen=79882&chunk=true. Acesso em: 10 fev. 2022.

[372] POLIDO, Fabrício B. Pasquot; ANJOS, Lucas Costa dos; BRANDÃO, Luiza Couto Chaves. *Instituto de Referência em Internet e Sociedade – RGPD e suas repercussões no direito brasileiro*: primeiras impressões de análise comparativa. 2018. Disponível em: chrome-extension:// efaidnbmnnnibpcajpcglclefindmkaj/viewer.html?pdfurl=https%3A%2F%2Firisbh.com. br%2Fwp-content%2Fuploads%2F2018%2F06%2FRGPD-e-suas-repercuss%25C3%25B5es-no-direito-brasileiro-Primeiras-impress%25C3%25B5es-de-an%25C3%25A1lise-comparativa-PT. pdf&clen=639863&chunk=true. Acesso em: 06 fev. 2022.

e proximidade entre o regulamento europeu e a legislação brasileira. Tomando como exemplo as definições trazidas no RGPD, estas estão quase que copiadas em sua integralidade no texto da LGPD.

No entanto, afirmar que a LGPD e o RGPD são cópias idênticas em todos os aspectos é inaceitável, e é preciso que se compreenda que existem distinções entre as duas legislações que precisam ser delimitadas e mais bem compreendidas.[373]

Primeiramente, é preciso que se atente ao fato de que o RGPD não é uma legislação incipiente que inaugurou a proteção de dados no ordenamento jurídico europeu. Na realidade, o regulamento europeu é resultado de uma evolução legislativa de pelo menos 25 anos e reflete uma cultura de proteção de dados e privacidade já bastante desenvolvida e robusta.[374]

O Brasil já possuía algumas indicações a respeito da proteção de dados em legislações esparsas, como o Código de Defesa do Consumidor, Código Civil ou ainda o Marco Civil da Internet, mas ainda de maneira muito pontual e iniciante. A LGPD é, na realidade, a primeira legislação que trata especificamente do tema da privacidade relacionada à proteção de dados e possui uma redação bastante genérica em certos pontos, que dificultam sua aplicação e compreensão numa sociedade que não possui bagagem nesse assunto. Não é apenas uma legislação que traz novidades, mas se propõe a realizar uma mudança cultural na sociedade e trazer relevância às questões relativas à proteção de dados pessoais. A LGPD, por fim, busca instrumentalizar maneiras para que o titular possa zelar pelos seus dados.

O RGPD, portanto, foi tomado como inspiração para a legislação de proteção de dados brasileira diante de sua importância e sólida bagagem prática e principiológica. A LGPD é considerada como um passo acertado para promover o país no mercado econômico e possibilitar a sua participação e desenvolvimento no mundo globalizado.

---

[373] IRAMINA, Alina. RGPR V. LGPD: Adoção estratégica da abordagem responsiva na elaboração da Lei Geral de Proteção de Dados do Brasil e do Regulamento Geral de Proteção de Dados da União Europeia. *Revista de Direito, Estado e Telecomunicações*, Brasília, v. 12, n. 2, p. 91-117, out. 2020. Disponível em: file:///C:/Users/Talitha/Downloads/27752.pdf. Acesso em: 06 dez. 2021.

[374] MACHADO, José Mauro Decoussau; SANTOS, Matheus Chucri dos; PARANHO, Mário Cosac Oliveira. *LGPD E RGPD*: uma análise comparativa entre as legislações. 2018. Disponível em: https://www.pinheironeto.com.br/publicacoes/lgpd-e-RGPD-uma-analise-comparativa-entre-as-legislacoes. Acesso em: 04 jan. 2022.

Considere-se, por exemplo, a questão da transferência internacional de dados. Não havendo uma legislação interna que trouxesse definições substanciais relativas à privacidade e à proteção de dados, o Brasil seria considerado um ambiente não conforme o que impediria a transferência internacional de dados com os países da União Europeia.[375]

Esse fato por si só seria um grande entrave a todas as empresas que estão localizadas no Brasil e pretendem realizar negócios com empresas ou cidadãos europeus. Além dessa questão, atente-se para a da insegurança jurídica e os entraves financeiros a que estariam submetidos os empresários que seriam obrigados a se adequar a uma legislação estrangeira de aplicação limitada no Brasil para que pudessem competir em igualdade com outras empresas estrangeiras.

Em uma leitura rápida desses dois instrumentos normativos, fica evidente a semelhança de vários dispositivos como as regras atinentes à responsabilização dos agentes de tratamento, bases legais, consentimento, a necessidade de indicação de um encarregado de dados, alguns direitos dos titulares, medidas de segurança necessárias para a realização do tratamento de dados, entre outras questões.

No entanto, as diferenças existem.

À primeira vista, é possível identificar que o RGPD é uma legislação mais extensa, principalmente se se levar em conta os "considerandos" e a LGPD bem mais concisa.

O RGPD define, por exemplo, o que seriam dados pessoais como faz a legislação brasileira, mas depois indica parâmetros para o entendimento dessa definição e isso não é incluído na LGPD. Outro ponto é com relação ao encarregado de dados que é exigido pelo RGPD apenas em alguns casos, mas na LGPD a indicação é a regra e não a exceção.[376]

Outra diferença se refere às definições não incluídas na LGPD, mas tratadas pelo Regulamento Europeu, como, por exemplo, o conceito de dados genéticos. A LGPD não trata diretamente da definição desse

---

[375] NEVES, Rebeca de Aguilar Pereira. *RGPD e LGPD*: estudo comparativo. Brasília, 2021. Disponível em: chrome-extension://efaidnbmnnnibpcajpcglclefindmkaj/viewer.html?pdfurl=https%3A%2F%2Frepositorio.Uniceub.br%2Fjspui%2Fbitstream%2Fprefix%2F15239%2F1%2FRebeca%2520Neves%252021750900.pdf&clen=631001. Acesso em: 05 fev. 2022.

[376] RUARO, Regina Linden; GLITZ, Gabriela Pandolfo Coelho. Panorama Geral da Lei Geral de Proteção de Dados Pessoais no Brasil e a Inspiração no Regulamento Geral de Proteção de Dados Europeu. *REPATS*, Brasília, v. 6, n. 2, p. 340-356, jul./dez. 2019. Disponível em: file:///C:/Users/Talitha/Documents/Mestrado/UFPE/PROJETO%20UFPE/Panorama%20LGPD%20sob%20RGPD.pdf. Acesso em: 08 fev. 2022.

tipo de dado, mas se limita a mencionar que esses dados pertencem a categoria de dados sensíveis.

Pode-se citar como ponto em comum, dentre tantos outros, a questão da aplicação extraterritorial. Assim, a LGPD como o RGPD trouxe a possibilidade de sua aplicação extraterritorial, assim, mesmo que estejam localizados fora do Brasil, os agentes de tratamento podem estar sujeitos.[377]

É pressuposto para a aplicação extraterritorial da LGPD que o tratamento de dados ocorra em território nacional, ou que o tratamento de dados tenha como objetivo oferecer bens ou serviços a titulares localizados em território nacional, ou quando os dados envolvidos no tratamento tenham sido coletados em território nacional.

Finalmente, ambas legislações convergem em muitos pontos, mas também possuem divergências e especificidades importantes que não devem ser ignoradas ou confundidas, já que refletem diferentes realidades culturais e nível de amadurecimento quanto à proteção de dados pessoais.

A LGPD se inspirou fortemente no Regulamento Europeu, como já mencionado, e buscou trazer para o cenário jurídico brasileiro soluções relativas à proteção de dados pessoais que já eram minimamente tratadas em outras legislações esparsas de maneira muito tímida e insuficiente.[378]

A definição das hipóteses autorizativas dos tratamentos de dados, bases legais, por exemplo, foram um enorme avanço, já que enumeraram as condições para que o tratamento possa ser considerado lícito pelas empresas.

Definições como esta trouxeram maior segurança e claridade sobre o tema e sobre o posicionamento dos empresários diante dessas demandas. Já era permitido que os consumidores requeressem acesso aos seus dados tomando como base previsões expressas no Código de Defesa do Consumidor, por exemplo. Mas não havia determinações

---

[377] RUARO; GLITZ, *op. cit.*

[378] MONTEIRO, Renato Leite; GOMES, Maria Cecília Oliveira; NOVAES, Adriane Loureiro. *Lei Geral de Proteção de Dados e RGPD*: histórico, análise e impactos. 2018. Disponível em: file:///C:/Users/Talitha/Downloads/Lei_Geral_de_Protecao_de_Dados_e_RGPD_hi.pdf. Acesso em: 10 mar. 2022.

claras sobre quais os direitos que os titulares efetivamente teriam e nem como operacionalizar e fazer cumprir esses direitos.[379]

Outro exemplo de benefícios trazidos pela LGPD é que esta possibilitou uma definição mais exata sobre o que seriam os dados pessoais, definição esta considerada como essencial. A LGPD, portanto, é uma legislação há muito necessária, não apenas do ponto de vista dos titulares na sua esfera particular, para que pudessem exercer a proteção de seus dados, mas também do pronto de vista dos empresários e do desenvolvimento do país e suas empresas no âmbito internacional.[380]

No Brasil, a origem dos debates e questionamentos relativos às questões da privacidade e da proteção de dados pessoais está relacionada ao Direito Penal. O artigo 151 do Código Penal trata da proibição da violação da correspondência alheia, e embora não trate diretamente de dados pessoais, tem claramente o objetivo de proteger as informações privadas e limitar o acesso de terceiros à esfera particular dos indivíduos sem sua autorização.[381] A inclusão desse tipo penal na esfera jurídica foi um marco no que se refere aos primeiros passos em direção à proteção da privacidade e da esfera privada no Brasil.

A Constituição Federal de 1988 já protegia a intimidade e a privacidade dos indivíduos e autorizava a indenização em casos de constatada violação a esses direitos, de forma que a questão da privacidade não é uma novidade legislativa trazida pela LGPD.

Mais adiante, com a promulgação do Código de Defesa do Consumidor, a Lei nº 8.078, de 11 de setembro de 1990, em seu artigo 43, traça os primeiros desenhos no que se conhece como direito de acesso. Esse dispositivo indica que o consumidor tem direito a acessar as informações a seu respeito mantidas pelas instituições podendo, inclusive, requerer que sejam corrigidas.[382]

Em 2012, a Lei do Cadastro Positivo também incluiu no ordenamento jurídico brasileiro disposições que protegiam os consumidores de decisões automatizadas, por exemplo. Também protegia os dados

---

[379] GARCIA, Lara Rocha; AGUILERA-FERNANDES, Edson; GONÇALVES, Rafael Augusto Moreno. *Lei Geral de Proteção de Dados Pessoais (LGPD):* guia de implantação. São Paulo: Edgar Blücher Ltda, 2020.

[380] *Ibidem.*

[381] DONDA, Daniel. *Guia prático de Implementação da LGPD.* São Paulo: Labrador. 2020.

[382] GALVÃO, Gaiofato. *A LGPD surgiu para superar o código de defesa do consumidor?* 2020. Disponível em: https://www.gaiofatoegalvao.com.br/2020/11/24/a-lgpd-surgiu-para-superar-o-codigo-de-defesa-do-consumidor/. Acesso em: 11 nov. 2021.

relativos a situação de inadimplência e modelagem de crédito, trazendo as primeiras noções acerca do princípio da finalidade e necessidade.[383] Diversas leis setoriais abordavam, de alguma maneira, a proteção de dados. São algumas delas: a Resolução n° 1.821/07, do Conselho Federal de Medicina, que tratava dos prontuários eletrônicos, a Resolução da Agência Nacional de Vigilância Sanitária (ANVISA), da Diretoria Colegiada n° 44/2009, que tratava do uso de dados no âmbito das farmácias, a Lei Complementar n° 105, de 10 de janeiro de 2001, que protege os dados relativos às operações financeiras, a Portaria n° 5/2002 da Secretaria de Direito Econômico do Ministério da Justiça, que impedia o compartilhamento de dados pessoais sem a autorização do consumidor, ainda que houvesse previsão contratual nesse sentido, a Lei Carolina Dieckmann, que criminalizou a conduta da invasão de dispositivos informáticos.[384]

Ainda se pode citar a Lei n° 9.296, de 24 de julho de 1996, que criminalizou a interceptação telefônica em casos em que não há a permissão judicial para tanto e a importantíssima Lei de Acesso à Informação (LAI), que garante aos cidadãos acessibilidade aos dados públicos diante das instituições públicas.[385]

Não se pode deixar de citar o Marco Civil da Internet, que desde 2014 regula operações de tratamento realizadas com dados pessoais pelos provedores de conexão e pelos provedores de aplicativos de internet, quando pelo menos uma dessas ações ocorre no Brasil.

O Marco Civil da Internet foi definitivamente um passo importantíssimo para o Brasil rumo a uma maior proteção dos dados pessoais, pois, dentre outros aspectos, determinou em seu artigo 3°, III, que fosse elaborada lei específica para a proteção de dados pessoais. Havia

---

[383] BREMER, Henrique Carraro; GARCIA, Natanrry Reis Correia. A análise da Lei do Cadastro Positivo sob a ótica da LGPD. Ago. 2021. *Blog café com compliance.* Disponível em: https:// cafe.jmlgrupo.com.br/a-analise-da-lei-do-cadastro-positivo-sob-a-otica-da-lgpd/. Acesso em: 07 fev. 2022.

[384] SOMBRA, Thiago Luís; BRANCHER, Paulo Marcos; KUJAWSKI, Fábio Ferreia. *Guia prático para a Lei Geral de Proteção de Dados.* ago. 2018. Disponível em: chrome-extension:// efaidnbmnnnibpcajpcglclefindmkaj/viewer.html?pdfurl=https%3ª%2F%2Fwww. legiscompliance.com.br%2Fimages%2Fpdf%2Fcartilhalg pdmattosfilho.pdf&chunk=true. Acesso em: 08 jan. 2022.

[385] INSTITUTO FEDERAL DE SANTA CATARINA. Comissão Central de avaliação de documentos sigilosos (CCADS). *Lei de acesso à informação (LAI) x Lei Geral de Proteção de Dados (LGPD).* abr. 2021. Disponível em: chrome-extension://efaidnbmnnn ibpcajpcglclefindmkaj/ viewer.html?pdfurl=https%3A%2F%2Fwww.ifsc.edu.br%2Fdocuments%2F23575%2F 2274635%2CCADS%2B-%2BLGPD%2BX%2BLAI.pdf%2F6836705d-f998-450d-ae2b-6808607245f9&clen=600714. Acesso em: 08 jan. 2022.

também a previsão incipiente relacionada à transferência internacional de dados, mas nada no nível protetivo trazido pelo RGPD.[386]

Para além das legislações nacionais que trataram da proteção de dados pessoais, mesmo que de maneira bastante reduzida, não se pode deixar de mencionar que a LGPD foi forjada trazendo como fundamentos questões outras como, por exemplo, a proteção dos direitos humanos e o livre desenvolvimento da personalidade e ainda a dignidade e exercício da cidadania pelas pessoas naturais.[387]

Essas construções históricas e constitucionais relativas ao direito à privacidade foram se desenvolvendo e firmando as bases e fundamentos principiológicos para a elaboração das mais diversas legislações que tratam da proteção a dados pessoais, inclusive a LGPD.

Além disso, o desenvolvimento de tecnologias e advento da sociedade da informação trouxe à tona a necessidade de se discutir a respeito dos limites para o tratamento de dados e impactos do uso exacerbado de dados nas vidas dos indivíduos.

Por fim, é importante mencionar os princípios da livre iniciativa, livre concorrência e a defesa do Consumidor e sua ligação com a proteção dos dados pessoais.

Esses princípios orientam a ordem econômica brasileira e também precisam estar integrados às normas de proteção de dados pessoais, a fim de possibilitarem o desenvolvimento da economia do país, pois, como se sabe, o mundo vive a economia movida por dados pessoais e não se pode mais separar crescimento econômico de dados pessoais.

A LGPD foi criada de modo a estar integrada às legislações que tratam do fomento à economia e à defesa do consumidor possibilitando que, por exemplo, os titulares de dados possam acionar os órgãos de defesa do consumidor para fazerem valer os direitos elencados no art. 18 da legislação.[388]

Dessa forma, observa-se que a LGPD adveio não só de uma construção interna acerca da proteção de dados, mas foi muito influenciada

---

[386] MONTEIRO, Renato Leite; GOMES, Maria Cecília Oliveira; NOVAES, Adriane Loureiro. *Lei Geral de Proteção de Dados e RGPD*: histórico, análise e impactos. 2018. Disponível em: file:///C:/Users/Talitha/Downloads/Lei_Geral_de_Protecao_de_Dados_e_RGPD_hi.pdf. Acesso em: 10 mar. 2022

[387] MALDONADO, Viviane Nóbrega; BLUM, Renato Ópice. *Lei Geral de Proteção de Dados Pessoais*. 3. ed. São Paulo: Revista dos Tribunais, 2021.

[388] MALDONADO, Viviane Nóbrega; BLUM, Renato Ópice. *Lei Geral de Proteção de Dados Pessoais*. 3. ed. São Paulo: Revista dos Tribunais, 2021.

principalmente por questões externas e demandas outras que permeiam toda a ordem mundial.

4.2.1 Conflitos com outras legislações

Após diversas regulamentações que estavam espalhadas pelo ordenamento jurídico nacional, restou o questionamento acerca da situação dessas leis e suas normatizações acerca da proteção de dados diante da nova regulação trazida pela LGPD. Havia muita dúvida sobre a aplicação dos dispositivos que já existiam antes da vigência da Lei Geral de Proteção de Dados e sobre como seria feita a compatibilização dessas regras.

De fato, a LGPD trouxe diretrizes gerais para proteção de dados no Brasil, mas não pretendeu impossibilitar a aplicação das leis específicas já vigentes. Desse modo, a nova lei não substituiu o que está posto, mas apenas forneceu regras gerais concernentes à proteção de dados.[389]

No caso de ser constatado conflito entre dispositivos legais, as regras clássicas para definições em caso de conflitos de leis é que devem ser aplicadas no caso concreto. Dessa forma, não há uma hierarquia automática da LGPD diante das demais disposições que tratam da proteção de dados no país. O que deve acontecer é a ponderação no caso concreto, levando-se em conta as especificidades do caso e as regras jurídicas que tratam do conflito de leis.[390]

A Lei Geral de Proteção de Dados busca, na realidade, conferir aos titulares de dados pessoais mais autonomia com relação ao uso dos seus dados, impactando a atividade empresária nacional como nunca antes aconteceu no âmbito dos regramentos relativos à proteção de dados pessoais. Essa nova legislação iniciou uma nova ordem cultural exigindo adequações das empresas nacionais para tornar o tratamento de dados mais seguro e transparente.[391]

---

[389] SEBRAE. Material de apoio ao vídeo. *"LGPD – Conheça mais sobre a Lei Geral de Proteção de Dados"* da série de vídeos: Connect – Ideas sempre ao vivo. Conteúdo exclusivo em parceria com o Sebrae. 2021. Disponível em: chrome-extension://efaidnbmnnnibpcajpcglclefindmkaj/viewer.html?pdfurl=https%3A%2F%2Fwww.sebrae.com.br%2FSebrae%2FPortal%2520Se brae%2FUFs%2FPE%2FAnexos%2FLGPD-Connect-Sebrae.pdf&clen=684020& chunk=true. Acesso em: 10 fev. 2022.

[390] FIESP. CIESP. Departamento de Defesa e Segurança. *Lei Geral de Proteção de Dados.* 2021. Disponível em: file:///C:/Users/Talitha/Downloads/file-20181212135037-lei-geral-de-protecao-livreto-a5-web.pdf. Acesso em: 04 set. 2021.

[391] MALDONADO, Viviane Nóbrega; BLUM, Renato Ópice. *Lei Geral de Proteção de Dados Pessoais.* 3. ed. São Paulo: Revista dos Tribunais, 2021.

Outro ponto importante é que a LGPD, ao definir como objetivo prevenir o uso abusivo de dados pessoais, passou a determinar que as empresas são responsáveis pela comunicação direta com os titulares dos dados e que devem ser sempre claras e transparentes nessa comunicação. A legislação indica que formalidades não resguardam mais as empresas no caso de violações relativas a dados pessoais. As empresas precisam realizar o ato de informar e devem fazê-lo de maneira clara, objetiva e direta, para que estas sejam aceitas e compreendidas pelos envolvidos.

A LGPD, portanto, é fruto de um amadurecimento interno de indivíduos e empresas com relação ao entendimento da necessidade da proteção dos dados pessoais. Passou a existir também no Brasil uma preocupação maior com o uso correto e seguro dos dados pessoais face a uma melhor compreensão dos impactos que essas informações podem trazer para indivíduos e empresas do caso de usos ilícitos, o que culminaria com a elaboração da Lei Geral de Proteção de Dados.

4.2.2 Principais características da Lei Geral de Proteção de Dados

A Lei Geral de Proteção de Dados, Lei nº 13.709 de 2018, possui como principal objetivo proteger os dados pessoais dos indivíduos regulamentando o tratamento de dados pessoais dos usuários realizado por pessoas jurídicas de direito público e de direito privado.

Para atingir esse objetivo, a legislação estabelece várias definições e divide responsabilidades entre os atores por ela considerados. Passa-se agora ao estudo de algumas definições relevantes encontradas na LGPD, já que são essenciais para a compreensão dos comandos legislativos como um todo.[392]

O art. 5º, I, da LGPD define dado pessoal como "a informação relacionada à pessoa natural identificada ou identificável".[393]

Isso quer dizer que qualquer informação que possibilite a identificação de forma direta ou indireta é considerada dado pessoal. Assim, tem-se que dados pessoais são o nome, CPF, RG, endereço, telefone,

---

[392] GARCIA, Lara Rocha; AGUILERA-FERNANDES, Edson; GONÇALVES, Rafael Augusto Moreno. *Lei Geral de Proteção de Dados Pessoais (LGPD)*: guia de implantação. São Paulo: Edgar Blücher Ltda, 2020.

[393] BRASIL. *Lei nº 13.709*, de 14 de agosto de 2018. Disponível em: https://www.planalto.gov.br/ccivil_03/_ato2015-2018/2018/lei/l13709.htm. Acesso em: 13 fev. 2022.

e-mail e outros. Mas também são dados pessoais outras informações que quando em conjunto possibilitam a identificação. É de se destacar que o conceito de dado pessoal é um conceito relacional, ou seja, será considerado dado pessoal a depender da relação e da análise. Existem ainda os "dados pessoais sensíveis", conceituados no art. 5º da LGPD como sendo o "dado pessoal sobre origem racial ou étnica, convicção religiosa, opinião política, filiação a sindicato ou a organização de caráter religioso, filosófico ou político, dado referente à saúde ou à vida sexual, dado genético ou biométrico, quando vinculado a uma pessoa natural".[394]

Esses dados se encontram separados em uma categoria distinta e recebem uma proteção maior da legislação, pois podem servir de base para discriminação de indivíduos e causar uma exposição maior tanto na vida social quanto na vida profissional do seu titular.

A preocupação especial com os dados sensíveis também diz respeito a assegurar a privacidade dos indivíduos, mas vai além dessa questão e pretende evitar que esses dados possam ser utilizados para impor restrições ao acesso a bens, serviços e mesmo ao exercício de direitos.[395]

Outro conceito importante trazido na LGPD é o de tratamento de dados, que abrange todo e qualquer uso de dados pessoais. Tratamento de dados envolve a coleta, classificação, utilização, processamento, armazenamento, compartilhamento, transferência, eliminação entre outras formas de utilização.

A legislação de proteção de dados nacional define três atores principais envolvidos no tratamento de dados pessoais, são eles: o controlador, o operador e o encarregado pelo tratamento de dados pessoais.

O controlador dos dados pessoais é aquela pessoa natural ou jurídica, de direito público ou privado, que toma as decisões sobre as finalidades do tratamento dos dados pessoais e estabelece outras orientações que devem ser colocadas em prática pelo operador, que,

---

[394] BRASIL. *Lei nº 13.709*, de 14 de agosto de 2018. Disponível em: https://www.planalto.gov.br/ccivil_03/_ato2015-2018/2018/lei/l13709.htm. Acesso em: 13 fev. 2022.

[395] SILVA, Lucas Gonçalves da; MELO, Bricio Luis da Anunciação. A Lei Geral de Proteção de Dados como instrumento de concretização da autonomia privada em um mundo cada vez mais tecnológico. *Revista Jurídica – UNICURITIBA*, v. 03, n. 56, Curitiba, p. 354–377, 2019. DOI: 10.6084/m9.figshare.9795164. Disponível em: file:///C:/Users/Talitha/Documents/Mestrado/UFPE/PROJETO%20UFPE/Prote%C3%A7%C3%A3o%20de%20dados%20como%20instrumento.pdf. Acesso em: 22 jan. 2022.

por sua vez, pode ser pessoa natural ou jurídica, de direito público ou privado. Ambos são denominados agentes de tratamento.

O encarregado de dados é o ator responsável por fazer a ligação entre os controladores e operadores com o titular de dados e ainda destes com a Autoridade Nacional de Proteção de Dados (ANPD).

Por fim, trate-se do próprio titular dos dados pessoais, que é o indicado como o detentor e dono dos dados pessoais, detentor de direitos que devem ser usados sempre que houver abuso no uso de dados pessoais, conforme se pode verificar no art. 18 da LGPD. Dessa forma, o legislador indicou que apenas as pessoas naturais podem ser consideradas como titulares de dados, excluindo-se as pessoas jurídicas das pessoas já falecidas do seu escopo de proteção.[396]

A figura do encarregado é definida no art. 5º, VIII, da LGPD e consiste na "pessoa indicada pelo controlador e operador para atuar como canal de comunicação entre o controlador, os titulares dos dados e a Autoridade Nacional de Proteção de Dados (ANPD)".[397]

A LGPD também trata das atribuições dos encarregados e hipóteses em que é obrigatória a sua nomeação. Quanto a este último ponto, qual seja, a obrigatoriedade de nomeação do encarregado, houve várias modificações legislativas a esse respeito e mais recentemente foi elaborado pela ANPD o regulamento que permite a dispensa da nomeação do encarregado para algumas empresas. A LGPD com o passar do tempo também ampliou o próprio conceito de encarregado para apontar que este pode ser uma pessoa natural ou pessoa jurídica.

Essa legislação, como também acontece no RGPD, atribui ao encarregado a responsabilidade de conhecer as atividades de tratamento de dados do controlador e o instruir sempre que necessário para que essas atividades estejam em conformidade com as determinações legais. As orientações do encarregado de dados devem ser consideradas pela alta gestão do controlador em razão do poder decisório daquele e dos riscos envolvidos em caso de inadequação à LGPD.[398]

---

[396] BLUM, Renato Opice; VAINZOF, Rony; MORAES, Henrique Fabretti. *Data Protection Officer (Encarregado)*. São Paulo: Revista dos Tribunais, 2020.

[397] BRASIL. *Lei nº 13.709*, de 14 de agosto de 2018. Disponível em: https://www.planalto.gov.br/ccivil_03/_ato2015-2018/2018/lei/l13709.htm. Acesso em: 13 fev. 2022.

[398] GOMES, Rodrigo Dias de Pinho. Encarregado pelo tratamento de dados pessoais na LGPD. 2 out. 2019. Disponível em: https://www.jota.info/opiniao-e-analise/artigos/encarregado-pelo-tratamento-de-dados-pessoais-na-lgpd-02102019. Acesso em: 02 fev. 2022.

Outra definição de suma importância que norteia toda a Lei Geral de Proteção de Dados bem como o tratamento dos dados é o consentimento. O art. 5º, XII, define-o como sendo a "manifestação livre, informada e inequívoca pela qual o titular concorda com o tratamento de seus dados pessoais para uma finalidade determinada".[399]

O prof. Bruno Bioni[400] indica em sua obra que a primeira versão do anteprojeto da lei para proteção de dados que foi colocada para consulta em 2010, o consentimento era considerado como a única hipótese autorizativa para o tratamento de dados, o que confirma o estágio inicial em que o país se encontrava no que se refere à proteção de dados.

Ainda hoje, apesar de o artigo 7º da LGPD prever outras hipóteses que permitem o tratamento de dados pessoais, o consentimento continua sendo considerado como a base legal principal, basta que se verifique a quantidade de vezes que o termo consentimento é mencionado na legislação e que se atente para a normatização exaustiva dessa matéria por toda a legislação.[401]

Assim, a base legal do consentimento é um ponto de atenção quando se fala da LGPD. A esse respeito é essencial a compreensão acerca dos pressupostos de validade do consentimento que deve se dar de forma livre e espontânea, atrelado a uma finalidade específica. Quando se fala de consentimento, é essencial ainda que o usuário seja informado acerca da finalidade da coleta, como se dará o processamento e uso dos dados pessoais e sobre quais as consequências de não conceder o consentimento para aquele tratamento. Outro aspecto relacionado ao consentimento é sua importância quando se refere à coleta de dados de crianças e adolescentes ou quando envolve o tratamento de dados sensíveis.

---

[399] BRASIL. *Lei nº 13.709*, de 14 de agosto de 2018. Disponível em: https://www.planalto.gov.br/ccivil_03/_ato2015-2018/2018/lei/l13709.htm. Acesso em: 13 fev. 2022.

[400] BIONI, Bruno Ricardo. Compreendendo o conceito de anonimização e dado anonimizado. *Cadernos Jurídicos*, São Paulo, ano 21, n. 53, p. 191-201, jan./mar. 2020. Disponível em: chrome-extension://efaidnbmnnnibpcajpcglclefindmkaj/viewer.html?pdfurl=https%3A%2F%2Fwww.tjsp.jus.br%2Fdownload%2FEPM%2FPublicacoes%2FCadernosJuridicos%2Fii_9anonimiza%25C3%25A7%25C3%25A3o_e_dado.pdf%3Fd%3D637250349860810398&clen=356037&chunk=true. Acesso em: 03 nov. 2021.

[401] SILVA, Lucas Gonçalves da; MELO, Bricio Luis da Anunciação. A Lei Geral de Proteção de Dados como instrumento de concretização da autonomia privada em um mundo cada vez mais tecnológico. *Revista Jurídica – UNICURITIBA*, v. 03, n. 56, Curitiba, p. 354-377, 2019. DOI: 10.6084/m9.figshare.9795164. Disponível em: file:///C:/Users/Talitha/Documents/Mestrado/UFPE/PROJETO%20UFPE/Prote%C3%A7%C3%A3o%20de%20dados%20como%20instrumento.pdf. Acesso em: 22 jan. 2022.

O consentimento fornecido para o tratamento de dados sensíveis exige, a título de ilustração, forma específica e destacada e a indicação da finalidade também de maneira específica, ou seja, o consentimento para tratamento dos dados pessoais sensíveis deve ser feito de forma bem mais cuidadosa e específica em relação ao consentimento para dados pessoais tidos como comuns,[402] existindo um menor espaço para a discricionariedade no uso de dados pessoais pelo controlador, sendo obrigatória sua aderência à finalidade consentida face à criticidade que pode decorrer de um eventual desvio no uso de dados sensíveis.

Outra característica da Lei Geral de Proteção de Dados a que é preciso chamar a atenção é que esta é uma lei baseada em princípios. Essa característica confere à legislação a possibilidade de uma aplicação mais ampla e facilita a interpretação de seus dispositivos.

Na aplicação legal e na dinâmica da formatação jurídica, as regras e os princípios atuam de formas diferentes, mas ambos são normas extraídas de textos legislativos que estabelecem consequências jurídicas. Várias são as definições para o que são princípios. O professor Humberto Ávila, na obra *Teoria dos princípios*, indica que princípio é aquela norma que determina a promoção de um estado ideal das coisas, significa a existência de uma norma determinante de um fim juridicamente relevante, e algo a ser seguido.[403]

Robert Alexy indica que o princípio é uma norma que otimiza o sistema legal, favorecendo a diminuição das lacunas legislativas, tornando o sistema mais completo e coeso, ou seja, normas que trazem preenchimento a situações completas em que as regras não trouxeram respostas.[404]

A LGPD trouxe princípios específicos para se ajustar e lidar da melhor maneira possível com o momento histórico atual que é composto por questões complexas e diversas, como, por exemplo, uma sociedade pós-industrial de informação dentro de uma quarta Revolução Industrial, acontecendo numa amplitude e difusão cada vez maior e de modelos de negócios diferentes. O Estado fiscalizador e sancionador não é mais capaz de concentrar em si a responsabilidade de lidar com todas as implicações que advêm desses novos modelos de negócios.

---

[402] MALDONADO, Viviane Nóbrega; BLUM, Renato Ópice. *Lei Geral de Proteção de Dados Pessoais*. 3. ed. São Paulo: Revista dos Tribunais, 2021.

[403] ÁVILA, Humberto. *Teoria dos princípios*: da definição à aplicação dos princípios jurídicos. Uberlândia, MG: Malheiros, jan. 2021, p. 157-185, p. 36.

[404] ALEXY, Robert. *Teoria de los Derechos Fundamentales*. Madri: Centro de Estúdios Políticos y Constitucionales, 2001.

Por esses motivos os princípios passam a ter uma função muito importante, pois permitem ajustes e flexibilidade na aplicação da LGPD aos modelos de negócio sem os quais a legislação poderia se tornar rapidamente ultrapassada ou gerar lacunas de aplicação legal com o surgimento de novos modelos de negócios.

Os primeiros princípios abordados pela Lei Geral de Proteção de Dados são os princípios da finalidade, que tem que ser legítima, específica, explícita e informada, o da adequação, que diz que o tratamento tem que estar adequado à finalidade informada e ainda o da necessidade, que traz a ideia do princípio da minimização da coleta dos dados.

O artigo 6º da LGPD prevê ainda vários outros princípios e, dentre eles, está o Princípio do Livre Acesso. Este princípio garante aos titulares "a consulta facilitada e gratuita sobre a forma e a duração do tratamento, bem como sobre a integralidade de seus dados pessoais".[405]

A garantia do livre acesso ao titular dos dados pessoais parece ser o princípio mais importante trazido pela LGPD e a norma maior que guia todo o restante da legislação, pois é por meio dele que o titular exerce seu direito de fiscalização sobre os controladores e operadores de dados e pode verificar se a relação jurídica existente e fundada no tratamento dos dados pessoais está em conformidade com a legislação.

Esse princípio garante o acesso de maneira fácil e gratuita, evitando que os agentes de tratamento se utilizem de cobranças ou da excessiva burocracia para afastar o titular e impedir o exercício dos seus direitos relacionados aos dados pessoais. A própria LGPD prevê o preenchimento do conteúdo desse princípio, mais especificamente no artigo 9º e no artigo 18, que regulam a maneira como os direitos serão garantidos e protegidos.[406]

Como uma das últimas etapas para a apreensão dos conteúdos trazidos pela Lei Geral de Proteção de Dados têm-se as bases legais. As bases legais, assim como os princípios são pré-requisitos do tratamento de dados pessoais válidos. Sem a existência de bases legais que autorizem um tratamento de dados pessoais, este não pode ser considerado legítimo.

O art. 7º da LGPD nos indica as 10 bases legais que autorizam a coleta e o processamento de dados. São elas: o consentimento do titular;

---

[405] BRASIL. *Lei nº 13.709*, de 14 de agosto de 2018. Disponível em: https://www.planalto.gov.br/ccivil_03/_ato2015-2018/2018/lei/l13709.htm. Acesso em: 13 fev. 2022.
[406] *Ibidem.*

o cumprimento de obrigação legal ou regulatória pelo controlador; a execução de políticas públicas; a realização de estudos por órgãos de pesquisa; a execução de contrato do qual seja parte o titular; o exercício regular de direito em processo judicial, administrativo ou arbitral; a proteção da vida; a tutela da saúde; o legítimo interesse; e, por fim, a proteção ao crédito.[407]

O rol taxativo tem como objetivo principal manter um maior controle das hipóteses de tratamento de dados pessoais, levando em conta a própria natureza dos dados pessoais. Todas as bases legais estão em pé de igualdade e não há hierarquia ou prevalência de uma sobre as outras.

Como se tratou acima, a base legal mais conhecida é de fato o consentimento, mas não é a única, e para os profissionais da área da privacidade e proteção de dados, esta é uma base legal de difícil administração e controle se comparada com algumas outras.

Acontece que, historicamente, o consentimento foi o fundamento central para o tratamento de dados pessoais, porém, a experiência europeia demonstrou que ampliar o rol de permissivos seria mais recomendado. Assim, as bases legais e as determinações relativas ao tratamento de dados pessoais estão elencadas nos arts. 7º e 11 da LGPD.[408]

Aqui se faz importante um apontamento. A LGPD delimita bases legais distintas a depender dos dados a serem tratados. Desse modo é importante que se saiba a distinção entre dados pessoais e dados pessoais sensíveis, uma vez que em cada uma dessas categorias de dados a legislação indica bases legais próprias. Logo, o tratamento de dados pessoais sensíveis, devido à natureza dos dados, é mais restrito em virtude do próprio conteúdo das informações.

4.3 Análise comparada dos modelos regulamentados: União Europeia e Brasil

Aqui se pretende uma análise mais exaustiva acerca das acima mencionadas similaridades e diferenças entre as leis de proteção de dados brasileira e sua inspiração europeia.

---

[407] *Ibidem.*

[408] MONTEIRO, Renato Leite; GOMES, Maria Cecília Oliveira; NOVAES, Adriane Loureiro. *Lei Geral de Proteção de Dados e RGPD*: histórico, análise e impactos. 2018. Disponível em: file:///C:/Users/Talitha/Downloads/Lei_Geral_de_Protecao_de_Dados_e_RGPD_hi.pdf. Acesso em: 10 mar. 2022

O Regulamento Geral sobre a Proteção de Dados da União Europeia, que versa sobre a proteção de dados pessoais no âmbito da União Europeia, em 2016, substituiu a Diretiva nº 95/46/CE quando esta já não mais correspondia aos avanços tecnológicos e comerciais.[409] O regulamento em questão, embora vigente desde 2016, apenas passou a aplicar as penalidades em 2018. Depois dessa data, não só as empresas europeias, mas todas as empresas que buscavam manter relações comerciais com a UE passaram a buscar estar em conformidade com essa legislação.

A necessidade de adequação para a manutenção das relações comerciais e negociais com a Europa impulsionou outros Estados a elaborarem suas próprias legislações com o mesmo nível de proteção, uma vez que se assim não o fizessem correriam o risco de sofrer algum tipo de barreira econômica ou dificuldade de fazer negócios com os países da UE. Este é o caso do Brasil e de vários outros países da América Latina. Iniciou-se, portanto, a corrida buscando a adequação ao RGPD num fenômeno que alguns doutrinadores chamam de "efeito dominó". [410]

Outro não foi o caso do Brasil que, em 2018, sancionou a Lei Geral de Proteção de Dados Pessoais, definida da seguinte maneira: "É uma legislação extremamente técnica, que reúne uma série de itens de controle para assegurar o cumprimento das garantias previstas cujo lastro se funda na proteção dos direitos humanos".[411]

A legislação brasileira, portanto, nasceu também para garantir que o Brasil pudesse se enquadrar nas exigências estabelecidas pelo regulamento europeu, uma vez que, se assim não o fosse, poderia ser prejudicado e impedido de realizar negócios e transações financeiras com os países membros da União Europeia.[412]

---

[409] RUARO, Regina Linden; GLITZ, Gabriela Pandolfo Coelho. Panorama geral da Lei Geral de Proteção de Dados Pessoais no Brasil e a inspiração no Regulamento Geral de Proteção de Dados Europeu. *REPATS*, Brasília, v. 6, n. 2, p. 340-356, jul./dez. 2019. Disponível em: file:///C:/Users/Talitha/Documents/Mestrado/UFPE/PROJETO%20UFPE/Panorama%20LGPD%20sob%20RGPD.pdf. Acesso em: 08 fev. 2022.

[410] PINHEIRO, Peck, P. *Proteção de dados pessoais:* comentários à Lei n. 13.709/2018 LGPD. 2018. Disponível em: https://integrada.minhabiblioteca.com.br/#/books/9788553608324/. Acesso em: 05 fev. 2022.

[411] *Ibidem.*

[412] SILVA, Lucas Gonçalves da; MELO, Brício Luis da Anunciação. A Lei Geral de Proteção de Dados como instrumento de concretização da autonomia privada em um mundo cada vez mais tecnológico. *Revista Jurídica – UNICURITIBA*, v. 03, n. 56, Curitiba, p. 354–377, 2019. DOI: 10.6084/m9.figshare.9795164. Disponível em: file:///C:/Users/Talitha/Documents/Mestrado/UFPE/PROJETO%20UFPE/Prote%C3%A7%C3%A3o%20de%20dados%20como%20instrumento.pdf. Acesso em: 22 jan. 2022.

A LGPD buscou na legislação europeia e sua ampla experiência na proteção de dados pessoais um norte para a regulamentação da matéria no âmbito interno. Ambas as legislações trazem conceitos e definições importantes, como, por exemplo, a definição do que são dados pessoais e dos agentes de tratamento, por exemplo. Analisadas as definições trazidas por ambas as legislações, no art. 5º da LGPD e no art. 4º do RGPD, pode-se observar que ambas fazem a distinção entre dados pessoais e os dados pessoais de categoria especial/ sensíveis, mas o RGPD também se preocupou em definir o que seriam dados genéticos, biométricos e dados relativos à saúde.

Conforme determina o Estatuto da Criança e do Adolescente, tem-se que as crianças e adolescentes gozam de proteção especial conferida pela legislação por estarem numa idade em que estão em desenvolvimento, necessitando, portanto, de "uma proteção especializada, diferenciada e integral".[413] Essa proteção especial a que se refere o ECA também é conferida pela LGPD que, por sua vez, determina que para o tratamento de dados pessoais de menores ser considerado lícito deverá ser obtido o consentimento do responsável pela criança ou o adolescente até que este atinja a maioridade. Nesse ponto, o Regulamento europeu é mais flexível e permite que os adolescentes com mais de 16 anos, com a anuência de seus responsáveis, possam consentir no tratamento de seus dados.

Com relação aos bancos de dados, tem-se que ambas as legislações se preocuparam em indicar que é considerado banco de dados não só o conjunto estruturado de dados pessoais existente nos meios digitais, mas também no meio físico. Dessa forma, é evidenciado que ambas as legislações se aplicam às informações coletadas por meio digital, mas também por meio físico.

Outro ponto interessante é o que trata do consentimento. O RGPD e a LGPD incluíram princípios e regras que disciplinam a questão do tratamento de dados e as hipóteses em que esses tratamentos são considerados legítimos. A LGPD em seu artigo 8º indica que o consentimento deve ser fornecido precipuamente por escrito, mas que pode ser dado por outro meio que demonstre a manifestação de vontade do titular. O consentimento deve ser fornecido em cláusula destacada e

---

[413] VERONESE, Josiane Rose Petry. A proteção integral da criança e do adolescente no direito brasileiro. *Revista do Tribunal Superior do Trabalho*, São Paulo, v. 79, n. 1, p. 38-54, jan./mar. 2013. Disponível em: https://juslaboris.tst.jus.br/bitstream/handle/20.500.12178/38644/003_veronese.pdf?sequence=1&isAllowed=y. Acesso em: 09 nov. 2021.

CAPÍTULO 4
PRIVACIDADE E PROTEÇÃO DE DADOS | 161

deve incluir a informação da finalidade do tratamento a ser consentido bem como ser proibida a autorização genérica. O consentimento, nesse caso, pode ser revogado a qualquer momento de maneira expressa, por meio acessível e gratuito.

Outro ponto trazido pela LGPD é a determinação de que "se houver mudanças da finalidade para o tratamento de dados pessoais, diferentes das que originalmente estava previsto, o controlador deverá informar previamente ao titular sobre as mudanças de finalidade, podendo o titular revogar o consentimento, caso discorde das alterações".[414]

Com relação ao consentimento, o RGPD indica que se o consentimento for concedido de forma escrita em documento que aborde também outros assuntos, deverá ser fornecido de forma que o distinga claramente de outros assuntos, de modo inteligível e de fácil acesso e numa linguagem clara e simples.[415] Além disso, o agente de tratamento responsável tem o dever legal de conceder ao titular dos dados informações claras e completas e possibilitar a sua revogação.

Desse modo, com relação ao consentimento, ambas as normas o tratam como figura central e conferem aos titulares o poder de controle sobre os seus dados, inclusive podendo se arrepender e revogar autorização fornecida anteriormente.[416]

O RGPD garante ao titular dos dados o "direito a ser esquecido". Tal previsão se encontra no artigo 17 e determina que o responsável pelo tratamento de dados pessoais, em alguns casos, proceda com exclusão de dados pessoais de seus bancos de dados.[417]

Esse regulamento indica algumas hipóteses em que o apagamento dos dados deve ocorrer em alguns casos como quando os dados

---

[414] BRASIL. *Lei nº 13.709*, de 14 de agosto de 2018. Disponível em: https://www.planalto.gov. br/ccivil_03/_ato2015-2018/2018/lei/l13709.htm. Acesso em: 13 fev. 2022.

[415] RGPD. *Art. 7º*. Condições aplicáveis ao consentimento. 2021e. Disponível em: https:// RGPDinfo.eu/pt-pt/pt-pt-article-7. Acesso em: 13 fev. 2022.

[416] PIRODDI, Paola. I trasferimenti di dati personali verso Paesi terzi dopo la sentenza Schrems e nel nuovo regolamento generale sulla protezione dei dati. *In*: RESTA, Giorgio; ZENO-ZENCOVICH, Vincezo (coord.). *La protezione transazionale dei dati personali*. Roma: Roma-Tre Press, 2016, p. 169-238.

[417] REIS, Inês Maria de Oliveira. *O direito ao esquecimento e a proteção de dados pessoais*: uma perspectiva analisada num confronto com a proposta adotada pela legislação da União Europeia e o ordenamento jurídico brasileiro. Fortaleza, 2018. Disponível em: chrome-extension://efaidnbmnnnibpcajpcglclefindmkaj/viewer.html?pdfurl=https%3A%2F%2Frepo sitorio.ufc.br%2Fbitstream%2Friufc%2F41249%2F1%2F2018_tcc_imoreis.pdf&clen=519993. Acesso em: 10 fev. 2022.

pessoais deixaram de ser necessários para a finalidade que motivou a sua recolha ou tratamento ou quando o titular retira o consentimento em que se baseia o tratamento dos dados e se não existir outro fundamento jurídico para o referido tratamento, entre outras hipóteses.

A lei brasileira, por sua vez, prevê o direito de exclusão, contido nos artigos 16 e 17 da LGPD. Esse direito não é considerado por todos os juristas como sinônimo do direito ao esquecimento trazido pela legislação europeia, uma vez que não possui a mesma abrangência, mas o direito de exclusão prevê que o apagamento dos dados deve acontecer sempre que finalidade para a qual foram coletados os dados chegar ao fim; ou quando o titular dos dados solicitar (salvo nos casos previstos em lei), ou se houver a revogação do consentimento; ou ainda, por autoridade nacional.[418]

Neste ponto tanto a LGPD quanto o regulamento europeu possuem uma convergência de ideias, pois buscam evitar que ocorram tratamentos de dados pessoais de maneira indiscriminada, por tempo indeterminado ou ainda afrontando a vontade do titular.

Finalmente, tratar-se-á das considerações relativas à aplicação das sanções e penalidades e ainda com relação à realização da transferência internacional de dados. Inicialmente, se pode dizer que as definições dessas questões são realizadas de maneira bastante similar tanto no RGPD quanto na LGPD.

Quanto às penalidades, em ambas as legislações são levadas em consideração a gravidade e a natureza das infrações e dos direitos pessoais afetados no momento de definição da penalidade a ser aplicada ou indicação do valor da multa; no entanto, há divergência com relação aos valores que podem ser cobrados em caso de infração à legislação. No Brasil as multas podem variar de valor correspondente a 2% (dois por cento) do faturamento das empresas e o teto de R$50.000.000,00 (cinquenta milhões de reais), já na União Europeia a variação fica entre o mínimo de 4% (quatro por cento) do volume de negócios anual e 20.000.000 EUR (vinte milhões de euros), valor muito acima do teto estabelecido para as multas na LGPD.[419]

Com relação à transferência internacional de dados, o Brasil segue o mesmo padrão da legislação europeia e busca a padronização nos

---

[418] BRASIL. *Lei nº 13.709*, de 14 de agosto de 2018. Disponível em: https://www.planalto.gov.br/ccivil_03/_ato2015-2018/2018/lei/l13709.htm. Acesso em: 13 fev. 2022.

[419] MALDONADO, Viviane Nóbrega; BLUM, Renato Ópice. *Lei Geral de Proteção de Dados Pessoais*. 3. ed. São Paulo: Revista dos Tribunais, 2021.

fluxos de dados transfronteiriços com o objetivo de fomentar o respeito aos direitos e garantias fundamentais diante de toda a complexidade e aceleração do desenvolvimento tecnológico e econômico.

Diante das considerações feitas, pode-se dizer que a legislação brasileira muito se espelhou no RGPD e buscou na maturidade europeia o direcionamento que o cenário nacional não possui ainda.

Dessa forma, embora ambas as legislações sejam bastante semelhantes, é importante que se atente para o fato de que raramente a experiência de uma cultura pode ser transplantada para outra sem necessitar de ajustes. Nesse caso, vê-se que a LGPD ainda é a primeira lei a tratar do assunto da proteção de dados no Brasil, e possivelmente sofrerá alguns ajustes para adequá-la à realidade cultural nacional.[420]

No entanto, o fato de que ambas as legislações resguardam direitos fundamentais de forma tão abrangente contribui para o fortalecimento da cultura mundial voltada à proteção de dados e à privacidade.

Assim, em termos de conclusão, o ordenamento jurídico brasileiro confere, da mesma forma que o faz o RGPD, níveis adequados de proteção aos dados pessoais coletados e tratados em território nacional, modificando o cenário jurídico nacional em que leis eram promulgadas e entravam em vigor com disposições que já nasciam obsoletas e promovendo um diálogo harmonioso entre os diversos ordenamentos jurídicos tão necessário aos nossos tempos.

---

[420] GUIDI, Guilherme. *Modelos regulatórios para proteção de dados pessoais*. 2017. Disponível em: https://itsrio.org/wp-content/uploads/2017/03/Guilherme-Guidi-V-revisado.pdf. Acesso em: 29 ago. 2021.

CAPÍTULO 5

OS IMPACTOS DE PROTEÇÃO DE DADOS NOS CONTRATOS INTERNACIONAIS DE *KNOW-HOW*

No que diz respeito à relação entre a proteção de dados relacionada e o comércio internacional, é necessário, primeiramente, uma análise macro acerca da privacidade, esta que é prevista não apenas nas novas positivações da salvaguarda das informações, mas que tem previsões em nuances de diversas legislações especiais e ordinárias, assim como na própria Carta Magna de 88, em seu art. 5º, que prevê que "são invioláveis a intimidade, a vida privada, a honra e a imagem das pessoas, assegurado o direito à indenização pelo dano material ou moral decorrente de sua violação".[421]

Com a expansão da tecnologia e da comunicação, consequência da 4ª fase da globalização (a Nova Ordem Mundial – o domínio do capitalismo no mundo), a defesa do sigilo das informações se tornou cada vez mais categórica e valiosa. É por isso que o direito à confidencialidade e à privacidade evoluiu em conjunto com esses desenvolvimentos, com o intento de amparar de maneira mais eficiente a segurança dos dados compartilhados no fluxo da tecnologia.[422]

Os contratos internacionais, na posição de uma das mais eficientes formas de concretização de negociações, passaram, com toda certeza, a adotar os meios de proteção aos objetos das transações comerciais. A espécie do *know-how*, por ter em seu cerne um produto que depende da

---

[421] BRASIL. *CF/88* – Constituição da República Federativa do Brasil de 1988. Disponível em: http://www.planalto.gov.br/ccivil_03/constituicao/constituicao.htm. Acesso em: 23 set. 2021.

[422] PAESANI, Liliana Minardi. *Direito e internet*: liberdade de informação, privacidade e responsabilidade civil. 7. ed. São Paulo: Atlas, 2014.

cobertura do seu sigilo para agregar valor e importância, adotou como prática corriqueira a previsão da confidencialidade e das previsões subsidiárias das determinações das legislações de proteção de dados no que diz respeito às transferências extrafronteiriças de informações – entre diferentes países.

O impulsionamento das previsões de amparo aos dados teve o ponto de partida na década de 1970, com legislações de inúmeros países sendo formalizadas nesse sentido. Além de que a feitura de acordos internacionais, associando a proteção de dados pessoais como um direito a ser tutelado, igualmente se tornou exorbitante.[423]

E foi assim que "a partir do momento em que a tecnologia passa a permitir o armazenamento e o processamento rápido e eficiente de dados pessoais, dá-se a associação entre proteção à privacidade e informações pessoais".[424] Com isso, a proteção de dados se manifestou com o propósito de defender as pessoas físicas que sejam partes em uma relação na qual existe uma troca de informações, a fim de efetivar a prestação de um serviço ou a consumação de uma negociação.[425]

A privacidade passou a ser questionada e ameaçada cada vez mais com a expansão do comércio eletrônico, decorrente do desenvolvimento tecnológico,[426] em especial, pelo fato de as empresas integrantes das relações comerciais condicionarem as negociações à coleta de informações uma da outra – ou seja, a troca de dados entre as partes.

A União Europeia se adiantou e passou a formular diversas normativas com esse teor, desde a década de 1980, como exemplo da Convenção de Estrasburgo, originando a Diretiva nº 95/46/CE em 1995, assim como também a regulamentação mais conhecida, qual seja: o RGPD – *General Data Protection Regulation* – ou Regulamento Geral de Proteção de Dados. Assim o fez, pois, diante do cenário mundial,

---

[423] SILVA FILHO, João Abedias da; LIMA, Filipe José Vilarim da Cunha. *Contratos Eletrônicos no Âmbito da Proteção dos Dados.* 2022. Disponível em: chrome-extension:// efaidnbmnnnibpcajpcglclefindmkaj/viewer.html?pdfurl=https%3A%2F%2Fbdtcc.unipe. edu.br%2Fwp-content%2Fuploads%2F2019%2F09%2FTCC-PRONTO.pdf&clen=312033& chunk=true. Acesso em: 20 abr. 2022.

[424] MENDES, Laura Schertel. *Privacidade, proteção de dados e defesa do consumidor:* linhas gerais de um novo direito fundamental. São Paulo: Saraiva, 2014, p. 32.

[425] MIRAGEM, Bruno. Função Social do contrato, boa-fé e bons costumes: nova crise dos contratos e a reconstrução da autonomia negocial pela concretização da clausulas gerais: *In:* MARQUES, Claudia Lima. *A nova crise do contrato.* São Paulo: Revista dos Tribunais, 2007.

[426] PAESANI, Liliana Minardi. *Direito e internet:* liberdade de informação, privacidade e responsabilidade civil. 7. ed. São Paulo: Atlas, 2014.

a Comunidade Econômica e Política levou em conta que "o direito à proteção de dados pessoais constitui um meio de propiciar segurança jurídica para o fluxo de dados numa sociedade da informação, ao mesmo tempo em que protege a personalidade e a dignidade da pessoa"[427] e, assim, iniciou a concepção normativa nesse sentido.

No que diz respeito ao Brasil, tem-se, de igual forma, a aplicação de diplomas normativos na condução de relações negociais internacionais, levando em consideração os agentes, as localidades de transferência e a amplitude de alcance. Entre essas regulamentações, pode-se mencionar: o Marco Civil da Internet – que trouxe grandes contribuições normativas para a proteção de dados[428] – e a recente LGPD, que veio para alavancar a temática e preencher os espaços até então existentes.

Esses exemplos supramencionados são apenas alguns, de diversos países, que possuem inúmeras previsões sobre proteção de dados organizadas.

No que diz respeito ao comércio tecnológico, cerne dos contratos internacionais de *know-how*, que possibilitou a troca de novas invenções, diferentes ideias e criações inéditas entre partes de países distintos, é crucial a aplicação dessas orientações positivadas. Isso ocorre, pois o objeto da negociação depende da garantia do sigilo, a fim de estimular a concorrência entre empresas, aumentar a comercialização internacional, asseverar vantagens e preservar a exclusividade da transação.

Insta salientar que os contratos de transferência de tecnologia não são classificados como uma nova espécie de contratos, ainda que possuam um desígnio específico, mas uma forma de estabelecer um pacto negocial. Ainda que existam algumas particularidades, eles possuem a "mesma sistemática e tratamento dos contratos tradicionais".[429]

É importante mencionar que a criação das legislações específicas de proteção de dados não surgiu para impedir a possibilidade de utilização de dados, mas em verdade, serve para organizar o fluxo de

---

[427] MENDES, Laura, *op. cit.*, p. 158.

[428] ACIOLI, Catarine Gonçalves. A proteção dos dados dos consumidores: reflexão sobre caminhos para sua efetividade no Brasil. *Revista Direito & Justiça*, Porto Alegre, v. 38, n. 2, p. 132-140, jul./dez. 2012. Disponível em: http://revistaseletronicas.pucrs.br/ojs/index.php/fadir/article/view/12540/8406. Acesso em: 20 out. 2021.

[429] SILVA FILHO, João Abedias da; LIMA, Filipe José Vilarim da Cunha. *Contratos eletrônicos no âmbito da proteção dos dados*. 2022. Disponível em: chrome-extension://efaidnbmnnnibpcajpcglclefindmkaj/viewer.html?pdfurl=https%3A%2F%2Fbdtcc.unipe.edu.br%2Fwp-content%2Fuploads%2F2019%2F09%2FTCC-PRONTO.pdf&clen=312033&chunk=true. Acesso em: 20 abr. 2022.

tratamento de dados, para que ele siga um procedimento coerente, desde o momento de sua captação até o momento de seu descarte. Dessa maneira, pode-se dizer que elas buscam "garantir os direitos fundamentais em todos os procedimentos sobre dados, ou seja, coleta, armazenamento, e tratamento em geral".[430]

Dessa forma, observa-se que os numerosos diplomas normativos que regularam a Privacidade e Proteção de Dados têm uma grande influência na condução das relações negociais internacionais, o que impacta diretamente na construção das previsões dos contratos internacionais, em especial, no de *know-how*, pela peculiaridade em possuir um produto digno de grande confidência e discrição.

Cumpre ressaltar que, além das matérias positivadas e das orientações previstas em legislações/regulamentações, os princípios também servem como uma ferramenta de apoio crucial na condução das questões ora exploradas. Entre esses conteúdos principiológicos, pode-se citar aqueles que servem "para demonstrar os limites da atividade de tratamento de dados pessoais, dentre eles: o da informação, da necessidade, da finalidade, da transparência, da segurança e do consentimento".[431]

5.1 Limitação das fronteiras: até onde elas são mantidas

Uma das previsões no contrato de transferência de tecnologia é a chamada cláusula eleição de foro. Nesse ponto, cumpre ressaltar que, por este tipo contratual abranger ordenamentos jurídicos diversos – em decorrência das partes de diferentes países – é necessário que se chegue a um consenso acerca do que se acredita ser mais justo, e assim, que de comum acordo, seja eleito um local de jurisdição.

Em continuidade, para que seja possível compreender sobre a limitação das fronteiras nessa relação contratual, é necessário que sejam avaliadas as formas como a tecnologia pode ser enquadrada. Uma delas é a perspectiva de Dorodame Leitão, que a tipifica como: horizontal e vertical,[432] conforme se pode observar no trecho a seguir:

---

[430] *Ibidem.*

[431] *Ibidem.*

[432] LEITÃO, Dorodame M. O conhecimento tecnológico e sua importância: possibilidades de sua transferência internacional. *Ciência da Informação*, v. 10, n. 2, p. 33-44, jul./dez. 1981.

Transferência horizontal: aquela que é interna, isto é, ocorre dentro de uma companhia ou país; e Transferência vertical: aquela realizada entre nações.

Aplicando estes conceitos aos conhecimentos tecnológicos, e, mais especificamente à transferência de tecnologia (TT), podemos considerar como Transferência Horizontal a TT realizada internamente, dentro do mesmo país, e Transferência Vertical como aquela que ocorre entre geradores e receptores de diferentes países. Os objetivos da presente pesquisa abrangem principalmente a transferência realizada de uma nação para outra, de países geradores, mais avançados em termos tecnológicos, para um receptor específico que é o Brasil.[433]

No momento em que se analisa a transferência de tecnologia entre países diferentes, qual seja, a categorizada como vertical, nasce a abordagem internacional da questão. Dessa forma, o processo deixa de ser apenas algo estritamente negocial e passa a ser também uma conjunção política, social e cultural, tendo em vista que os participantes da relação integram locais completamente diferentes, e por isso possuem conduções e necessidades particulares; não apenas a tecnologia propriamente dita é objeto de apreciação, mas todo o contexto negocial.[434]

É plausível trazer à tona a abordagem de Páez Urdaneta sobre os pontos principais versados no processo da transferência tecnológica:

1. Um agente produtor da tecnologia;
2. Um agente receptor da tecnologia;
3. Uma tecnologia objeto da transferência;
4. Um canal de transferência da tecnologia;
5. Um ambiente ou cenário de recebimento da tecnologia;
6. Um conjunto de metas ou propósitos que justifiquem a transferência de uma tecnologia por parte de seu agente produtor;
7. Um conjunto de metas ou propósitos que motivam a transferência de uma tecnologia por parte de um agente receptor;
8. Um conjunto de normas que regulem o uso ou aproveitamento de uma tecnologia transferida, por um agente receptor;

---

[433] VIANA, Cassandra Lúcia de Maya. *O fluxo de informações na transferência de tecnologia*: estudo dos acordos tecnológicos registrados no INPI – Brasil. Brasília, 1997. Disponível em: http://eprints.rclis.org/7410/1/Fluxo_informa%C3%A7%C3%B5es_Transfer%C3%AAncia_de_Tecnologia.pdf. Acesso em: 27 ago. 2021.

[434] *Ibidem.*

9. Um conjunto de retribuições (em moeda, privilégios políticos, tributários e comerciais etc.) que o agente receptor ajusta com o produtor de uma tecnologia.[435]

Esses pontos são norteadores na relação estabelecida no processo ora estudado.

No tópico da limitação fronteiriça e os desdobramentos que decorrem dele, a autora Martina Ferracane afirma, de maneira precisa, que com o aumento de atividades realizadas pela internet, fruto da evolução tecnológica, fez-se necessário o aumento nos limites aos fluxos de dados.[436] Ela esclarece que passaram a surgir alguns regulamentos mais inflexíveis de privacidade, que definem contenções a transações extrafronteiriças, o que causa entraves a serem superados e contornados pelos contratos de transferência de tecnologia.

A autora sinaliza que, por vezes, este pode ser um caminho em que os dados são não apenas o cerne da questão, mas também os maiores ofendidos por essas barreiras.[437] Esse pensamento é exposto no trecho a seguir:

> A revolução dos dados é tanto a razão por trás dessa tendência e a vítima não almejada destas políticas. A crescente dependência de dados em nossas economias levantou preocupações entre os formuladores de políticas que sentiram a necessidade de responder prontamente a esse desenvolvimento com nova legislação. *No entanto, a novidade da revolução dos dados e a dificuldade dos formuladores de políticas de captar seu impacto transformacional na economia levaram a respostas que impõem custos significativos à economia e às empresas estrangeiras.*[438]

Sob a visão do comércio internacional, a autora esclarece um pouco mais acerca da conexão com as restrições ao fluxo de dados e

---

[435] PÁEZ URDANETA, Iraset. O trabalho informacional na perspectiva do aprendizado tecnológico para o desenvolvimento. *Ciência da Informação*, Brasília, v. 21, n. 1, p. 115-127, maio/ago. 1992.

[436] MARQUES, Fernanda Mascarenhas. *Regulação do fluxo de dados pessoais entre fronteiras*: os contornos e limites da Decisão de Adequação de países terceiros. São Paulo, 2020. Disponível em: chrome-extension://efaidnbmnnnibpcajpcglclefindmkaj/viewer. html?pdfurl=https%3A%2F%2Fbibliotecadigital.fgv.br%2Fdspace%2Fbitstream %2Fhandle%2F10438%2F29278%2FFMM.pdf%3Fsequence%3D5%26isAllowed% 3Dy&clen=730444. Acesso em: 18 abr. 2022.

[437] *Ibidem.*

[438] FERRACANE, M. *Restrictions on cross-border data flows*: a taxonomy. ECIPE – Working Paper, 2017, p. 2.

como esses comedimentos impactam diretamente na fluidez do processo das negociações internacionais.

Essas moderações estabelecidas conseguem, de certa forma, impor aspectos limitantes, como: elevar a tarifa de direcionamento dos negócios entre fronteiriços; exigir que as empresas conservem os dados dentro de uma fronteira específica estabelecida; determinar condições específicas para a permissão de deslocamento de dados para fora de um país.[439] E, por certo, as transferências de *know-how* sofrem os reflexos diretos dessas estipulações supradiscorridas.

Não obstante existirem vários conjuntos de diretrizes que regulam a condução do negócio entre as fronteiras dentro desse espectro, existe um indício de que todos apontam para um mesmo caminho: as empresas devem escolher se serão submetidas a cultivar os dados localmente ou se irão dispor de custos enormes para o envio e tratamento dos dados no exterior.[440]

Acerca da limitação ao fluxo de dados entre fronteiras, cabe ressaltar mais um pensamento da autora Martina Ferracane, pois ela consegue, com maestria, subdividir essa trajetória em dois modelos macro.

No primeiro deles, têm-se disposições relacionadas ao modo em que as restrições aos dados são submetidas, mencionando, a título de exemplo, as condições de retenção local de dados (ou seja, interligada às questões internas do país em que se encontra); os requisitos adotados para o armazenamento e o processamento dos dados; assim como também premissas de restrição na transferência dos dados.[441] Já o segundo modelo define limites condicionais ao fluxo de dados que circulam nos países – tanto os receptores, quanto os cedentes – nos papéis de agentes de tratamento.

Essas medidas acima discorridas, encaradas como um refreamento ao fluxo de dados entre fronteiras, impõem barreiras e chegam a complicar o desenvolvimento da transferência de tecnologia, o que, como certos autores defendem, posiciona as empresas estrangeiras em um espaço de pouco estímulo de competitividade, devido à existência

---

[439] FERRACANE, M. *Restrictions on cross-border data flows*: a taxonomy. ECIPE – Working Paper, 2017, p. 3.

[440] ANTONIALLI, D. M. Privacy and international compliance: When differences become an issue. *In*: AAAI SPRING SYMPOSIUM SERIES. [s.n.], 2010, p. 13-14. Disponível em: https://www.aaai.org/ocs/index.php/SSS/SSS10/paper/view/1165/1470. Acesso em: 10 jan. 2022.

[441] FERRACANE, 2017, *op. cit.* p. 4.

de medidas protecionistas que restringem a interação no comércio internacional.[442]

Portanto, a classificação supracitada institui normas restritas de localização dos dados em território nacional até regramentos positivados em lei, que inviabilizam ou dificultam o compartilhamento internacional de dados.[443]

Umas das primeiras restrições que cabe ser mencionada são as condições de retenção local dos dados – consistente na possibilidade de transporte e armazenamento de dados internacionalmente – condicionando-o ao armazenamento ou cópia na jurisdição local. Ocorre com isso uma imposição à existência de cópia dos dados em área nacional, a fim de viabilizar a transferência internacional.[444]

Outra limitação que cumpre ser referenciada são as condições de armazenamento e processamento local de dados, que, conforme já anteriormente mencionado, as empresas possuem a obrigatoriedade de tratar os dados que manuseiam em *data centers* situados dentro do país. Ou seja, as partes integrantes das transações comerciais internacionais de transferência de *know-how* têm o tratamento de seus dados condicionados a um armazenamento dentro das jurisdições participantes.[445]

Dessa maneira, é possível constatar que, diante dessa perspectiva, não existe nenhuma proibição em transferir dados de forma extrafronteiriça. Um grande exemplo disso é o que se desenvolveu na inovação do art. 18º, §5º, da lei de proteção de dados russa, tendo em vista que ela estabeleceu que o "armazenamento, sistematização, alteração, atualização, acumulação e recuperação dos dados"[446] fossem efetuados em

---

[442] CORY, N. *Cross-border data flows*: Where are the barriers, and what do they cost? [S.l.], 2017. Disponível em: https://itif.org/publications/2017/05/01/cross-border-data-flows-where-are-barriers-and-what-do-they-cost. Acesso em: 03 mar. 2022.

[443] BFDI. *Safe Harbor Nachfolgeerklärung, Privacy Shield muss gründlich geprüft werden*. 2016. Disponível em: https://www.bfdi.bund.de/SharedDocs/Publikationen/Entschliessungssammlung/Duesseldorf erKreis/290410_SafeHarbor.pdf?__blob=publicationFile. Acesso em: 13 fev. 2022.

[444] MARQUES, Fernanda Mascarenhas. *Regulação do fluxo de Dados Pessoais entre fronteiras*: os contornos e limites da decisão de adequação de países terceiros. São Paulo, 2020. Disponível em: chrome-extension://efaidnbmnnnibpcajpcglclefindmkaj/viewer.html?pdfurl=https%3A%2F%2Fbibliotecadigital.fgv.br%2Fdspace%2Fbitstream%2Fhandle%2F10438%2F29278%2FFMM.pdf%3Fsequence%3D5%26isAllowed%3Dy&clen=730444. Acesso em: 18 abr. 2022.

[445] KUNER, C. An international legal framework for data protection: issues and prospects. *Computer law & Security review*, Elsevier, v. 25, n. 4, 2009.

[446] FERRACANE, M. *Restrictions on cross-border data flows*: a taxonomy. ECIPE – Working Paper, 2017, p. 3.

data centers dentro do país pelos operadores dos dados, o que demonstra a viabilidade em manter relações internacionais.

Esse artigo abriu espaço para a viabilidade da transferência de dados para fora da Rússia dirigida aos países participantes da Convenção nº 108 da Europa, sob a condição de consentimento prévio dos titulares dos dados.

Por outro lado, alguns locais determinam restrições e, até mesmo, certas proibições no alcance do tratamento de dados que participam do processo de transferência. Essas desautorizações são as mais diversas, incluindo, inclusive, a possibilidade de fazer um *backup* – ou seja, uma duplicação da informação – além dos limites da jurisdição, o que acarreta, por conseguinte, um prejuízo a empresas que têm subsidiárias em outros países.[447] Alguns exemplos de territórios que instituem impedimentos à transferência tecnológica – com níveis gradativos e diversos – são:

> Por exemplo, a Austrália exige que nenhuma informação eletrônica pessoal de saúde seja mantida ou processada fora das fronteiras nacionais. Outro exemplo são duas províncias do Canadá (Colúmbia Britânica e Nova Escócia) que promulgaram leis que exigem informações pessoais mantidas por instituições públicas (como escolas, universidades, hospitais ou outros serviços e agências de propriedade do governo) devem permanecer no Canadá – com apenas algumas exceções limitadas.[448]

Nesse contexto, verifica-se que existem diferentes abordagens no que diz respeito a limitação fronteiriça e até onde vai a sua abrangência. Existe a realidade em que, por exemplo, é imposta uma condição aos participantes da transferência de tecnologia entre fronteiras, de necessariamente contemplar e satisfazer premissas legais capazes de validar as suas ações. A transação negocial só pode ocorrer caso os países – tanto receptor, quanto cedente – que podem estar assumindo um papel de direito privado ou de direito público, cumprirem as exigências determinadas nas leis de cada um.

---

[447] MARQUES, Fernanda Mascarenhas. *Regulação do fluxo de dados pessoais entre fronteiras:* os contornos e limites da Decisão de Adequação de países terceiros. São Paulo, 2020. Disponível em: chrome-extension://efaidnbmnnnibpcajpcglclefindmkaj/viewer. html?pdfurl=https%3A%2F%2Fbibliotecadigital.fgv.br%2Fdspace%2Fbitstream%2 Fhandle%2F10438%2F29278%2FFMM.pdf%3Fsequence%3D5%26isAllowed%3Dy &clen=730444. Acesso em: 18 abr. 2022.

[448] FERRACANE, M. *Restrictions on cross-border data flows:* a taxonomy. ECIPE – Working Paper, 2017, p. 4.

Nesse viés, é imperioso ressaltar o sistema adotado de transferência internacional de dados, por um dos blocos de maior expressividade mundial, a União Europeia:

> O regime europeu de proteção de dados é um exemplo típico de regime condicional. De acordo com a legislação europeia, as condições se aplicam ao país destinatário e à entidade responsável pela transferência. No primeiro caso, a empresa pode transferir dados para o exterior para países com um "nível adequado de proteção". No segundo caso, mesmo quando o país destinatário não é considerado adequado, os dados podem ser transferidos e tratados no exterior se o receptor cumprir determinadas condições.[449]

Observa-se que a temática da regulação dos dados entre fronteiras dispõe de nuances muito maiores do que simplesmente as contidas em regulamentações internas dos países, e que a harmonia e integração de ideias entre os países faz toda a diferença na condução do processo de transferência internacional de dados. Afinal, apenas assim se faz possível a salvaguarda de um fluxo correto e íntegro das informações que são compartilhadas.

Desse modo, para que sejam selecionados os regramentos apropriados de cada localidade, de acordo com cada circunstância da transferência de dados, deve-se levar em consideração quatro aspectos principais:

> (i) segurança contra agências de inteligência estrangeira; (ii) promoção da indústria local, uma vez que incentiva o uso de data centers localizados no país; (iii) proteção da privacidade e segurança dos titulares de dados e (iv) garantia de cumprimento de obrigações locais e de ordens de agentes responsáveis pelo enforcement de regras nacionais (caso de pedido de acesso a dados, por exemplo).[450]

Destarte, a partir do levantamento desses questionamentos, passou a surgir a forte necessidade de criar e aplicar regulamentações internacionais vinculadas à questão da limitação fronteiriça e do tratamento de dados. Assim, surgiram: "as Diretrizes para a Proteção da

---

[449] FERRACANE, 2017, *op. cit.* p. 5.

[450] SELBY, J. Data localization laws: trade barriers or legitimate responses to cybersecurity risks, or both? *International Journal of Law and Information Technology*, Oxford University Press, v. 25, n. 3, p. 213–232, 2017.

Privacidade e dos Fluxos Transfronteiriços de Dados Pessoais (Diretrizes de 1980), adotada como Recomendação pelo Conselho da OCDE, e a Convenção para a Proteção das Pessoas em relação ao Tratamento Automatizado de Dados Pessoais (Convenção 108), do Conselho da Europa, 1981"[451] – este último tendo sido o primeiro tratado internacional acerca da salvaguarda dos dados, que vinculou inúmeros países por meio de assinatura formal.

No que diz respeito às excepcionalidades ligadas ao livre fluxo de dados, as Diretrizes de 1980 surgiram como regramento basilar. Estas se encarregaram de consagrar que "os países membros devem tomar todas as medidas razoáveis e apropriadas para assegurar que os fluxos transfronteiriços de dados pessoais, incluindo o trânsito através de um país-membro, sejam ininterruptos e seguros".[452] Entre as reservas estabelecidas, determinou que os países poderiam limitar o fluxo transfronteiriço de dados, quando ocorresse algum dos seguintes casos:

(i) algum país membro ainda não tiver observado substancialmente as Diretrizes; (ii) quando a reexportação de tais dados contornar sua legislação doméstica de privacidade ou (ii) em relação a certas categorias de dados pessoais para os quais sua legislação de privacidade interna inclui regulamentações específicas, tendo em vista a natureza desses dados e para os quais o outro país membro não oferece proteção equivalente.[453]

Ainda que as Diretrizes determinassem o livre fluxo dos dados como padrão, ela ainda assim deixava brechas para que os agentes atuantes no processo de transferência de dados pudessem, de alguma forma, limitar esse fluxo, conforme se pode observar no trecho trazido

---

[451] MARQUES, Fernanda Mascarenhas. *Regulação do fluxo de Dados Pessoais entre fronteiras*: os contornos e limites da decisão de adequação de países terceiros. São Paulo, 2020. Disponível em: chrome-extension://efaidnbmnnnibpcajpcglclefindmkaj/viewer. html?pdfurl=https%3A%2F%2Fbibliotecadigital.fgv.br%2Fdspace%2Fbitstream%2 Fhandle%2F10438%2F29278%2FFMM.pdf%3Fsequence%3D5%26isAllowed%3Dy& clen=730444. Acesso em: 18 abr. 2022.

[452] *Ibidem.*

[453] "Thereare, however, exceptions to the presumption of free flow if the other member country does not substantially observe the Guidelines or if the re-export of data would circumvent domestic legislation. Restrictions may also be imposed if there is no equivalent protection for sensitive information" (OECD. As diretrizes da OCDE para empresas transnacionais e o direito do trabalho: a pessoa humana como prioridade na busca pelo desenvolvimento. OECD, 2011. *Revista do Direito Público*, Londrina, v. 9, n. 3, p. 45-70, p. 22, set./dez. 2014a).

acima. Em decorrência desse fato, já nos tempos atuais, essas regulamentações passaram a ter algumas modificações em seu escopo.

Dessarte, as ora estudadas diretrizes começaram a conjecturar a atual realidade de que o controlador – independentemente do local onde os dados venham as ser armazenados e da existência ou não de um intermediador no papel de operador – continuará sendo o responsável por esses dados. De igual maneira, essas diretrizes também passaram a definir que os países integrantes da relação comercial de transferência de dados não deveriam abalizar o fluxo de dados entre fronteiriço. A redação procurou esclarecer que "qualquer limite ao fluxo de dados deve ser proporcional ao risco apresentado e levar em consideração a sensibilidade dos dados, a finalidade e o contexto do tratamento".[454]

A proteção, por assim dizer, não está restrita a uma demarcação geográfica. Isso pode ser verificado quando se analisa o alcance de atuação de um dos agentes de tratamento, qual seja, o controlador. Este, segundo determinação da própria OCDE, continua a manter a responsabilidade sobre os dados que lhe competem, "independentemente da localização dos dados e independentemente da implementação dos mecanismos, desde que os dados estejam em seu controle".[455]

No momento em que os dados passam a ser ponderados na perspectiva transfronteiriça, detecta-se que existe uma lacuna teórica a ser preenchida no tocante à conceituação do significado da transferência de dados e de orientações mais palpáveis sobre a aplicação desta em meio ao mundo digital. Com isso, quando o objeto de uma transação negocial é uma transferência de tecnologias, é necessário equilibrar e considerar aspectos de diversos locais diferentes, para que juntos eles possam nortear o procedimento da melhor forma possível.[456]

As diretrizes criadas em 1980, de certa maneira, serviram de assento para o preparo da regulação do fluxo de dados entre as

---

[454] MARQUES, Fernanda Mascarenhas. *Regulação do fluxo de dados pessoais entre fronteiras*: os contornos e limites da decisão de adequação de países terceiros. São Paulo, 2020. Disponível em: chrome-extension://efaidnbmnnnibpcajpcglclefindmkaj/viewer. html?pdfurl=https%3A%2F%2Fbibliotecadigital.fgv.br%2Fdspace%2Fbitstream%2Fhandle%2F10438%2F29278%2FFMM.pdf%3Fsequence%3D5%26isAllowed%3Dy&clen=730444. Acesso em: 18 abr. 2022.

[455] OECD. *Cloud Computing*: The Concept, Impacts and the Role of Government Policy. Paris, 2014b. Disponível em: http://dx.doi.org/10.1787/5jxzf4lcc7f5-en. Acesso em: 10 dez. 2021, p. 30.

[456] JOHNSON, D. R.; POST, D. Law and borders: The rise of law in cyberspace. *Stanford law review*, JSTOR, p. 1367-1402, 1996. Disponível em: https://papers.ssrn.com/sol3/papers. cfm?abstract_id=535. Acesso em: 14 set. 2021.

fronteiras.[457] A maior problemática nessa produção girou em tornou especialmente da constante modificação e progresso da tecnologia, assim como também a grande dificuldade em achar um denominador comum, ou seja, um ponto de convergência entre os países, em que partes integrantes do processo não sentissem prejuízos, ainda que tivessem que ceder em alguns atributos. Ambos os pontos mencionados eram, à época, uma adversidade e permanecem ainda sendo um contratempo, tendo em vista que os assuntos se perpetuam e perduram no mesmo caminhar.

Neste momento, é significativo elencar alguns fatores que influenciaram e impulsionaram o considerável crescimento da transferência de dados extrafronteiriços, entre eles, três de grande notoriedade, decorrentes da tecnologia: a internet, "a computação em nuvem e a implementação de *cookies* (ou tecnologias similares)".[458] O trecho a seguir relata os maiores detalhes acerca desses recursos:

(i) a evolução da web (world wide web), a partir do desenvolvimento de suas funcionalidades, transformou o usuário da internet em um agente ativo nos modelos de negócio da internet, contribuindo com o aumento massivo de dados gerados e coletados por empresas no mundo online; (ii) os serviços de computação em nuvem, infraestrutura de serviço computacional sob medida, potencializou o surgimento de diferentes formas de exploração econômica pelas empresas e (iii) o modelo de coleta de dados por cookies viabilizou o marketing direcionado na internet, que contribuíram para a forma de capitalização de recursos das empresas e para criação do modelo de negócio na internet conhecido como mercado de preço zero (os dados são a contraprestação do usuário ao acesso a um serviço na internet que não exige contraprestação monetária direta).[459]

Com essa intensificação de produtos, fruto da globalização, o contrato de transferência de tecnologia ganhou mais espaço e passou a ser efetivado com maior frequência. Todas as acelerações ocorreram

---

[457] MARQUES, Fernanda Mascarenhas. *Regulação do fluxo de dados pessoais entre fronteiras:* os contornos e limites da decisão de adequação de países terceiros. São Paulo, 2020. Disponível em: chrome-extension://efaidnbmnnnibpcajpcglclefindmkaj/viewer. html?pdfurl=https%3A%2F%2Fbibliotecadigital.fgv.br%2Fdspace%2Fbitstream%2Fhandle%2F10438%2F29278%2FFMM.pdf%3Fsequence%3D5%26isAllowed%3Dy&clen=730444. Acesso em: 18 abr. 2022.

[458] *Ibidem.*

[459] SOLUM, L. B.; CHUNG, M. The layers principle: Internet achitecture and the law. *Notre Dame L. Rev.*, HeinOnline, v. 79, p. 815, 2003.

levando em conta os aspectos qualitativos dos objetos – no cenário digital –, as aplicações setoriais, a relação com a privacidade e proteção de dados, assim como a necessidade social.

Pode-se concluir aqui que a união da produção de aspectos normativos basilares da proteção de dados, com as determinações a serem previstas nos moldes contratuais internacionais, e com os avanços tecnológicos, foram precursores da intensificação do fluxo de dados pessoais entre fronteiras.

Observa-se que a metamorfose das searas tecnológica e digital aumentou a necessidade e incrementou a forma como os Estados buscam proteger a privacidade e proteção dos dados constantes em negociações comerciais. E assim o fazem, no que diz respeito à transferência de dados, não apenas no âmbito de sua jurisdição interna, mas em especial, conforme ora avaliado, em amplitude internacional, a países terceiros, externos à sua localidade. "Esta preocupação extraterritorial se dá muito por conta da facilidade do fluxo dos dados entre fronteiras, o qual passou a ocorrer de forma célere (quase instantânea) e permitindo uma quantidade massiva de dados".[460]

5.2 Garantias de proteção de dados conforme as legislações dos países

Entre as regulamentações internacionais existentes, como já fora mencionado, assume uma posição de destaque o RGPD desenvolvido pela União Europeia. Este se tornou o grande pioneiro de todas as demais normatizações ligadas a essa temática. Nessa conjuntura, é importante relembrar os 27 (vinte e sete) países que estão sob o disciplinamento do RGPD: Alemanha, Áustria, Bélgica, Bulgária, Chipre, Croácia, Dinamarca, Eslováquia, Eslovênia, Espanha, Estônia, Finlândia, França, Grécia, Holanda, Hungria, Irlanda, Itália, Letônia, Lituânia,

---

[460] MARQUES, Fernanda Mascarenhas. *Regulação do fluxo de dados pessoais entre fronteiras:* os contornos e limites da decisão de adequação de países terceiros. São Paulo, 2020. Disponível em: chrome-extension://efaidnbmnnnibpcajpcglclefindmkaj/viewer. html?pdfurl=https%3A%2F%2Fbibliotecadigital.fgv.br%2Fdspace%2Fbitstream%2 Fhandle%2F10438%2F29278%2FFMM.pdf%3Fsequence%3D5%26isAllowed%3Dy &clen=730444. Acesso em: 18 abr. 2022.

Luxemburgo, Malta, Polônia, Portugal, República Tcheca, Romênia, Suécia.[461]

Com a entrada em vigor dessa Regulamentação, passaram a ser instituídas as orientações para a tutela das informações compartilhadas nas relações que tivessem como objeto – direto ou indireto – o tratamento de dados. E isso se estendeu, não somente intra como também extrabloco, pois as normas definidas se estendem aos vínculos firmados entre os países da União Europeia e países terceiros participantes de alguma transação negocial.

A criação do RGPD fez com que o direito doméstico possuísse uma positivação estendida de forma irrestrita e assente com requisitos para todos os países seguirem no monitoramento da custódia dos dados, assim como também consolidou o engajamento internacional com a questão.

Além disso, esta regulamentação impulsionou a criação de uma inovação, que diretamente facilitou o trâmite das relações de transferência de tecnologia: o Mercado Único Digital (DGM), que indicou "medidas cujo objetivo é melhorar as condições de competitividade na economia digital eliminando barreiras nacionais".[462]

Este mercado passou a ativamente procurar meios de conectar o máximo possível as determinações das regras dos países da União Europeia, para que as barreiras estabelecidas fossem quebradas, de modo especial as que criavam impasses ao desenvolvimento do mercado digital, como as problemáticas de tratamento de dados. Nesta questão, importa mencionar que a redação atual RGPD passou a prever o seguinte:

> A possibilidade de além do país terceiro avaliado, se reconhecer também a adequação em relação a um território ou um ou mais setor de um país terceiro ou organização internacional. Sobre isto, apesar da Diretiva não conter texto expresso possibilitando adequação referente a um setor específico, isto já veio sendo feito pela Comissão Europeia ao avaliar, na decisão de adequação, o nível de proteção referente a uma lei em específico (caso do Japão e do Canadá, por exemplo).[463]

---

[461] *Site* da União Europeia: https://european-union.europa.eu/principles-countries-history/country-profiles_pt. Acesso em: 23 abr. 2022.

[462] Fichas temáticas sobre a União Europeia: https://www.europarl.europa.eu/factsheets/pt/sheet/43/a-ubiquidade-do-mercado-unico-digital. Acesso em: 23 abr. 2022.

[463] MARQUES, Fernanda Mascarenhas. *Regulação do fluxo de dados pessoais entre fronteiras*: os contornos e limites da decisão de adequação de países terceiros. São Paulo, 2020. Disponível em: chrome-extension://efaidnbmnnnibpcajpcglclefindmkaj/

Em contraponto ao previsto na União Europeia, tem-se o regulamento em solo norte-americano. Pelo fato de os Estados Unidos da América (EUA) possuírem um regime de *common law*, não existe uma legislação federal única que é imposta a todos os Estados. Cada um tem a liberalidade de prever as suas próprias regulamentações.

Ocorre que, em decorrência da pressão global para que os países positivassem a proteção de dados pessoais por meio de uma norma que tivesse uma aplicação uniforme, os Estados Unidos construíram regulamentos setoriais, ou seja, que têm aplicações específicas, como: para a área de saúde, automotora, comercial e de menores.

Como exemplo de algumas leis federais existentes nos EUA, pode-se mencionar: o *Driver's Privacy Protection* Act (DPPA) – sobre como os departamentos automotores devem lidar com dados – o *Children's Online Privacy Protection Act* (COPPA) – que define como empresas devem lidar com informações de menores de 13 (treze) anos – o *Controlling the Assault of Non-Solicited Pornography and Marketing Act* (CAN-SPAM) – sobre regras de *e-mails* comerciais não autorizados – e o *Health Insurance Portability and Accountability Act* (HIPAA) – que garante a proteção de informações de saúde.

Já no tocante a legislações estaduais, o nível de rigidez e garantias varia bastante de estado para estado. Os considerados mais severos no quesito da proteção de dados são os estados da Califórnia e Nova York. Eis algumas dessas previsões: o *California Consumer Privacy Act* (CCPA) – acerca da salvaguarda de dados dos consumidores – e o *New York Stop Hacks and Improve Electronic Data Security Act* (NY SHIELD) – que determina uma transferência empresarial maior.[464]

Por existir uma gama de possibilidades de aplicações setoriais, o Senado dos Estados Unidos tem unido esforços no intuito de tentar implementar uma lei federal que se estenda a todos os estados, garantindo o princípio da transparência e ampliando a privacidade dos dados de todos os cidadãos norte-americanos. Esta será denominada de: *"Data Protection Act 2021"*.[465]

---

viewer.html?pdfurl=https%3A%2F%2Fbibliotecadigital.fgv.br%2Fdspace%2Fbitstream%2Fhandle%2F10438%2F29278%2FFMM.pdf%3Fsequence%3D5%26isAllowed%3Dy&clen=730444. Acesso em: 18 abr. 2022.

[464] GAFETY. Como funcionam as leis de proteção de dados nos Estados Unidos. Disponível em: https://gatefy.com/pt-br/blog/como-funcionam-leis-protecao-dados-estados-unidos/. Acesso em: 24 abr. 2022.

[465] S.2134 – Data Protection Act of 2021. Disponível em: https://www.congress.gov/bill/117th-congress/senate-bill/2134#:~:text=Introduced%20in%20Senate%20

Por conseguinte, a formulação legislativa foi ampliada com a união extraterritorial, vez que diversos países passaram a desenvolver, em conjunto, novos regramentos de privacidade e proteção de dados. Alguns destes foram, inclusive, em colaboração com grandes potências, como é o caso do Acordo Safe Harbor,[466] que juntou previsões de sistemas jurídicos completamente diferentes – a União Europeia e os Estados Unidos – e determinou a obrigatoriedade de que empresas estado-unidenses que obtivessem o acesso a dados de empresas europeias deveriam seguir o padrão de exigências determinado pela União Europeia no quesito de proteção de dados.

Em análise de outros ângulos, pode-se citar: a Suíça, com a instituição desde julho de 2020 da garantia à privacidade como direito previsto na Constituição local e antes disso com a Lei de Dados Pessoais de 1993, que já previa diversos aspectos protetivos; e o Canadá, com a Lei de Proteção de Informações Pessoais e Documentos Eletrônicos (PIPEDA), com entrada em vigor nos anos 2000, aplicável ao setor privado que atue com a manipulação de dados na seara comercial – esta passou a ser empregada em todas as organizações privadas (com influência federal ou não) apenas em 2004, e passou a cobrir todas as atividades econômicas do setor privado apenas em seu último estágio de aplicação.

De igual forma, pode-se mencionar ainda: a Argentina, que possui três grandes marcos relacionados à privacidade e proteção de dados: "a Constituição da Argentina; a Lei de proteção de dados da Argentina (*Personal Data Protection Act no 25.326*) e o Decreto no 1.558/2001";[467] Israel, que ainda que não possui uma Constituição escrita, tem algumas legislações equiparadas à validade constitucional, de acordo com determinação do Supremo Tribunal, como a Lei de Dados nº 5.741/1981 – emendada por último em 2007, tendo sido baseada nas previsões da Diretiva nº 95/46/CE – que é suplementada com as decisões internas

---

(06%2F17%2F2021)&text=This%20bill%20establishes%20the%20Data,and%20sharing%20 of%20personal%20data. Acesso em: 24 abr. 2022.

[466] GREER, Damon. Safe Harbor: a framework that works. *International Data Privacy Law*, v. 1, n. 3, 2011.

[467] MARQUES, Fernanda Mascarenhas. *Regulação do fluxo de dados pessoais entre fronteiras*: os contornos e limites da decisão de adequação de países terceiros. São Paulo, 2020. Disponível em: chrome-extension://efaidnbmnnnibpcajpcglclefindmkaj/viewer. html?pdfurl=https%3A%2F%2Fbibliotecadigital.fgv.br%2Fdspace%2Fbitstream%2Fhandle %2F10438%2F29278%2FFMM.pdf%3Fsequence%3D5%26isAllowed%3Dy&clen=730444. Acesso em: 18 abr. 2022.

do país acerca da temática; e o Uruguai, com a sua lei de proteção de dados – emendada pelo Decreto nº 414/2009 em 2009, que se encarregou de sustentar que a adaptação do sistema jurídico interno do país deveria equivaler às diretrizes impostas pelo norteador da temática de privacidade e proteção de dados: o GDPR.[468]

E não menos importante, cabe mencionar a Legislação brasileira, já discorrida e analisada nesta obra: a Lei Geral de Proteção de Dados (LGPD). Esta prevê princípios norteadores, bases legais que validam as ações de tratamento de dados, responsabilidades e sanções, entre diversas outras questões, todas elas baseadas no RGPD. Afinal de contas, essa Regulamentação modificou completamente os padrões de exigência da manipulação dos dados, mundo afora. A partir do momento de sua entrada em vigor, o tratamento de dados nunca mais foi o mesmo, modificando completamente o cenário internacional.

Cumpre ressaltar que o contrato de transferência de tecnologia não está previsto em lei no direito brasileiro, e que são aplicadas a ele as regras comuns de contratos gerais em conjunto com a analogia de normas de contrato de patente e, principalmente, com as determinações previstas na legislação de proteção de dados.

Nessa conexão de previsões, a fim de possibilitar a melhor formação do contrato de *know-how*, pode-se destacar alguns pontos principais que serão apreciados, como: aqueles que "asseguram uma maior harmonia negocial em face das diferenças existentes entre as regulações jurídicas dos países de cada uma das partes",[469] em particular, a de arbitragem internacional, que tem sido de grande auxílio nos conflitos, tornando-os mais ágeis e bem-sucedidos; assim como também as de força maior (*hardship*) – que se mostram primordiais em pactos negociais internacionais, levando em conta que, entre países diferentes, podem surgir modificações inesperadas, como exemplo das "alterações na taxa de câmbio e os atrasos em conversão de moeda".[470]

Além dos supramencionados, pode-se apontar também: a indicação do objeto do contrato – que tratará diretamente sobre o que a

---

[468] SIMÃO, Bárbara; OMS, Juliana; TORRES, Lívia. *Autoridades de proteção de dados na América Latina*: um estudo dos modelos institucionais da Argentina, Colômbia e Uruguai. São Paulo: Instituto Brasileiro de Defesa do Consumidor, 2019, p. 12.

[469] TEIXEIRA, Gabriel Couto. *Contrato internacional de transferência de tecnologia*: principais características e utilidade prática para startups. 2018. Disponível em: https://ndmadvogados. com.br/contrato-internacional-de-transferencia-de-tecnologia-principais-caracteristicas-e-utilidade-pratica-para-startups. Acesso em: 20 abr. 2022.

[470] *Ibidem*.

transação está centrada, ou seja, qual tecnologia que está sendo compartilhada; a exclusividade na exploração do objeto; a estipulação do investimento financeiro no pacto negocial – que pode englobar tanto a fixa (o que será despendido de pronto), a variável (*royalties*); e, em especial, a confidencialidade – sendo que as partes definem entre si o que poderá ou não ser divulgado,[471] com a salvaguarda no tratamento dos dados.

As diretrizes para a custódia dos dados variam bastante de acordo com o funcionamento interno de cada país, afinal, a formulação de regulamentações decorre de um conjunto de fatores sociais. Contudo, é de grande importância a busca para alcançar, ao menos uma certa intercessão entre esses regramentos internos, a fim de fincar questões basilares norteadoras de proteção.

Para tanto, deve-se levar em consideração alguns pontos, e estes foram muito bem definidos pelos pensamentos do professor de Direito Christopher Kuner[472] e reescritos com outras palavras por Fernanda Mascarenhas Marques, em sua dissertação. Veja a seguir:

> Conforme apontado ao longo deste capítulo, é possível perceber que as Diretrizes de 1980 e a Convenção 108 buscavam a harmonização de regras domésticas de proteção de dados pessoais por meio da soma da (i) padronização dos conceitos e princípios jurídicos estipulados no texto das Diretrizes e da Convenção, (ii) autorização de restrições à exportação dos dados a outros países membros em casos específicos e delimitados e (iii) garantia de proteção do nível adequado nos casos de países não signatários.[473]

Este empenho em delimitar certo nível de concordância entre as positivações de cada nação é estabelecido precipuamente para determinar as mesmas prerrogativas de tratamento de dados em todas as relações interinformativas.

---

[471] *Ibidem.*

[472] Dr. Christopher Kuner é Conselheiro de Privacidade Sênior no escritório de Bruxelas de Wilson Sonsini Goodrich & Rosati, onde sua prática se concentra em proteção de dados e conformidade de privacidade europeias e internacionais.

[473] MARQUES, Fernanda Mascarenhas. *Regulação do fluxo de dados pessoais entre fronteiras:* os contornos e limites da decisão de adequação de países terceiros. São Paulo, 2020. Disponível em: chrome-extension://efaidnbmnnnibpcajpcglclefindmkaj/viewer. html?pdfurl=https%3A%2F%2Fbibliotecadigital.fgv.br%2Fdspace%2Fbitstream%2Fhandle %2F10438%2F29278%2FFMM.pdf%3Fsequence%3D5%26isAllowed%3Dy&clen=730444. Acesso em: 18 abr. 2022.

Outra finalidade para tanto esforço de cooperação internacional está ligada a uma conceituação de ordem empresarial, qual seja: o paraíso fiscal. Este, que é tido como "países ou dependências com tributação favorecida e regimes fiscais privilegiados",[474] pode ser aplicado ao cenário de proteção de dados, isso, pois, quando uma transação negocial é estabelecida, sempre se busca os melhores benefícios e isso inclui questões financeiras e também jurídicas.

Desse modo, em situações relacionadas ao tratamento de dados, caso existam países com menos entraves legais relacionados a essa questão, com certeza, em negociações de transferência de tecnologia, por exemplo, serão priorizados, o que iria interferir na garantia da livre concorrência.[475] Ou seja, a padronização de regulamentações de privacidade e proteção de dados, não somente "contribui para facilitação do fluxo de dados entre fronteiras, mas também contribui para se evitar lacunas na proteção dos dados entre jurisdições".[476]

Nesse diapasão, cumpre ressaltar que, para que a perspectiva de harmonização das regras de proteção de dados seja sequer considerada, deve-se levar em conta a realidade de cada local, para que assim sejam respeitadas certas limitações e necessidades.

Uma das portas de entrada para a questão acima apontada efetivamente ocorrer é o acordo que pode ser estabelecido e formalizado entre países por meio de convenções. Estas acontecem por debates entre as nações, que são intermediados por Organizações Internacionais, tais como a ONU e a UNESCO. Um exemplo deste seria o Acordo Geral sobre Comércio de Serviços (GATS).[477]

Outras possíveis aberturas para concretizar a harmonização seriam:

---

[474] MALAR, João Pedro. *Paraíso fiscal, offshore*: entenda os termos e suas questões jurídicas. 2021. Disponível em: https://www.cnnbrasil.com.br/business/paraiso-fiscal-offshore-entenda-os-termos-e-suas-questoes-juridicas/#:~:text=O%20termo%20para%C3%ADso%20fiscal%20%C3%A9,de%20tributa%C3%A7%C3%A3o%20inferior%20a%2020%25. Acesso em: 23 abr. 2022.

[475] CONSTITUIÇÃO FEDERAL. Artigo 170, inciso IV.

[476] KUNER, C. An international legal framework for data protection: Issues and prospects. *Computer law & Security review*, Elsevier, v. 25, n. 4, 2009.

[477] MARQUES, Fernanda Mascarenhas. *Regulação do fluxo de dados pessoais entre fronteiras*: os contornos e limites da decisão de adequação de países terceiros. São Paulo, p. 40. 2020. Disponível em: chrome-extension://efaidnbmnnnibpcajpcglclefindmkaj/viewer.html?pdfurl=https%3A%2F%2Fbibliotecadigital.fgv.br%2Fdspace%2Fbitstream%2Fhandle%2F10438%2F29278%2FFMM.pdf%3Fsequence%3D5%26isAllowed%3Dy&clen=730444. Acesso em: 18 abr. 2022.

CAPÍTULO 5
OS IMPACTOS DE PROTEÇÃO DE DADOS NOS CONTRATOS INTERNACIONAIS DE *KNOW-HOW* | 185

(ii) convenções regionais e tratados, como é o caso dos padrões de proteção de dados estipulados pelos países membros da APEC e a já mencionada Convenção 108; (iii) lei-modelo (model laws); (iv) padrões técnicos não vinculativos; (v) diretrizes internacionais recomendações e códigos de conduta; (vi) políticas de padrões não vinculativos; (vi) guias legislativos e instrumentos para o setor privado.[478]

Entretanto, é óbvio que existem obstáculos que devem ser enfrentados na tentativa de estabelecer essa conexão de regramentos de proteção de dados entre os países. Entre elas, pode-se mencionar: a limitação da participação ativa de países nas organizações internacionais e o afunilamento na discussão de temáticas relevantes, o que faz com que, por vezes, não exista espaço suficiente para debater um tema amplo como a privacidade e proteção de dados.

Devido a todas essas grandes diferenças entre as legislações de cada país e as problemáticas enfrentadas, é normal que seja estabelecido um embate quanto à escolha da lei aplicável aos contratos internacionais de transferência de tecnologia. Isso acontece tendo em vista que o objeto desse tipo contratual é o próprio compartilhamento de dados e o fato de que envolve partes de locais diversos, assim com aplicações legislativas igualmente diferentes.

Para que exista uma solução para essa adversidade, deve-se pesar o previsto pelo Direito Internacional Privado. Seguindo esse pensamento, pode-se mencionar o que refere Cesar Flores: "havendo escolha da lei aplicável nos contratos de know-how, utiliza-se a lei do fornecedor da tecnologia, visto que os países receptores não costumam possuir leis claras ou desenvolvidas que respeitem as regras de propriedade intelectual".[479]

Contudo, enquanto não existir uma técnica formalmente determinada como modelo geral para qualquer caso de embate legal em questões de aplicação de regulamentações de proteção de dados, a melhor estratégia a ser seguida é a possibilidade de resolução por meio de arbitragem internacional, "por razões de celeridade, confiabilidade

---

[478] KUNER, C. An international legal framework for data protection: issues and prospects. *Computer law & Security review*, Elsevier, v. 25, n. 4, 2009.

[479] FLORES, Cesar. *Segredo industrial e o know-how*: aspectos jurídicos internacionais. Rio de Janeiro: Lumen Juris, 2008, p. 159-160.

na aplicação da lei de determinado país, bem como devido à qualificação técnica dos árbitros".[480]

5.3 Da incidência da proteção de dados nos contratos internacionais de transferência de tecnologia (*know-how*) e suas repercussões

O fato de as relações negociais internacionais que têm como objeto a transferência de tecnologia envolverem o compartilhamento entre as partes de informações estratégicas e privilegiadas que, caso tenham o seu sigilo violado, causará grandes danos à transação, assim como também violará a salvaguarda previamente estabelecida sobre a propriedade intelectual, demonstra o quão importante se faz a existência de Regulamentações de Privacidade e Proteção de Dados. Estas têm um impacto direto sobre a condução do mercado internacional e a livre concorrência nesse tipo contratual, tendo em vista que as predisposições dessas positivações determinam diretrizes-bases sobre o tratamento dos dados transferidos.

Neste cenário, os contratos de *know-how* são estruturados em cima das normativas de proteção de dados, em especial a precursora de toda a evolução nesta matéria, a regulamentação da União Europeia, o RGPD. Esta acaba servindo, em ocasiões de conflito legal entre países, como ponto norteador e decisório.

Cabe ressaltar que, de regra, esse tipo contratual inicia o seu processo de formação baseado em acordos de confidencialidade:

> Serão negociados e firmados diretamente pela Coordenação de Inovação Tecnológica – CIT, através de seu Núcleo de Propriedade Intelectual e Patentes – NPIP, e terão como objeto a proteção de informações sensíveis, sujeitas a sigilo, em negociações preliminares de convênios, termos ou acordo de parceria, cessão, transferência ou licenciamento de tecnologia, acordos de divisão de resultados, participação conjunta em edital, contrato ou convênio.[481]

---

[480] *Ibidem*, p. 230.

[481] GUIA de orientação sobre: Transferência de tecnologia: licenciamento, transferência ou cessão de direitos. Universidade Federal de Pelotas. Coordenação de Inovação Tecnológica, Pró-reitora de Pesquisa, Pós Graduação e Inovação. Versão 1.0 de 21/12/2018, p. 7. Disponível em: file:///C:/Users/Talitha/Documents/Mestrado/UFPE/PROJETO%20UFPE/CONTRATOS%20 DE%20TRANSFERENCIA%20DE%20TEC.pdf. Acesso em: 25 abr. 2022.

A tecnologia, inserida no espectro das obras intelectuais, tem inúmeras questões sigilosas que devem ser protegidas, inicialmente pelo instituto da propriedade intelectual, mas também pelos aspectos jurídicos interconectados, como é o caso da proteção de dados.[482] E é por isso que a ora estudada Regulamentação Geral de Proteção de Dados tem uma concatenação tão grande com esta espécie de contrato, pois:

> As relações jurídicas envolvendo a tecnologia encontram-se disciplinadas por regras e princípios que buscam regulamentar sua criação e exploração. Em virtude do próprio fenômeno da globalização, essas relações jurídicas podem ocorrer não só no panorama nacional (circunscrita às fronteiras do Estado), mas também (e cada vez mais) internacional (quando desbordam dos limites estatais).

A necessidade de regulamentar o contrato de transferência de tecnologia com base nas legislações de proteção de dados se tornou tão intrínseca quanto a própria essência deste, pois relaciona diretamente o estímulo do mercado internacional e a garantia da segurança das transações – tanto no aspecto do objeto, quanto das informações das partes envolvidas.

Tendo em vista que a transferência de tecnologia é, conforme já discorrido, e de forma geral, "um conjunto de atividades e processos por meio do qual uma tecnologia é passada de um usuário para outro",[483] indispensável que estas operações ocorram de forma estruturada e planejada, abarcando a formalização dos aspectos negociais e jurídicos.

No cenário em que essas transações de compartilhamento de tecnologias se estendem para além das fronteiras de um país e abarcam um nível transnacional, é crucial que a parte jurídica seja seguida à risca, afinal, ela é a responsável pela organização regulamentada da relação e faz com que exista segurança na troca de informações.

Nesse momento o foco é voltado ao Regulamento Geral de Proteção de Dados. Ante todo o exposto acerca da legislação, além do seu peso como pioneira ao estímulo para o crescimento significativo

---

[482] WACHOWICZ, M. Desenvolvimento econômico e tecnologia da informação. *In*: BARRAL, Welber. PIMENTEL, Luiz Otávio (org.). *Propriedade intelectual e desenvolvimento*. Florianópolis: Fundação Boiteux, 2006, p. 71/102.

[483] BESSANT, J.; RUSH, H. Government support of manufacturing innovation: two country level case study. *IEEE Transactions of Engineering Management*, v. 40, n. 1, p. 79-91, Feb. 1993. Disponível em: https://ieeexplore.ieee.org/document/206655?arnumber=206655. Acesso em: 27 abr. 2022.

do ramo de segurança de dados, ela é basilar no tocante às diretrizes para a transferência de dados em âmbito internacional.

A proteção prevista no RGPD relacionada à proteção dos dados pessoais que estão ligados, de certa forma, com a União Europeia, vai além das relações interfronteiriças, ou seja, não depende da localidade desses dados, mas sim a quem eles pertencem. Ou seja, nas relações que envolvam países "terceiros" todas as previsões acerca da transferência de dados serão igualmente aplicadas.

Por países terceiros, entende-se o que fica implícito nas determinações dos RGPD: aqueles que não fazem parte do bloco da União Europeia, assim como também os países que integralizam o Espaço Econômico Europeu (EEE).

Essa regulamentação prevê algumas possibilidades de transferência internacional normatizada e protegida. Entre elas, pode-se ressaltar: uma relação que possua, em um dos polos, um país que tem um nível ideal de salvaguarda dos dados em sua legislação, ou seja, que possua uma adequação legislativa equiparada ao RGPD no tocante à transferência internacional, como ocorre com a Lei Geral de Proteção de Dados, por exemplo.

Observa-se que a regulamentação europeia determina que o procedimento pode ser seguido caso, independentemente de autorização específica, a Comissão Europeia avalie o caso e determine que o país externo possui um nível de proteção adequado.

Outra alternativa conjecturada no RGPD é a possibilidade de o país terceiro garantir aos indivíduos direitos parecidos com os da União Europeia e possuir um bom sistema jurídico – a fim dele ser utilizado com eficácia caso assim seja necessário. Neste caso, deve-se observar o artigo 46 do regulamento, que direciona o foco sob as empresas participantes da relação – como acontece nos contratos de transferência de tecnologia, que "no caso de um grupo de empresas ou de grupos de empresas envolvidos numa atividade econômica conjunta, as empresas podem transferir dados pessoais com base nas chamadas 'regras vinculativas aplicáveis às empresas'". [484] [485]

---

[484] DUARTE, João. *Transferência internacional de dados – RGPD*. 2019. Disponível em: https://www.mydataprivacy.eu/blog/. Acesso em: 28 abr. 2022.

[485] RGPD – Regulamento Geral sobre Proteção de Dados. *Art. 46* – Transferência sujeita a garantias adequadas. 2021c. Disponível em: https://gdprinfo.eu/pt-pt/pt-pt-article-46. Acesso em: 27 abr. 2022.

De igual forma, é possível viabilizar uma relação de transferência internacional de tecnologia, por meio da existência de "disposições contratuais com destinatários dos dados pessoais, utilizando, por exemplo, cláusulas-tipo de proteção de dados adotadas pela Comissão Europeia",[486] assim como também, caso a outra parte integrante da relação assuma o compromisso de "aplicar as garantias adequadas para proteger os dados transferidos".[487]

É oportunizada, ainda, a autorização do pacto contratual de transferência de dados que não possua nenhum dos requisitos apontados, caso ambas as partes componentes do vínculo estabelecido estejam cientes de todos os riscos e ainda assim escolham continuar – sem prerrogativas legais garantidas – com a transação.

Isso é perfeitamente transcrito no trecho a seguir, extraído do "Grupo de Trabalho para a Proteção das Pessoas no que diz respeito ao Tratamento de Dados Pessoais", em discussão sobre o art. 29 da Diretiva de Proteção de Dados – Diretiva nº 95/46/CE – o WP29:

> Com relação à transferência internacional de dados, a Regulação requer "consentimento expresso" no lugar de "consentimento inequívoco". De acordo com a Regulação, o consentimento inequívoco permite que o titular dos dados informar o seu desejo em autorizar o processamento dos seus dados por meio de uma declaração ou uma ação afirmativa, como um comportamento. O consentimento expresso requer que o titular dos dados "responda ativamente a uma pergunta, oralmente ou por escrito".[488]

Insta salientar que o WP29 é descrito como um órgão consultivo que foi instaurado com as missões de discutir sobre a matéria de proteção de dados e era formado por representações da Autoridade de Proteção de Dados de cada Estado-membro da UE e a Comissão Europeia.[489]

Outra inovação que o RGPD traz em suas previsões é a possibilidade da autorização de transferência de dados para países terceiros, por meio de "selos, certificações, desde que instrumentos jurídicos

---

[486] DUARTE, *op. cit.*

[487] *Ibidem.*

[488] Article 29 Working Party. Disponível em: https://edpb.europa.eu/about-edpb/more-about-edpb/article-29-working-party_en. Acesso em: 28 abr. 2022.

[489] Grupo de Trabalho do Artigo 29. Disponível em: https://pt.wikipedia.org/wiki/Grupo_de_Trabalho_do_Artigo_29.%C2%BA. Acesso em: 28 abr. 2022.

vinculativos e aplicáveis sejam acordados com o responsável pelo processamento de dados visando garantir proteções apropriadas".[490] Além dessas possibilidades, existem anuências singulares aplicadas à transferência internacional. Estas são:

> (i) consentimento explícito do titular à transferência, informado dos possíveis riscos; (ii) quando a transferência for necessária execução de contrato entre o titular dos dados e o responsável pelo tratamento ou de diligências prévias à formação do contrato, a pedido do titular; (iii) quando a transferência for necessária por importante por razões de interesse público; (iv) quando necessária para o estabelecimento, exercício ou defesa de reivindicações legais (*legal claims*); e (v) quando necessária para proteger interesses vitais do titular dos dados ou de terceiros.[491]

No que se refere aos contratos de transferência de tecnologia, leva-se em consideração não apenas todo o exposto acima, mas também quesitos atrelados diretamente às regras vinculativas aplicáveis às empresas, tendo em vista que, na maioria esmagadora das vezes, as negociações que envolvem o objeto desse tipo contratual estão ligadas a empresas transnacionais – que possuem o intelecto e o capital para investir no desenvolvimento tecnológico.

Esses regramentos estão previstos de forma expressa no RGPD, em seu artigo 47:

> (...) A autoridade de controle competente aprova regras vinculativas aplicáveis às empresas, que devem:
> a) Ser juridicamente vinculativas e aplicáveis a todas as entidades em causa do grupo empresarial ou do grupo de empresas envolvidas numa atividade económica conjunta, incluindo os seus funcionários, as quais deverão assegurar o seu cumprimento;
> b) Conferir expressamente aos titulares dos dados direitos oponíveis relativamente ao tratamento dos seus dados pessoais (...).[492]

---

[490] RGPD – Regulamento Geral sobre Proteção de Dados. *Art. 42* – Transferência sujeita a garantias adequadas. 2021d. Disponível em: https://gdprinfo.eu/pt-pt/pt-pt-article-46. Acesso em: 27 abr. 2022.

[491] ZAPPELINI, Thaís Duarte. *Guia de proteção de dados pessoais – transferência internacional*. Versão 1.0. out. 2020, p. 41. Disponível em: chrome-extension://efaidnbmnnnibpcajpcglclefindmkaj/ https://portal.fgv.br/sites/portal.fgv.br/files/transferencia_internacional.pdf. Acesso em: 28 abr. 2022.

[492] RGPD – Regulamento Geral sobre Proteção de Dados. *Art. 47* – Transferência sujeita a garantias adequadas. 2021b. Disponível em: https://gdprinfo.eu/pt-pt/pt-pt-article-46. Acesso em: 27 abr. 2022.

Nessas regras, observam-se, com relação às empresas, algumas questões, tais como:

a) A estrutura e os contatos do grupo empresarial ou do grupo de empresas envolvidas numa atividade económica conjunta e de cada uma das entidades que o compõe;
b) As transferências ou conjunto de transferências de dados, incluindo as categorias de dados pessoais, o tipo de tratamento e suas finalidades, o tipo de titulares de dados afetados e a identificação do país ou países terceiros em questão;
c) O seu caráter juridicamente vinculativo, a nível interno e externo;
d) A aplicação dos princípios gerais de proteção de dados, nomeadamente a limitação das finalidades, a minimização dos dados, a limitação dos prazos de conservação, a qualidade dos dados, a proteção dos dados desde a concessão e por defeito, o fundamento jurídico para o tratamento, o tratamento de categorias especiais de dados pessoais, as medidas de garantia da segurança dos dados e os requisitos aplicáveis a transferências posteriores para organismos não abrangidos pelas regras vinculativas aplicáveis às empresas (...).[493]

A fim de possibilitar a maior quantidade de negociações possível, o grande objetivo internacional é conseguir nivelar os aspectos administrativos e jurídicos do compartilhamento de dados, para que os contratos de transferência tecnológica possam ter pertinência no resguarde da propriedade intelectual e na segurança em transmitir informações.

Isso se torna uma prioridade, pois, uma vez que existem países desenvolvidos e países em desenvolvimento, como transmissores e receptores na relação de um pacto contratual de *know-how*, é crucial que exista o entendimento de como se enquadrar as determinações do RGPD, que se tornou o norteador dessas relações por suas previsões específicas.[494]

A privacidade, a título de exemplo, assumiu uma posição de respeito e garantia, antes inimaginável. A partir da repercussão mundial do RGPD, esse direito da personalidade passou a ser visto como

---

[493] RGPD – Regulamento Geral sobre Proteção de Dados. *Art. 47* – Transferência sujeita a garantias adequadas. 2021b. Disponível em: https://gdprinfo.eu/pt-pt/pt-pt-article-46. Acesso em: 27 abr. 2022.

[494] CORRÊA, Caetano Dias; BARBORA, Patrícia Loureiro Abreu Alves. Transferência de tecnologia em contratos internacionais de fornecimento – desenvolvimento a indústria local. *Caderno do Programa de Pós Graduação em Direito PPGDir*, UFRGS, Edição Digital, Porto Alegre, v. XII, n. 2, 2017.

um direito à autodeterminação informativa "no que tange à existência de bancos de dados e utilização de informações",[495] e assim, mudou o cenário do mercado internacional.

A importância em compreender o impacto gerado pelo regulamento europeu nos contratos de transferência de tecnologia ocorre pelo fato de que, no comércio internacional, existem garantias específicas para segmentos específicos de atuação, como definido nesta afirmação: "as garantias estão diretamente subordinadas à especialização das atividades negociais às quais se vinculam, pois o caráter setorial das transações internacionais impõe uma tipologia das garantias".[496]

No contrato de transferência de tecnologia, o fato de um dos principais fatores de seu cerne estar conectado com o sigilo faz com que a relação com a regulamentação de proteção de dados se torne tão congênere.

O RGPD estabelece mecanismos claros de como preservar o sigilo das informações compartilhadas e define preceitos claros que devem ser seguidos nas circunstâncias relacionadas ao objeto do tipo contratual ora estudado, qual seja, a transferência de tecnologia.

Assim, o contrato de *know-how*, sendo "todo conhecimento de natureza industrial que contribua para o desenvolvimento tecnológico e de produção de uma empresa",[497] utiliza-se das padronizações efetivadas pelo RGPD, para proteger o sigilo das informações em sentido amplo, ou seja, para proteger o seu bem imaterial (o conhecimento que é compartilhado), tendo em vista que quanto mais restrita a informação mais valiosa será.

---

[495] SILVA, Lucas Gonçalves da; MELO, Bricio Luis da Anunciação. A Lei Geral de Proteção de Dados como instrumento de concretização da autonomia privada em um mundo cada vez mais tecnológico. *Revista Jurídica – UNICURITIBA*, v. 03, n. 56, Curitiba, p. 356, 2019. DOI: 10.6084/m9.figshare.9795164. Disponível em: file:///C:/Users/Talitha/Documents/Mestrado/UFPE/PROJETO%20UFPE/Prote%C3%A7%C3%A3o%20de%20dados%20como%20 instrumento.pdf. Acesso em: 22 jan. 2022.

[496] VENTURA, Carla A. Arena. Da negociação à formação dos contratos internacionais do comércio: especificidades do contrato de compra e venda internacional. *Revista Eletrônica de Direito Internacional*, v. 6, 2010. ISSN 1981-9439. Disponível em: chrome-extension://efaidnbmnnnibpcajpcglclefindmkaj/viewer.html?pdfurl=http%3A%2F%2Fwww.eerp.usp.br%2Fmedia%2Fwcms%2Ffiles%2Fcarla_ventura.pdf&clen=272042&chunk=true. Acesso em: 27 ago. p. 100. 2021.

[497] FLORES, Cesar. *Segredo industrial e o know-how*: aspectos jurídicos internacionais. Rio de Janeiro: Lumen Juris, 2008, p. 309.

CONCLUSÃO

Conforme apontado ao longo desta obra, o fato é que informações são rapidamente trocadas e dados facilmente compartilhados, em decorrência direta da evolução da tecnologia. A transformação digital aumentou de maneira considerável a preocupação pela custódia da privacidade dos dados tendo em vista que estes são âmago do desenvolvimento técnico e científico.

Com isso, a garantia da privacidade e salvaguarda dos dados tomou uma proporção gigantesca, vez que o cerne das relações atreladas à tecnologia sempre são as informações que são compartilhadas. Por certo, as previsões jurídicas internas relacionadas a essa seara são aplicadas com facilidade. Contudo, no que diz respeito às transações internacionais que envolvem transferência de dados, deve-se buscar um denominador comum.

Ante este cenário, a normatização de diretrizes que regulassem a proteção de dados começou a se tornar algo não apenas importante, como crucial para o funcionamento das relações internacionais. O mundo jurídico teve uma alteração significativa a partir da entrada em vigor do Regulamento Geral de Proteção de Dados da União Europeia, que mudou o tom de como a salvaguarda das informações deveria ser encarada.

Essa regulamentação veio à tona com todo o seu vigor por meio de sua grande eficácia extraterritorial, afinal, para fins de aplicação, acontece uma extensão a todo o mundo, vez que é sempre o ponto resolutivo. Dessa forma, o RGPD passou a ser tido como o precursor e norteador das regras de proteção de dados, e assim, é empregado em relações negociais internacionais, a fim de administrar as operações com uma base principiológica e determinante sobre o tratamento dos dados.

Ainda que seja empregado em qualquer empresa que colete dados pessoais localizados na UE, que de alguma forma desempenhe serviços ou forneça produtos para membros da EU, ou que trate dados que estejam localizados no território europeu, o RGPD atua também de forma bem mais ampla, pois quando o conflito normativo internacional for estabelecido na seara de defesa dos dados, ele terá os seus preceitos como pontos decisivos.

Essa mencionada amplitude extraterritorial do RGPD está intimamente conectada com a modalidade do contrato de transferência de tecnologias em particular pelo transcurso de intenso fluxo dos dados entre fronteiras. A partir da existência dessa regulamentação, a trajetória da transferência de dados passou a ser muito mais estrutural, viabilizando uma interlocução internacional de uma grande quantidade de dados, de forma segura e organizada. Na atualidade do mundo de globalização em que se vive hoje, compreender o alcance de contratos que tenham como objetivo precípuo a transferência tecnológica e como ela deve ser estabelecida é essencial.

Desse modo, as relações cosmopolitas que envolvem uma transferência de tecnologia, não apenas são hoje reguladas por uma estruturação operacional, com a aplicação de cláusulas contratuais específicas e de extrema importância, como a cláusula de sigilo, mas também pelas disposições legais previstas em regulações de proteção de dados.

Por este ângulo, o RGPD vem, cada vez mais, definindo padrões relacionados à privacidade e proteção de dados, o que acaba fazendo com que, direta ou indiretamente – por seu regulamento ou normas derivadas pelos diversos sistemas jurídicos – as suas orientações sejam aplicadas. Isso porque as exigências em relação às atividades de tratamento de dados dessa regulamentação têm se preocupado cada vez menos com as fronteiras, por virtude de seu fortalecimento.

É claro que nem sempre as determinações trarão facilidades quando o objetivo é aumentar a segurança de um processo. Ainda que haja vários benefícios aos contratos de *know-how*, que derivam da existência do RGPD, no mesmo sentido, ocorre a imposição de algumas restrições ou barreiras, que influenciam no comércio internacional, vez que os que não tiverem a disposição de encarar os regramentos, não prosseguirão com as transações.

A regulamentação é bastante protecionista, com regras firmes acerca do tratamento de dados, como exemplo de requisitos para que se torne exequível a transferência, mas sempre primordialmente asseverando a cautela pela segurança e privacidade dos dados envolvidos.

Resta claro que existem sim impactos derivados da existência do Regulamento Geral de Proteção de Dados europeu nos contratos internacionais de transferência de tecnologia. Afinal, este serve como "centro de gerenciamento", da administração dos dados pessoais, pois ainda que cada país possa adotar os seus padrões de proteção, este garante uma compatibilidade de escala mundial, diminuindo de forma expressiva a restrição do fluxo de dados entre fronteiras.

É importante mencionar que não se exclui a necessidade de tentar, em algum momento, por meio da condução do RGPD, conseguir estabelecer algum grau de harmonização entre legislações internas de cada país, para que os direitos, princípios e garantias de proteção de dados pessoais passem a ser praticamente os mesmos.

Dessa maneira, com a norma reguladora dos dados, a União Europeia tentou lograr êxito em uma uniformidade, ao menos relativa, dos arquétipos de proteção de dados mundo afora, e este contexto foi imergido na realidade das negociações, como acontece nos pactos que estabelecem uma troca de *know-how*.

Em síntese, é possível concluir que o Regulamento Geral de Proteção de Dados tem uma intervenção direta na forma como hoje os setores da economia, o mercado internacional e as relações negociais são conduzidos. Por isso, os contratos de transferência de tecnologia são impactados diretamente por essa regulamentação, afinal, as suas transações negociais dependem de forma inerente do tratamento de dados, que sofreu grandes modificações após a entrada em vigor do RGPD e hoje é conduzido por seus preceitos.

REFERÊNCIAS

ABPI – Associação Brasileira da Propriedade Intelectual. *O que é propriedade intelectual?* Disponível em: https://abpi.org.br/blog/o-que-e-propriedade-intelectual/. Acesso em: 20 set. 2021.

ACIOLI, Catarine Gonçalves. A proteção dos dados dos consumidores: reflexão sobre caminhos para sua efetividade no Brasil. *Revista Direito & Justiça*, Porto Alegre, v. 38, n. 2, p. 132-140, jul./dez. 2012. Disponível em: http://revistaseletronicas.pucrs.br/ojs/index.php/fadir/article/view/12540/8406. Acesso em: 20 out. 2021.

ALEXY, Robert. *Teoria de los Derechos Fundamentales*. Madri: Centro de Estúdios Políticos y Constitucionales, 2001.

AMARAL, A. C. R. *Direito do Comércio Internacional*. Aspectos Fundamentais. São Paulo: Aduaneiras, 2004.

AMARAL, Francisco. *Direito civil* – introdução. São Paulo: Saraiva, 2017.

ANTONIALLI, D. M. Privacy and international compliance: When differences become an issue. *In*: AAAI SPRING SYMPOSIUM SERIES. [s.n.], 2010. p. 13-14. Disponível em: https://www.aaai.org/ocs/index.php/SSS/SSS10/paper/view/1165/1470. Acesso em: 10 jan. 2022.

AQUINO, Leonardo Gomes. *São espécies ou modalidades de contratos de know-how*. 2017. Disponível em: http://estadodedireito.com.br/sao-especies-ou-modalidades-de-contratos-de-know-how/. Acesso em: 20 nov. 2021.

ARAÚJO, N. *Direito Internacional Privado*. Rio de Janeiro: Renovar, 2004.

ARAÚJO, N. *Direito internacional privado*: Teoria e Prática Brasileira. 6. ed. Porto Alegre: Revolução e-Book, 2016. Versão e-Book.

ARGENTINA. *Código Civil y Comercial de La Nación*, de 07 de octobre de 2014. Apruébase el Código Civil y Comercial de la Nación. Buenos Aires, 2014. Disponível em: http://servicios.infoleg.gob.ar/infolegInternet/anexos/235000-239999/235975/texact.htm. Acesso em: 09 fev. 2022.

ASLAM, Aqib; EUGSTER, Johannes; HO, Giang. *A globalização ajuda a disseminar o conhecimento e a tecnologia através das fronteiras*. Porto Alegre: International monetary fund., 2018. Disponível em: https://www.imf.org/external/lang/portuguese/np/blog/2018/040918pa.pdf. Acesso em: 19 maio 2021.

ÁVILA, Humberto. *Teoria dos princípios*: da definição à aplicação dos princípios jurídicos. Uberlândia, MG: Malheiros, jan. 2021. p. 157-185.

ÁVILA, Jorge de Paula Costa; TARDELLI, Ademir; NEVES, Breno Bello de Almeida. *A propriedade intelectual e o comércio exterior* – conhecendo oportunidades para seu negócio. Porto Alegre: Cartilha INPI. 2019. Disponível em: chromeextension:// efaidnbmnnnibpcajbpcglclefindmkaj/viewer.html?pdfurl=https%3A%2F%2Fwww.gov. br%2Finpi%2Fpt-br%2Fcomposicao%2Farquivos%2Fpi_e_comercio_exterior_inpi_e_apex. pdf&clen=727635&chunk=true. Acesso em: 18 nov. 2021.

BAPTISTA, Luiz Olavo. *Empresa transnacional e direito.* São Paulo: Revista dos Tribunais, 1987.

BARBIERI, José Carlos; DELAZARO, Walter. Nova regulamentação da transferência de tecnologia no Brasil. *RAE-Revista de Administração de Empresas*, v. 33, n. 3, 1993.

BARBOSA, A. L. Figueira. *Propriedade e quase propriedade no comércio de tecnologia.* Brasília: CNPq, 1981. 181p.

BARBOSA, Denis Borges. *Contratos em propriedade intelectual.* 2014. p. 337-350. Disponível em: chrome-extension://efaidnbmnnnibpcajpcglclefindmkaj/ viewer.html?pdfurl=https%3A%2F%2Fwww.dbba.com.br%2Fwp-content %2Fuploads%2Fcontratos_pi.pdf&clen=1137679&chunk=true. Acesso em: 20 nov. 2021.

BARBOSA, Denis Borges. *Da licença de know how em direito brasileiro.* 2013. Disponível em: https://www.academia.edu/4397046/. Acesso em: 20 nov. 2021.

BARBOSA, Denis Borges. *O comércio de tecnologia*: aspectos jurídicos – transferência, licença e know how. 2015. Disponível em: https://www.researchgate.net/publication/266581290_O_ Comercio_de_Tecnologia_Aspectos_Juridicos_-_Transferencia_Licenca_E_Know_How. Acesso em: 18 nov. 2021.

BARBOSA, Denis Borges. *Uma introdução à propriedade intelectual.* 2. ed. Rio de Janeiro: Lumen Iuris, 2002. v. 2.

BARBOZA, Bertiene Maria Lack. *Sistema de gestão da inovação – ISO 56002*: proposta de framework que evidencia o processo de transferência de tecnologia. 2021. Dissertação (Mestrado em Engenharia de Produção) – Universidade Tecnológica Federal do Paraná, Ponta Grossa, 2021. Disponível em: chrome-extension://efaidnbmnnnibpcajpcglclefindmkaj/ viewer.html?pdfurl=http%3A%2F%2Frepositorio.utfpr.edu.br%2Fjspui%2Fbitstream%2F1 %2F25089%2F1%2Fsistemagestaoinovacaoiso.pdf&clen=2847188. Acesso em: 03 nov. 2021.

BARRAZA, Juan Antonio Toledo. Justificaciones de politica industrial y comercial para abrogar la ley de transferência de tecnologia. *Comércio Exterior*, México (DF), v. 41, n. 11, nov. 1991.

BARRIOS, Lucas. O contrato internacional de transferência de tecnologia e o Direito da Concorrência no Brasil: análise à luz da recente jurisprudência do Cade. *RDC*, v. 2, n. 2, p. 117-143, nov. 2014. Disponível em: file:///C:/Users/Talitha/Downloads/133-Texto%20 do%20artigo-442-2-10-20150317.pdf. Acesso em: 12 out. 2021.

BARROS, Fernando Antônio Ferreira de. Os avanços da tecnologia, seus efeitos na sociedade contemporânea e repercussões no contexto brasileiro. *In*: BASSO, Maristela. *Contratos internacionais do comércio.* Porto Alegre: Livraria do advogado, 1998. p. 167-184.

BARROS, Marcelle Franco Espíndola. Contratos de transferência de tecnologia: custos de transação versus desenvolvimento. *Revista de Informação Legislativa*, ano 51, n. 204, out./dez. 2014.

BARROS, Sebastião Rego. Tecnologia é instrumento de hegemonia. *Panorama da Tecnologia*, Rio de Janeiro, ano 3, 1. tr., p. 22-26, 1989.

BARZA, Eugênia Cristina; GUIMARÃES, Marcelo Cesar. A atuação empresarial transnacional: conceito, formas de atuação, efeitos e perspectivas para a regulamentação. *Revista Acadêmica Faculdade de Direito do Recife*, v. 87, n. 2, jul./dez. 2015. Disponível em: file:///C:/Users/Talitha/Downloads/1672-5185-1-PB.pdf. Acesso em: 13 out. 2021.

BASSO, Maristela. *Contratos internacionais do comércio*: negociação, conclusão, prática. Porto Alegre: Livraria do advogado, 2002.

BECK, Ulrich. *Cos'è la globalizzazione*: rischi e prospettive della società planetaria. Roma: Carocci, 1999.

BENTO JÚNIOR, Gilberto. *Contratos de transferência de tecnologia, know how e suas variações*. 2017. Disponível em: https://comercialtrab.jusbrasil.com.br/artigos/546302618/contratos-de-transferencia-de-tecnologia-know-how-e-suas-variacoes. Acesso em: 13 mar. 2022.

BERG, Sanford V.; DUNCAN, Jerome; FRIEDMAN, Philip. *Joint venture strategies and corporate innovation*. Cambridge, Mass: Gunn & Hain Publishers Inc., 1982.

BESSANT, J.; RUSH, H. Government support of manufacturing innovation: two country level case study. *IEEE Transactions of Engineering Management*, v. 40, n. 1, p. 79-91, Feb. 1993. Disponível em: https://ieeexplore.ieee.org/document/206655?arnumber=206655. Acesso em: 27 abr. 2022.

BEZERRA, Carolina Marchiori. *Inovações tecnológicas e a complexidade do sistema econômico*. São Paulo: Cultura Acadêmica, 2010.

BFDI. *Safe Harbor Nachfolgeerklärung, Privacy Shield muss gründlich geprüft werden*. 2016. Disponível em: https://www.bfdi.bund.de/SharedDocs/Publikationen/ Entschliessungssammlung/DuesseldorferKreis/290410_SafeHarbor.pdf?__ blob=publicationFile. Acesso em: 13 fev. 2022.

BIONI, Bruno Ricardo. Compreendendo o conceito de anonimização e dado anonimizado. *Cadernos Jurídicos*, São Paulo, ano 21, n. 53, p. 191-201, jan./mar. 2020. Disponível em: chrome-extension://efaidnbmnnnibpcajpcglclefindmkaj/viewer. html?pdfurl=https%3A%2F%2Fwww.tjsp.jus.br%2Fdownload%2FFEPM%2FPublicaco es%2FCadernosJuridicos%2Fii_9anonimiza%25C3%25A7%25C3%25A3o_e_dado.pdf %3Fd%3D637250349860810398&clen=356037&chunk=true. Acesso em: 03 nov. 2021.

BIONI, Bruno Ricardo. *Proteção de dados pessoais*: a função e os limites do consentimento. Rio de Janeiro: Forense, 2019.

BLACKMER, W. Scott. *RGPD*: Getting Ready for the New EU General Data Protection Regulation. 2016. Disponível em: https://web.archive.org/web/20180514111300/https:// www.infolawgroup.com/2016/05/articles/RGPD/RGPD-getting-ready-for-the-new-eu-general-data-protection-regulation/BM. Acesso em: 10 jan. 2022.

BLUM, Renato Opice; VAINZOF, Rony; MORAES, Henrique Fabretti. *Data Protection Officer (Encarregado)*. São Paulo: Revista dos Tribunais, 2020.

BM. *Qué Hacemos*. 2022. Disponível em: https://www.bancomundial.org/es/what-we-do. Acesso em: 08 fev. 2022.

BOSSOI, Roseli Aparecida Casarini. *A proteção dos dados pessoais face às novas tecnologias*. 2017. Disponível em: http://www.publicadireito.com.br/artigos/?cod=d1aae872c07c10af. Acesso em: 7 ago. 2019.

BOZZA, Roseli de Fátima Bialeski. *Direito ao desenvolvimento na era da globalização econômica*: ordem econômica constitucional e as empresas transnacionais. 2012. Dissertação (Mestrado em Direito) – PUC/PR, Paraná, 2012.

BRANDEIS, Louis; WARREN, Samuel. The Right to Privacy. *Harvard Law Review*, v. IV, n. 5, December 15, 1980. Artigo, na sua versão eletrônica. Disponível em: http://groups.csail.mit.edu/mac/classes/6.805/articles/privacy/Privacy_brand_warr2.html. Acesso em: 20 nov. 2021.

BRASIL. *CF/88 – Constituição da República Federativa do Brasil de 1988*. Disponível em: http://www.planalto.gov.br/ccivil_03/constituicao/constituicao.htm. Acesso em: 23 set. 2021.

BRASIL. *Decreto nº 1.355*. 1994. Disponível em: chrome-extension://efaidnbmnnni bpcajpcglclefindmkaj/viewer.html?pdfurl=https%3A%2F%2Fwww.gov.br%2Finpi%2Fpt-br%2Fbackup%2Flegislacao-1%2F27-trips-portugues1.pdf&clen=143247&chunk=true. Acesso em: 04 out. 2021.

BRASIL. *Lei nº 13.019*, de 31 de julho de 2014. Disponível em: http://www.planalto.gov.br/ccivil_03/_ato2011-2014/2014/lei/l13019.htm. Acesso em: 22 set. 2021.

BRASIL. *Lei nº 13.709*, de 14 de agosto de 2018. Disponível em: https://www.planalto.gov.br/ccivil_03/_ato2015-2018/2018/lei/l13709.htm. Acesso em: Acesso em: 22 set. 2021.

BRASIL recebe aprovação da OCDE de novos instrumentos legais na área de Ciência e Tecnologia. 2020a. Disponível em: https://www.gov.br/pt-br/noticias/educacao-e-pesquisa/2020/07/brasil-recebe-aprovacao-da-ocde-de-novos-instrumentos-legais-na-area-de-ciencia-e-tecnologia. Acesso em: 01 jul. 2021.

BRASIL, *Trade Related Aspects of Intellectual Property Rights*, de 15 de abril de 1994. Incorporada na legislação brasileira pelo Decreto nº 1.355, de 30 de dezembro de 1994. Brasília, 2020b. Disponível em: chrome-extension://efaidnbmnnnibpcajpcglclefindmkaj/viewer.html?pdfurl=https%3A%2F%2Frepositorio.unb.br%2Fbitstream%2F10482%2F38 744%2F1%2F2020_LeonaraGon%25C3%25A7alveseSilvaPires.pdf&clen=1390073. Acesso em: 19 nov. 2021.

BREMER, Henrique Carraro; GARCIA, Natanrry Reis Correia. A análise da Lei do Cadastro Positivo sob a ótica da LGPD. Ago. 2021. *Blog café com compliance*. Disponível em: https://cafe.jmlgrupo.com.br/a-analise-da-lei-do-cadastro-positivo-sob-a-otica-da-lgpd/. Acesso em: 07 fev. 2022.

BUAINAIN, A. M.; CARVALHO, S. M. P. Propriedade Intelectual em mundo globalizado. *Parcerias Estratégicas*, n. 9, p. 145-153, 2000.

BUENO, Sarah. *Incoterms*: Guia definitivo. Disponível em: https://www.fazcomex.com. br/blog/incoterms/. Acesso em: 17 mar. 2022.

CALDAS, Graça. *Política de C&T, mídia e sociedade*. 1998. Disponível em: https://www. metodista.br/revistas/revistas-ims/index.php/CSO/article/view/7877. Acesso em: 01 jul. 2021.

CAMARGO, Guilherme; FACHINETTI, Aline Fuke. *Convenção 108+*: o tratamento de proteção de dados e a relevância do tema para o Brasil. 2021. Disponível em: https:// www.conjur.com.br/2021-jul-04/opiniao-convencao-108-relevancia-protecao-dados. Acesso em: 17 dez. 2021.

CANCELIER, Mikhail Vieira de Lorenzi. O direito à privacidade hoje: perspectiva histórica e o cenário brasileiro. *Sequência*, Florianópolis, n. 76, maio/ago. 2017. Disponível em: https://doi.org/10.5007/2177-7055.2017v38n76p213. Aceso em: 20 nov. 2021.

CARVALHO, Carlos Alberto; BAHRUTH, Eliane de Britto; RIBEIRO, Fernando de Nielander. *Manual de Oslo*. Diretrizes para coleta e interpretação de dados sobre inovação. OCDE. 3. ed. 1997. Disponível em: chrome-extension://efaidnbmnnnibpcajpcglclefindmkaj/ viewer.html?pdfurl=http%3A%2F%2Fwww.finep.gov.br%2Fimages%2Fapoio-e-financiamento%2Fmanualoslo.pdf&clen=763338&chunk=true. Acesso em: 02 fev. 2022.

CARVALHO, S. M. P. Tendências focalizadas em propriedade intelectual, transferência de tecnologia e informação tecnológica no Brasil. *In*: SIMPÓSIO DE GESTÃO DA INOVAÇÃO TECNOLÓGICA, XXII. 2002. São Paulo. *Anais* [...]. Núcleo de Política e Gestão Tecnológica da Universidade de São Paulo: PGT/USP, 2002. p. 150-151.

CASELLA, P. B. Negociação e Formação de Contratos Internacionais: em direito francês e inglês. *Revista da Faculdade de Direito*, Universidade de São Paulo, v. 84, n. 84-85, p. 124-171. São Paulo, 1990; *Revista Jus Navigandi*, ISSN 1518-4862, Teresina, 2017. Disponível em: https://jus.com.br/artigos/59292/lei-aplicavel-aos-contratos-internacionais/2. Acesso em: 20 nov. 2021.

CESÁRIO, Kone Prieto Furtunato. As formas de licenciamento de marcas. *Revista de Ciências Jurídicas – UEM*, v. 7 n. 1, jan./jun. 2009.

CIDH. *Situación de los derechos humanos en Brasil en el contexto de la pandemia de COVID-19*. 2021. Disponível em: http://www.oas.org/pt/cidh/sessoes/Calendario.asp?S=180. Acesso em: 04 nov. 2021.

CIHANGIR, N. The Role of Soft Law and The Interplay Between Soft Law and Hard Law in the Context of International Human Rights. *Law & Justice Review*, ed. 14, 2017.

COELHO, Ivan Ponce. *Contrato de Transferência de Tecnologia*. 2016. Disponível em: https://ivanponcecoelho.jusbrasil.com.br/artigos/249110407/contrato-de-transferencia-de-tecnologia. Acesso em: 12 out. 2021.

COMISSÃO EUROPEIA. *A proteção de dados na EU*. 2016. Disponível em: https://ec.europa.eu/info/law/law-topic/data-protection/data-protection-eupt#:~:text=Regulamento%20Geral%20sobre%20a%20Prote%C3%A7%C3%A3o%20de%20Dados%20(RGPD)&text=Este%20regulamento%20%C3%A9%20uma%20medida,p%C3%BAblicos%20no%20mercado%20%C3%BAnico%20digital. Acesso em: 18 jan. 2021.

COMISSÃO NACIONAL DE PROTEÇÃO DE DADOS. *Convenção nº 108*. 2021. Disponível em: https://www.cnpd.pt/bin/legis/internacional/Convencao108.htm. Acesso em: 17 out. 2021.

CONSTANTINO, Ana. *Arbitragem Internacional:* projetos da UNCITRAL de uma Convenção sobre a aplicação de Acordos de liquidação e mediação e de uma Lei Modelo sobre mediação comercial internacional e Acordos de liquidação internacional resultantes da mediação. 2019. Disponível em: https://www.international-arbitration-attorney.com/pt/uncitral-drafts-for-a-convention-on-the-enforcement-of-mediation-settlement-agreements-and-for-a-model-law-on-international-commercial-mediation-and-international-settlement-agreements-resulting-from/. Acesso em: 4 maio 2022.

CONTRACTOR, Farok J. *Licensing in international strategy*: a guide for planning and negotiations. Westport, Quorum: Praeger, 1985. p. 214-223.

CORRÊA, Caetano Dias; BARBORA, Patrícia Loureiro Abreu Alves. Transferência de tecnologia em contratos internacionais de fornecimento: desenvolvimento a indústria local. *Caderno do Programa de Pós-Graduação em Direito PPGDir*, UFRGS, Edição Digital, Porto Alegre, v. XII, n. 2, 2017.

CORREA, Carlos BASSO; ESTRELLA, Ângela; FLOH, Fábio. A lei de patentes brasileira e as regras da Organização Mundial do Comércio. *Revista da ABPI*, Rio de Janeiro, n. 55, p. 37, nov./dez. 2001.

CORREA, Daniel Rocha. *Contratos de transferência de tecnologia*: controle de práticas abusivas e cláusulas restritivas. Belo Horizonte: Movimento Editorial da Faculdade de Direito da UFMG, 2005.

CORY, N. *Cross-border data flows*: Where are the barriers, and what do they cost? [S.l.], 2017. Disponível em: https://itif.org/publications/2017/05/01/cross-border-data-flows-where-are-barriers-and-what-do-they-cost. Acesso em: 03 mar. 2022.

COSTA JR., Paulo José da. *O direito de estar só*: tutela penal da intimidade. 2. ed. São Paulo: Revista dos Tribunais, 1995.

COUNCIL OF EUROPE. *Chart of signatures and ratifications of Treaty 108*. Convention for the Protection of Individuals with regard to Automatic Processing of Personal Data. ETS No. 108. 2018. Disponível em: https://www.coe.int/en/web/conventions/full-list?module=signatures-by-treaty&treatynum=108. Acesso em: 07 abr. 2022.

COUNCIL OF EUROPE. *European Treaty Series – nº 108*. Convention for the Protection of Individuals with regard to Automatic Processing of Personal Data. 1981. Disponível em: chrome-extension://efaidnbmnnnibpcajpcglclefindmkaj/viewer.html?pdfurl=https%3A%2F%2Frm.coe.int%2F1680078b37&clen=142178. Acesso em: 01 abr. 2022.

CRETELLA NETO, José. *Curso de Direito Internacional Econômico*. São Paulo: Saraiva, 2012.

CRETTELA NETO, José. *Empresas transnacional e o direito internacional*: exame do tema à luz da globalização. Rio de Janeiro: Forense, 2006.

DALAESE, Pedro. *One-stop-shop*: o novo sistema de resolução de litígios da União Europeia: o balcão único para a resolução de litígios relativos ao tratamento transfronteiriço de dados pessoais. Disponível em: https://www.jota.info/opiniao-e-analise/artigos/one-stop-shop-o-novo-sistema-de-resolucao-de-litigios-da-uniao-europeia-22012021#:~:text=O%20 One%2Dstop%2Dshop%20%C3%A9,na%20Uni%C3%A3o%20Europeia%20(UE). Acesso em: 12 jan. 2021.

DAMIAN, Terezinha. Lei aplicável aos contratos internacionais. *Revista Jus Navigandi*, Teresina, 2017. ISSN 1518-4862. Disponível em: https://jus.com.br/artigos/59292/lei-aplicavel-aos-contratos-internacionais/2. Acesso em: 20 nov. 2021.

DE CUPIS, Adriano. *Il diritto alla riservatezza*. Foro Italiano. Milão: A. Giuffrà, 1960.

DE-MATTIA, Fabio Maria. Direito da personalidade. *Enciclopédia Saraiva do direito*, v. 28, p. 155 e ss., 1979.

DIÁRIO DA REPÚBLICA ELETRÔNICO, 06 de junho de 2022. Disponível em: https://dre.pt/dre/lexionario/termo/principio-integridade-confidencialidade-tratamento-dados-pessoais. Acesso em: 1 maio 2022.

DIAS, Alexandre. *Transferência de tecnologia*. 2013. Disponível em: https://edisciplinas.usp.br/pluginfile.php/187703/mod_resource/content/1/GI%20_tt.pdf. Acesso em: 08 jul. 2021.

DIAS, Alexandre Aparecido; PORTO, Geciane Silveira. Gestão de transferência de tecnologia na Inova Unicamp. *RAC*, Rio de Janeiro, v. 17, n. 3, art. 1, p. 263-284, maio/jun. 2013.

DIAS, Alexandre Aparecido; PORTO, Geciane Silveira. Gestão de transferência de tecnologia na Inova Unicamp. 2019. Disponível em: https://www.scielo.br/pdf/rac/v17n3/a02v17n3.pdf. Acesso em: 09 jul. 2021.

DINIZ, Maria Helena. *Curso de direito civil brasileiro*. 21. ed. São Paulo: Saraiva, 2005.

DIRECTIVA 95/46/CE do Parlamento Europeu e do Conselho. *Jornal Oficial das Comunidades Europeias*, n. L 281/31. 1995. Disponível em: chrome-extension:// efaidnbmnnnibpcajpcglclefindmkaj/viewer.html?pdfurl=https%3A%2F%2Fwww.ipvc. pt%2Fwp-content%2Fuploads%2F2021%2F01%2FDirectiva-n.%25C2%25BA-95_46_CE-do-Parlamento-Europeu-e-do-Conselho-de-24-de-outubro-de-1995.pdf&clen=1139986&chunk =true. Acesso em: 02 jan. 2022.

DONDA, Daniel. *Guia prático de implementação da LGPD*. São Paulo: Labrador. 2020.

DONEDA, Danilo. A proteção dos dados pessoais como um direito fundamental. *Joaçaba*, v. 12, n. 2, p. 91-108, jul./dez. 2011. Disponível em: https://www.academia.edu/23345552/A_ prote%C3%A7%C3%A3o_dos_dados_pessoais_como_um_direito_fundamental. Acesso em: 03 fev. 2022.

DRAETTA, Ugo. *Il diritto dei contratti internazionali*. La formazione dei contratti. Padova: Cedam, 1984.

DUARTE, João. *Transferência internacional de dados – RGPD*. 2019. Disponível em: https://www.mydataprivacy.eu/blog/. Acesso em: 28 abr. 2022.

DURO, Laura Delgado. *Aspectos jurídicos do contrato de know-how*. 2018. Disponível em: https://www.pucrs.br/direito/wp-content/uploads/sites/11/2018/09/laura_duro.pdf. Acesso em: 12 out. 2021.

EMERICK, M. *Gestão tecnológica como instrumento para a promoção do desenvolvimento econômico-social*: uma proposta para a Fiocruz. 2004. 219f. Dissertação (Mestrado) – Escola Nacional de Saúde Pública da Fundação Oswaldo Cruz, Rio de Janeiro, 2004. Disponível em: http://bvssp.icict.fiocruz.br/pdf/emerickmcm.pdf. Acesso em: 02 jul. 2021.

ENCICLOPÉDIA JURÍDICA. 2000. Disponível em: http://www.enciclopedia-juridica.com/pt/d/capitis-diminutio/capitis-diminutio.htm. Acesso em: 12 out. 2021.

EUROPEAN COMMISION. *The European Union as a World Trade Partner*. European Economy Reports and Studies. Brussels, BEL, n. 3, 1997.

EVANS, A. C. European Data Protection Law. *The American Journal of Comparative Law*, v. 29, p. 580-581, 1981.

EVANS, Malcolm. *International Law*. Oxford University Press, 2010.

EXIN. *White paper*: EXIN Privacy & Data Protection Foundation and Essentials. Edição 2021. Disponível em: chrome-extension://efaidnbmnnnibpcajpcglclefindmkaj/viewer.html?pdfurl=https%3A%2F%2Fdam.exin.com%2Fapi%2F%26request%3Dasset.perma download%26id%3D3813%26type%3Dthis%26token%3Db919a584f9c26623c236268316 de989f&clen=1021424&chunk=true. Acesso em: 03 jan. 2022.

FACCHINI NETO, Eugênio; DEMOLINER, Karine Silva. Direito à privacidade e novas tecnologias: breves considerações acerca da proteção de dados pessoais no Brasil e na Europa. *Revista Internacional CONSINTER de Direito*, ano IV, n. VII, 2018. DOI: 10.19135/revista.consinter.0007.01.

FARIA, José Eduardo. *O direito na economia globalizada*. São Paulo: Malheiros, 2004.

FEENEY, Patricia. A luta por responsabilidades das empresas no âmbito das nações unidas e o futuro da agenda de *advocacy*. *Revista Internacional de Direitos Humanos*, v. 6, n. 11, São Paulo, 2009.

FERES, Marcos Vinícius Chein; TASSE, Luciana. *Transferência de tecnologia, institutos de ciência e tecnologia e saúde pública*. 2015. Disponível em: http://www.publicadireito.com.br/artigos/?cod=1abb1e1ea5f481b5. Acesso em: 06 mar. 2022.

FERNANDES, Natália Cepeda; ORNELLAS, Maria Cristina Gomes da Silva. *A importância e aplicação da cláusula de confidencialidade nos contratos de know-how*. 2014. Disponível em: chrome-extension://efaidnbmnnnibpcajpcglclefindmkaj/viewer.html?pdfurl=http%3A%2F%2Fpublicadireito.com.br%2Fartigos%2F%3Fcod%3D18464425b5cec45c&clen=255589. Acesso em: 21 nov. 2021.

FERRACANE, M. *Restrictions on cross-border data flows*: a taxonomy. ECIPE – Working Paper, 2017.

FERRARESE, Maria Rosaria. *Diritto sconfinato*. Inventiva giuridica e spazi nel mondo globale. RomaBari: Laterza, 2015. Versão e-Book.

FERRARESE, Maria Rosaria. *Le istituzioni della globalizzazione*. Roma, Itália: Editora Il Mulino, 2000.

FERRARESE, Maria Rosaria. *Prima lezione di diritto globale*. Bari, Itália: Laterza, 2012. (Coleção: Universale Laterza).

FICHAS técnicas sobre a União Europeia – 2021. *Proteção de dados pessoais*. Disponível em: chrome-extension://efaidnbmnnnibpcajpcglclefindmkaj/viewer. html?pdfurl=https%3ª%2F%2Fwww.europarl.europa.eu%2Fftu%2Fpdf%2Fpt%2FFTU _4.2.8.pdf&clen=325601&chunk=true. Acesso em: 05 jan. 2022.

FIESP. CIESP. Departamento de Defesa e Segurança. *Lei Geral de Proteção de Dados*. 2021. Disponível em: file:///C:/Users/Talitha/Downloads/file-20181212135037-lei-geral-de-protecao-livreto-a5-web.pdf. Acesso em: 04 set. 2021.

FIGLIOLI, Aline; PORTO, Geciane Silveira. *Mecanismos de transferência de tecnologia entre universidades e parques tecnológicos*. Trabalho apresentado no XXIV Simpósio de Gestão de Inovação Tecnológica. Gramado, RS. out. 2006.

FIUZA, Tatiana. *O que é transferência de tecnologia?* 2020. Disponível em: https://gestaodainovacao.blog.br/o-que-e-transferencia-de-tecnologia-londrina/. Acesso em: 13 ago. 2021.

FLORES, Cesar. *Segredo industrial e o know-how*: aspectos jurídicos internacionais. Rio de Janeiro: Editora Lumen Juris, 2008.

FLORES, Nilton César da Silva. *Da cláusula de sigilo nos contratos internacionais de transferência de tecnologia – KNOW-HOW*. 2006. Disponível em: https://repositorio.ufsc. br/handle/123456789/89479. Acesso em: 18 nov. 2021.

FORAY, D. *Technology Transfer in the TRIPS Age*: The Need for New Kinds of Partnerships between the Most Advanced Economies and the LDCS. Issue Paper n. 23. International Centre for Trade and Sustainable Development. Geneva: ICTSD, 2009. Disponível em: http://www.iprsonline.org/New%202009/foray_may2009.pdf. Acesso em: 02 jul. 2021.

FREIRE, Isa M. *Transferência da informação tecnológica para produtores rurais*: estudo de caso no Rio Grande do Norte. 1987. 81 p. Dissertação (Mestrado) – IBICT, Rio de Janeiro, 1987.

FREY, Irineu Afonso; TONHOLO, Josealdo; QUINTELLA, Cristina M. *Conceitos e aplicações de transferência de tecnologia*. 2019. v. 1. (Coleção PROFNIT). Disponível em: http://www. profnit.org.br/wp-content/uploads/2019/10/PROFNIT-Serie-Transferencia-de-Tecnologia-Volume-I-WEB-2.pdf. Acesso em: 08 out. 2021.

FRIGNANI, Aldo. Il contratto internazionale. *In*: GALGANO, Francesco (dir.). *Trattato di diritto commerciale*. Padova: Cedam, 1990. p. 403-569.

GAFETY. *Como funcionam as leis de proteção de dados nos Estados Unidos.* Disponível em: https://gatefy.com/pt-br/blog/como-funcionam-leis-protecao-dados-estados-unidos/. Acesso em: 24 abr. 2022.

GALGANO, Francesco. *La globalizzazione nello specchio del diritto.* Roma, Itália: Il Mulino, 2005.

GALGANO, Francesco; MARRELLA, Fabrizio. Diritto del commercio Internazionale. *In*: GALVÃO, Cláudia Andreoli; PEREIRA, Violeta de Faria. Empresas transnacionais (ETNs) e os países pobres: reflexões sobre a governança global. *Geosul*, Florianópolis, v. 32, n. 63, p. 7-48, jan./abr. 2017.

GALVÃO, Gaiofato. *A LGPD surgiu para superar o código de defesa do consumidor?* 2020. Disponível em: https://www.gaiofatoegalvao.com.br/2020/11/24/a-lgpd-surgiu-para-superar-o-codigo-de-defesa-do-consumidor/. Acesso em: 11 nov. 2021.

GALVÃO, Cláudia Andreoli; PEREIRA, Violeta de Faria. Empresas transnacionais (ETNs) e os países pobres: reflexões sobre a governança global. *Geosul*, Florianópolis, v. 32, n. 63, p. 7-48, p. 14, jan./abr. 2017.

GAMA JÚNIOR, Lauro. *Os princípios da UNIDROIT relativos aos contratos do comércio internacional*: uma nova dimensão harmonizadora dos contratos internacionais. 2014. Disponível em: chrome-extension://efaidnbmnnnibpcajpcglclefindmkaj/viewer. html?pdf url=https%3A%2F%2Fwww.oas.org%2Fdil%2Fesp%2F95-142%2520Gama. pdf&clen=393646&chunk=true. Acesso em: 27 nov. 2021.

GARCEZ, J. M. R. *Contratos internacionais comerciais.* São Paulo: Saraiva, 1994.

GARCIA, Lara Rocha; AGUILERA-FERNANDES, Edson; GONÇALVES, Rafael Augusto Moreno. *Lei Geral de Proteção de Dados Pessoais (LGPD)*: guia de implantação. São Paulo: Edgar Blücher Ltda, 2020.

GARNIER, Cintia Miele; PADILHA, Tamyris Michele. *Ética, privacidade e novas tecnologias*: o impacto da lei de proteção de dados na sociedade. 2019. Disponível em: https://www. migalhas.com.br/depeso/311142/etica--privacidade-e-novas-tecnologias--o-impacto-da-lei-de-protecao-de-dados-na-sociedade. Acesso em: 21 nov. 2021.

GAVISON, Ruth. Privacy and the limits of law. *The Yale law journal*, v. 89, n. 3, 1980.

GLOBALIZAÇÃO tecnológica: panorama atual. *Cia Web Sites*. Disponível em: https:// www.ciawebsites.com.br/tecnologia/globalizacao-tecnologica-panorama-atual/. Acesso em: 20 nov. 2021.

GOMES, Rita de Cassia Medeiros. Propriedade intelectual: contexto histórico, importância e suas formas de proteção. *PIDCC*, Aracaju/SE, ano IX, v. 01, n. 03, p. 029-063, out./2020 a jan. 2021.

GOMES, Rodrigo Dias de Pinho. Encarregado pelo tratamento de dados pessoais na LGPD. 2 out. 2019. Disponível em: https://www.jota.info/opiniao-e-analise/artigos/encarregado-pelo-tratamento-de-dados-pessoais-na-lgpd-02102019. Acesso em: 02 fev. 2022.

GONDA, Roberto U. La nueva ley mexicana en matéria de propriedade industrial. *Comércio Exterior*, México (DF), v. 21, n. 11, 1991.

GORENDER, Jacob. *Globalização, tecnologia e relações de trabalho.* 1997. Disponível em: https://www.scielo.br/scielo.php?script=sci_arttext&pid=S0103-40141997000100017. Acesso em: 14 ago. 2021.

GREER, Damon. Safe Harbor: a framework that works. *International Data Privacy Law*, v. 1, n. 3, 2011.

GUIA de orientação sobre: Transferência de Tecnologia: licenciamento, transferência ou cessão de direitos. *Universidade Federal de Pelotas*. Coordenação de Inovação Tecnológica, Pró-reitora de Pesquisa, Pós Graduação e Inovação. Versão 1.0 de 21.12.2018. Disponível em: file:///C:/Users/Talitha/Documents/Mestrado/UFPE/PROJETO%20UFPE/CONTRATOS%20 DE%20TRANSFERENCIA%20DE%20TEC.pdf. Acesso em: 25 abr. 2022.

GUIDI, Guilherme. *Modelos regulatórios para proteção de dados pessoais.* 2017. Disponível em: https://itsrio.org/wp-content/uploads/2017/03/Guilherme-Guidi-V-revisado.pdf. Acesso em: 29 ago. 2021.

HASHIMOTO, M. *Espírito empreendedor nas organizações*: aumentando a competividade através do intra-empreendedorismo. São Paulo: Saraiva, 2006. 52p.

HIRATA, Alessandro. Direito à privacidade. *Tomo Direito Administrativo e Constitucional.* Edição 1. São Paulo: Enciclopédia Jurídica PUCSP, abr. 2017.

HRW. *Cuba*: manifestantes pacíficos detidos e violentados sistematicamente: detenção arbitrária, maus-tratos e julgamentos sem o devido processo afetam centenas. Disponível em: https://www.hrw.org/pt/news/2021/10/19/380116. Acesso em: 06 set. 2021.

HSC BRASIL. *O que é RGPD e o que muda para as empresas e os brasileiros?* 2019. Disponível em: https://www.hscbrasil.com.br/RGPD/. Acesso em: 17 nov. 2021.

ICC BRASIL. *Resolução de disputas.* 2021. Disponível em: https://www.iccbrasil.org/. Acesso em: 06 set. 2021.

IDS – Instituto Dannemann Siemens de Estudos de Propriedade Intelectual. *Comentários à Lei de Propriedade Industrial.* Ed. rev. e atual. Rio de Janeiro: Renovar, 2005.

INPI – Instituto Nacional da Propriedade Industrial. *Manual de marcas.* 2014. Disponível em: http://manualdemarcas.inpi.gov.br/. Acesso em: 18 nov. 2021.

INSTITUTO FEDERAL DE SANTA CATARINA. Comissão Central de avaliação de documentos sigilosos (CCADS). *Lei de acesso à informação (LAI) x Lei Geral de Proteção de Dados (LGPD).* abr. 2021. Disponível em: chrome-extension://efaidnbmnnnibpcajpcglclefindmkaj/ viewer.html?pdfurl=https%3A%2F%2Fwww.ifsc.edu.br%2Fdocuments%2F23575%2F 2274635%2CCADS%2B-%2BLGPD%2BX%2BLAI.pdf%2F6836705d-f998-450d-ae2b-6808607245f9&clen=600714. Acesso em: 08 jan. 2022.

INTERNATIONAL MONETARY FUND. *FMI em síntese*. Departamento de Relações Externas. Washington, D.C. 20431. 2019. Disponível em: chrome-extension:// efaidnbmnnnibpcajpcglclefindmkaj/viewer.html?pdfurl=https%3A%2F%2Fwww. imf.org%2Fexternal%2Flang%2Fportuguese%2Fnp%2Fexr%2Ffacts%2Fglancep. pdf&clen=156830&chunk=true. Acesso em: 14 jan. 2022.

INTERSOFT CONSULTING. *RGPD – Data Protection Officer*. Disponível em: https:// RGPD-info.eu/issues/data-protection-officer/. Acesso em: 06 dez. 2021.

INTOSAI – Secretaria Geral – RECHNUNGSHOF (Tribunal de Contas da Áustria). *Princípios de transparência e accountability*. 2010. Disponível em: file:///C:/Users/Talitha/ Downloads/Semec_DIRAUD_2016_Issai_Tradu__o%20nivel%201%20e%202_%20Issai_ Issais%201_2_Vers_o%20final%20PDF_ISSAI_20_Princ_pios%20de%20transpar_ncia%20 e%20accountability.pdf. Acesso em: 14 out. 2021.

IPEA. *Revista Tempo do Mundo*, v. 5, n. 1, 2019. Disponível em: chrome-extension:// efaidnbmnnnibpcajpcglclefindmkaj/viewer.html?pdfurl=http%3A%2F%2Frepositorio.ipea. gov.br%2Fbitstream%2F11058%2F9715%2F1%2FTempo%2520do%2520Mundo_v5_n01. pdf&clen=5625698. Acesso em: 10 mar. 2022.

IRAMINA, Alina. RGPR V. LGPD: Adoção estratégica da abordagem responsiva na elaboração da Lei Geral de Proteção de Dados do Brasil e do Regulamento Geral de Proteção de Dados da União Europeia. *Revista de Direito, Estado e Telecomunicações*, Brasília, v. 12, n. 2, p. 91-117, out. 2020. Disponível em: file:///C:/Users/Talitha/Downloads/27752. pdf. Acesso em: 06 dez. 2021.

ISO 56000:2020. *Innovation management* — Fundamentals and vocabulary. Disponível em: https://www.iso.org/standard/69315.html. Acesso em: 04 jan. 2022.

JOHNSON, D. R.; POST, D. Law and borders: The rise of law in cyberspace. *Stanford law review*, JSTOR, p. 1367-1402, 1996. Disponível em: https://papers.ssrn.com/sol3/papers. cfm?abstract_id=535. Acesso em: 14 set. 2021.

JOHNSON, Gale. *Globalization:* what it is and who benefits. 2004. Disponível em: https:// www.sciencedirect.com/science/article/pii/S1049007802001628. Acesso em: 13 ago. 2019.

JUNGMANN, Diana de Mello. *A caminho da inovação*: proteção e negócios com bens de propriedade intelectual: Guia para empresário. Brasília: IEL, 2010. Disponível em: http://www.inpi.gov.br/sobre/arquivos/guia_empresario_iel-senai-e-inpi.pdf. Acesso em: 04 jan. 2022.

KAYSER, Pierre. *Protection de la vie privée*. Marseille: Economica, 2002.

KEMMELMIER, Carolina Spack; SAKAMOTO, Priscila Yumiko. *Transferência de tecnologia perante as organizações internacionais multilaterais*: OMPI, OMC, UNCTAD E UNCITRAL. 2005. Disponível em: file:///C:/Users/Talitha/Downloads/729-1861-1-SM.pdf. Acesso em: 05 fev. 2022.

KIRSCHNER, Ana Maria. *Notas de estudo de Sociologia Econômica*: fluxo de Informações. Rio de Janeiro, 2022. Disponível em: https://www.docsity.com/pt/fluxo-informacoes-apostilas-biblioteconomia-parte2/324870/. Acesso em: 14 ago. 2021.

KUNER, C. An international legal framework for data protection: issues and prospects. *Computer law & Security review*, Elsevier, v. 25, n. 4, 2009.

LEBANOW, Jorge Adriano. *Globalização econômica, desmonte do estado social e déficit político transnacional*: uma análise crítica a partir de Jürgen Habermas. 2021. Disponível em: https://www.scielo.br/j/trans/a/XBz6fGKGfPKTVcj5Pm7yrds/?format=pdf&lang=pt. Acesso em: 14 set. 2021.

LEITÃO, Dorodame M. O conhecimento tecnológico e sua importância: possibilidades de sua transferência internacional. *Ciência da Informação*, v. 10, n. 2, p. 33-44, jul./dez. 1981.

LEITE, Talitha Dias Martins. A interligação entre a inteligência artificial (ia) e inovação legislativa: a lei geral de proteção de dados (LGPD). *In*: LEITE, Talitha Dias Martins. *Relações privadas na contemporaneidade*. Recife. Meraki, 2021, p. 136-147.

LIMBERGER, Têmis. *O direito à intimidade na era da informática*: a necessidade de proteção dos dados pessoais. Porto Alegre: Livraria do Advogado, 2007.

LOBO, Thiago Soares de Azevedo. *Direito empresarial brasileiro*: transferência de tecnologias pelo know-how. Anápolis, 2019. Disponível em: chrome-extension:// efaidnbmnnnibpcajpcglclefindmkaj/viewer.html?pdfurl=http%3A%2F%2Frepositorio.aee. edu.br%2Fbitstream%2Faee%2F1309%2F1%2FMonografia%2520-%2520Thiago%2520Lobo. pdf& clen=425923. Acesso em: 20 ago. 2021.

LOGCOMEX. *Incoterms*: o que são? Quais os principais tipos? Quais escolher? 2022. Disponível em: https://blog.logcomex.com/incoterms/?utm_source=adwords&utm_campaign=&utm_ medium=ppc&utm_term=&hsa_ver=3&hsa_grp=&hsa_acc=1288017270&hsa_ad=&hsa_ src=x&hsa_tgt=&hsa_kw=&hsa_cam=16184759746&hsa_mt=&hsa_net=adwords&gclid= Cj0KCQiA0p2QBhDvARIsAACSOOMGdUlycnG1ocRo3pr0H89KWw-o7yBlR0RUZRd SzRyZ5h5LXv74lUaAmd3EALw_wcB. Acesso em: 12 dez. 2021.

LOPES, Sânya Léa Alves Rocha. *Avaliação da gestão de transferência de tecnologia nas instituições científicas, tecnológicas e de inovação do Brasil*. Brasília, 2019. Disponível em: chrome-extension://efaidnbmnnnibpcajpcglclefindmkaj/viewer.html?pdfurl=https%3A %2F%2Frepositorio.unb.br%2Fbitstream%2F10482%2F38046%2F1%2F2019_S%25C3%2 5A2nyaL%25C3%25A9aAlvesRochaLopes.pdf&clen=5489269. Acesso em: 05 nov. 2021.

LUGATI, Lys Nunes; ALMEIDA, Juliana Evangelista de. Da evolução das legislações sobre proteção de dados: a necessidade de reavaliação do papel do consentimento como garantidor da autodeterminação informativa. *Revista de Direito*, Viçosa, v. 12, n. 2, 2020. DOI: doi.org/10.32361/2020120210597. ISSN 2527-0389. Disponível em: file:///C:/Users/ Talitha/Downloads/admin1,+15%20(2).pdf. Acesso em: 14 jan. 2022.

MAASNATTA, Héctor. *Los contratos de transmision de tecnologia*. Madrid: Revista de Occidente, 1971.

MACÊDO, Larissa Sarmento; SANTOS, Adriana Cristina dos. *Da pesquisa ao mercado*: a primeira transferência de tecnologia. Universidade Federal de Uberlândia. 2015. Disponível em: file:///C:/Users/Talitha/Documents/Mestrado/UFPE/PROJETO%20UFPE/Mercado%20 de%20transfer%C3%AAncia%20de%20tec.pdf. Acesso em: 16 out. 2021.

MACEDO, Leonardo Andrade. *O Fundo Monetário Internacional e seus acordos Stand-by.* Belo Horizonte: Del Rey 2007.

MACHADO, Diana Cristina; MOREIRA, Tamara Lemos. *As inovações trazidas através do acordo trips em relação às patentes de medicamentos e o óbice ao acesso a fármacos.* Trabalho apresentado no Seminário Internacional das Demandas Sociais e Políticas Públicas na Sociedade Contemporânea. Porto Alegre, 2016. Disponível em: =file:///C:/Users/Talitha/Downloads/15790-12791-1-PB.pdf. Acesso em: 20 abr. 2021.

MACHADO, José Mauro Decoussau; SANTOS, Matheus Chucri dos; PARANHO, Mário Cosac Oliveira. *LGPD E RGPD*: uma análise comparativa entre as legislações. 2018. Disponível em: https://www.pinheironeto.com.br/publicacoes/lgpd-e-RGPD-uma-analise-comparativa-entre-as-legislacoes. Acesso em: 04 jan. 2022.

MALAR, João Pedro. *Paraíso fiscal, offshore*: entenda os termos e suas questões jurídicas. 2021. Disponível em: https://www.cnnbrasil.com.br/business/paraiso-fiscal-offshore-entenda-os-termos-e-suas-questoes-juridicas/#:~:text=O%20termo%20para%C3%ADso%20fiscal%20%C3%A9,de%20tributa%C3%A7%C3%A3o%20inferior%20a%2020%25. Acesso em: 23 abr. 2022.

MALDONADO, Viviane Nóbrega; BLUM, Renato Ópice. *Comentários ao RGPD.* Regulamento Geral de Proteção de Dados da União Europeia. São Paulo: Revista dos Tribunais, 2018.

MALDONADO, Viviane Nóbrega; BLUM, Renato Ópice. *Lei Geral de Proteção de Dados Pessoais.* 3. ed. São Paulo: Revista dos Tribunais, 2021.

MANDERS, B.; DE VRIES, H. J.; BLIND, K. ISO 9001 and product innovation: A literature review and research framework. *Technovation*, v. 48-49, 2016.

MARQUE, Claudia Lima. *Violação e importância da cláusula de confidencialidade no contrato de know-how e suas implicações, uma vez violada, para as partes contratantes.* 2004. Disponível em: https://lume.ufrgs.br/handle/10183/74037. Acesso em: 16 out. 2021.

MARQUES, Claudia Lima. *A nova crise do contrato.* São Paulo: Revista dos Tribunais, 2007.

MARQUES, Fernanda Mascarenhas. *Regulação do fluxo de dados pessoais entre fronteiras:* os contornos e limites da decisão de adequação de países terceiros. São Paulo, 2020. Disponível em: chrome-extension://efaidnbmnnnibpcajpcglcefindmkaj/viewer.html?pdfurl=https%3A%2F%2Fbibliotecadigital.fgv.br%2Fdspace%2Fbitstream%2Fhandle%2F10438%2F29278%2FFMM.pdf%3Fsequence%3D5%26isAllowed%3Dy&clen=730444. Acesso em: 18 abr. 2022.

MARRELLA, Fabrizio. *La nuova lex mercatoria.* Principi Unidroit ed usi dei contratti del commercio Internazionale. Padova: Cedam, 2003. v. XXX.

MARTINS, Lucas. *Ascensão legal da proteção de dados pessoais e os seus efeitos nas empresas.* 2021. Disponível em: http://www.conteudojuridico.com.br/consulta/artigos/56221/asceno-legal-da-proteo-de-dados-pessoais-e-os-seus-efeitos-nas-empresas. Acesso em: 08 jan. 2022.

REFERÊNCIAS | 211

MELO, Iara Peixoto. *O atual tratamento da tecnologia não patenteada (Know-How) pelo INPI brasileiro*. 2017. Disponível em: https://www.migalhas.com.br/depeso/258600/o-atual-tratamento-da-tecnologia-nao-patenteada--know-how--pelo-inpi-brasileiro. Acesso em: 15 out. 2021.

MENDES, Laura Schertel. *Privacidade, proteção de dados e defesa do consumidor*: linhas gerais de um novo direito fundamental. São Paulo: Saraiva, 2014.

MENDES, Lorena. *Contratos Internacionais de transferência de tecnologia*: aspectos gerias, *know how* e a proteção jurídica ao patrimônio tecnológico. 2016. Disponível em: https://juridicocerto.com/p/lorena-mendes-advoc/artigos/contratos-internacionais-de-transferencia-de-tecnologia-aspectos-gerais-know-how-e-a-protecao-juridica-ao-patrimonio-tecnologico-3021. Acesso em: 20 set. 2021.

MESSINA, Giovanni. *Diritto liquido?*: la governance come nuovo paradigma dela politica e del diritto. Milano: Franco Angeli, 2012.

MIGNOLO, Walter. Globalização, processos de civilização, línguas e culturas. *Cad. CRH.*, Salvador, n. 22. p. 9-30, jan./jun. 1995. Disponível em: https://periodicos.ufba.br/index.php/crh/article/viewFile/18783/12153. Acesso em: 22 set. 2021.

MIRAGEM, Bruno. Função Social do contrato, boa-fé e bons costumes: nova crise dos contratos e a reconstrução da autonomia negocial pela concretização da clausulas gerais: *In*:

MIRANDA, Francisco Cavalcanti Pontes de. *Tratado de direito privado*. São Paulo: Revista dos Tribunais, 2012.

MIYAZAKI, Silvio Yoshiro Mizuguchi. *Transferência internacional de tecnologia*. 1991. Disponível em: https://www.scielo.br/j/rae/a/wqPxmTT7QXhV97VZRzYxHRn/?lang=pt. Acesso em: 15 ago. 2021.

MONTEIRO, Renato Leite; GOMES, Maria Cecília Oliveira; NOVAES, Adriane Loureiro. *Lei Geral de Proteção de Dados e RGPD*: histórico, análise e impactos. 2018. Disponível em: file:///C:/Users/Talitha/Downloads/Lei_Geral_de_Protecao_de_Dados_e_RGPD_hi.pdf. Acesso em: 10 mar. 2022.

MOON, Suerie. *Meaningful Technology Transfer to the LDCs*: A Proposal for a Monitoring Mechanism for TRIPS. Article 66.2. Policy Brief Number 9, 2011. Disponível em: http://ictsd.org/downloads/2011/05/technology-transfer-to-the-ldcs.pdf. Acesso em: 02 jul. 2021.

MORAES, Eduardo Barreto de. *Contratos Internacionais de Transferência de Tecnologia*. 2004. Monografia apresentada como requisito parcial para obtenção do grau de Bacharel em Direito no Curso de Direito, Setor de Ciências Jurídicas, da Universidade Federal do Paraná, Curitiba, 2004.

MOSTACCI, Edmondo. *La soft law nel sistema delle fonti*: uno studio comparato, Padova: Cedam, 2008.

MOTTA, Isamel Moises da. *Proteção de dados pessoais na era da informação*: desafios ao direito e à democracia. 2021. Disponível em: chrome-extension://efaidnbmnnnibpcajpcglcle findmkaj/https://www. upf.br/_uploads/PROJETO%20-%20ISMAEL%20MOISES%20DA %20MOTTA_299039.pdf. Acesso em 1 de maio de 2022.

MOWERY, D. C.; SAMPAT, B. N. The Bayh-Dole Act of 1980 and University Industry Technology Transfer: A Model for Other OECD Governments? *The Journal of Technology Transfer*, v. 30, n. 1-2, 2004.

MULLER, J. M.; BULIGA, O.; VOIGT, K. I. Fortune favors the prepared: How SMEs approach business model innovations in Industry 4.0. *Technological Forecasting & Social Change*, v. 132, 2018.

MULLER, Thaís Carnieletto. *O reconhecimento, a proteção e as políticas públicas para as marcas não tradicionais à luz da constituição de 1988*. 2016. Tese. Universidade de Santa Cruz do Sul. Disponível em: https://repositorio.unisc.br/jspui/bitstream/11624/1321/1/Tha%C3%ADs%20Carnieletto%20Muller.pdf. Acesso em: 12 mar. 2022.

NASCIMENTO, Ana Lúcia Lemos Lovisaro. *Os desafios impostos pela praxe transnacional do comércio ao direito tradicional*. 2020. Disponível em: chrome-extension://efaidnbmnnnibpcajpcglclefindmkaj/viewer.html?pdfurl=https%3A%2F%2Frevistas.unifacs.br%2Findex.php%2Fredu%2Farticle%2FviewFile%2F6822%2F4135&clen=80278. Acesso em: 5 fev. 2022.

NEVES, M. S. Soft Law. *In*: NASSER, S. H. *Fontes e normas do direito internacional*: um estudo sobre a *soft law*. 2. ed. São Paulo: Atlas, 2006. p. 61-70. ISBN 8522445265.

NEVES, Rebeca de Aguilar Pereira. *RGPD e LGPD*: estudo comparativo. Brasília, 2021. Disponível em: chrome-extension://efaidnbmnnnibpcajpcglclefindmkaj/viewer.html?pdf url=https%3A%2F%2Frepositorio.uniceub.br%2Fjspui%2Fbitstream%2Fprefix%2F15239 %2F1%2FRebeca%2520Neves%252021750900.pdf&clen=631001. Acesso em: 05 fev. 2022.

OCDE. *Diretrizes da OCDE para empresas multinacionais*. 2021. Disponível em: chrome-extension://efaidnbmnnnibpcajpcglclefindmkaj/https://www.gov.br/produtividade-e-comercio-exterior/pt-br/assuntos/camex/pcn/produtos/outros/diretrizes-da-ocde-edicao-completa-em-portugues-versao-final.pdf. Acesso em: 4 maio 2022.

OCDE. *Diretrizes da OCDE sobre governança corporativa de empresas estatais*. Edição 2015. 02 out. 2018a. Disponível em: https://www.oecd.org/publications/diretrizes-da-ocde-sobre-governanca-corporativa-de-empresas-estatais-edicao-2015-9789264181106-pt.htm#:~:text=As%20Diretrizes%2C%20aprovadas%20pela%20primeira,de%20governan%C3%A7a%20corporativa%20das%20EEs. Acesso em: 04 out. 2021.

OCDE. *Diretrizes da OCDE sobre governança corporativa para empresas de controle estatal*. 2018b. Disponível em: chrome-extension://efaidnbmnnnibpcajpcglclefindmkaj/https://www.oecd.org/daf/ca/corporategovernanceofstate-ownedenterprises/40157990.pdf. Acesso em: 3 maio 2022.

OECD. As diretrizes da OCDE para empresas transnacionais e o direito do trabalho: a pessoa humana como prioridade na busca pelo desenvolvimento. OECD, 2011. *Revista do Direito Público*, Londrina, v. 9, n. 3, p. 45-70, p. 22, set./dez. 2014a.

OECD. *Cloud Computing*: The Concept, Impacts and the Role of Government Policy. Paris, 2014b. Disponível em: http://dx.doi.org/10.1787/5jxzf4lcc7f5-en. Acesso em: 10 dez. 2021.

OLIVEIRA, Rafael. *Licenciamento, cessão ou transferência de tecnologia?* 2017. Disponível em: https://biominas.org.br/blog/transferencia-de-tecnologia/. Acesso em: 06 out. 2021.

OLIVEIRA, Samir Adamoglu de. *Transferência de tecnologia segundo a perspectiva da "tecnologias-na-prática"*: um estudo de caso. Curitiba, 2009. Disponível em: https://acervodigital.ufpr.br/bitstream/handle/1884/23439/Dissertacao_Samir%20Adamoglu%20de%20Oliveira.pdf?sequence=1&isAllowed=y. Acesso em: 06 out. 2021.

ONU. *Estudio Económico y Social mundial 2009*: promover el desarrollo, salvar el planeta. Nueva York: Naciones Unidas, 2010.

O QUE é transferência de tecnologia. 2018. Disponível em: https://auin.unesp.br/transferencia-de-tecnologia/. Acesso em: 05 jul. 2021.

O QUE é Propriedade Intelectual, Registro de Marca e Concessão de Patente. *Portal da Indústria*, 2020. Disponível em: http://www.portaldaindustria.com.br/industria-de-a-z/propriedade-intelectual-registro-de-marca-e-concessao-de-patente/. Acesso em: 10 jul. 2021.

PAESANI, Liliana Minardi. *Direito e internet*: liberdade de informação, privacidade e responsabilidade civil. 7. ed. São Paulo: Atlas, 2014.

PÁEZ URDANETA, Iraset. O trabalho informacional na perspectiva do aprendizado tecnológico para o desenvolvimento. *Ciência da Informação*, Brasília, v. 21, n. 1, p. 115-127, maio/ago. 1992.

PAINO, Rossella. La globalizzazione, lessico e significati. Brevi note sul dibattito nelle scienze sociali. *Quaderni di Intercultura*, v. IV, Dipartimento di Scienze Cognitive, Psicologiche, Pedagogiche e degli Studi Culturali (COSPECS), Messina, Itália, p. 1-13, 2012. ISSN 2035-858X.

PASCALE, Chaise da Veiga. *Contratos de transferência de tecnologia*. Pós-Graduação na Universidade Católica do Rio Grande do Sul. Manaus, 2017. Disponível em: chrome-extension://efaidnbmnnnibpcajpcglclefindmkaj/viewer.html?pdfurl=https%3A%2F%2Farranjoamoci.org%2Fimages%2FPDF%2F01_transferencia_tecnologia.pdf&clen=2917730&chunk=true. Acesso em: 14 nov. 2021.

PATEL, Surendra J. Los derechos de propriedad intelectual en la Ronda de Uruguay. *Comércio Exterior*, México (DF), v. 39 n. 4, p. 288-301, abr. 1989.

PATRIOTTA, G. *Organizational knowledge in the making*: how firms create, use, and institutionalize knowledge. New York, USA: Oxford University Press, 2003.

PEDUTI FILHO, Cesar. *Tudo sobre transferência de tecnologia no Brasil*. 2021. Disponível em: https://blog.peduti.com.br/transferencia-de-tecnologia-brasil/. Acesso em: 04 jul. 2021.

PEREIRA, André Gonçalves. *Manual de direito internacional público*. 3. ed. rev. e aum., reimpr. Coimbra: Almedina, 1997.

PIMENTEL, L. O. O acordo sobre os aspectos dos direitos de propriedade intelectual relacionados com o comércio. *Revista Sequência*, n. 44, CPGD/UFSC, jul. 2002.

PIMENTEL, L. *O direito industrial*: as funções do direito de patentes. Porto Alegre: Síntese, 1999.

PINHEIRO, Peck, P. *Proteção de dados pessoais:* comentários à Lei n. 13.709/2018 LGPD. 2018. Disponível em: https://integrada.minhabiblioteca.com.br/#/books/9788553608324/. Acesso em: 05 fev. 2022.

PIRES, Leonara Gonçalves e Silva. *Contratos de transferência de know how:* um estudo de caso e contratos celebrados pelo NIT da Universidade de Brasília – UnB. Brasília: UnB, 2020.

Disponível em: chrome-extension://efaidnbmnnnibpcajpcglclefindmkaj/viewer.html?pdf url=https%3A%2F%2Frepositorio.unb.br%2Fbitstream%2F10482%2F38744%2F1%2F2020_ LeonaraGon%C3%25A7alveseSilvaPires.pdf&clen=1390073. Acesso em: 10 ago. 2021.

PIRODDI, Paola. I trasferimenti di dati personali verso Paesi terzi dopo la sentenza Schrems e nel nuovo regolamento generale sulla protezione dei dati. *In*: RESTA, Giorgio; ZENO-ZENCOVICH, Vincezo (coord.). *La protezione transazionale dei dati personali.* Roma: Roma-Tre Press, 2016. p. 169-238.

POLIDO, Fabrício B. Pasquot; ANJOS, Lucas Costa dos; BRANDÃO, Luíza Couto Chaves. *Instituto de Referência em Internet e Sociedade* – RGPD e suas repercussões no direito brasileiro: primeiras impressões de análise comparativa. 2018. Disponível em: chrome-extension://efaidnbmnnnibpcajpcglclefindmkaj/viewer.html?pdfurl=https%3 A%2F%2Firisbh.com.br%2Fwp-content%2Fuploads%2F2018%2F06%2FRGPD-e-suas-repercuss%25C3%25B5es-no-direito-brasileiro-Primeiras-impress%25C3%25B5es-de-an%25C3%25A1lise-comparativa-PT.pdf&clen=639863&chunk=true. Acesso em: 06 fev. 2022.

PORTELA, P. H. G. *Direito internacional público e privado.* 10. ed. rev. São Paulo: Juspodivm, 2018.

PRADO, Maurício Curvelo de Almeida. *Contrato internacional de transferência de tecnologia:* patente e *know-how.* Porto Alegre: Livraria do Advogado, 1997.

PRATES, Glaucia; OSPINA, Marco. *Tecnologia da informação em pequenas empresas:* fatores de êxito, restrições e benefícios. 2004. Disponível em: https://www.scielo.br/j/rac/a/vpfn QdJRT5CtbBpN7b7XP9r/?lang=pt. Acesso em: 02 ago. 2021.

PUGA, Bruna. *Contratos de transferência de tecnologia.* 2020. Disponível em: https:// brunapuga.jusbrasil.com.br/artigos/866943627/4-contratos-de-transferencia-de-tecnologia. Acesso em: 10 set. 221.

RASMUSSEN, E. Government instruments to support the commercialization of university research: lessons from Canada. *Technovation,* v. 28, n. 8, p. 506-517, 2008. DOI: 10.1016/j. technovation.2007.12.002.

RATH, A. ADIT: a review. *In*: WORKSHOP ON ABSORPTION AND DIFFUSION OF IMPORTED TECHNOLOGY. 26 to 30 January 1981, Singapore. Proceedings. Ottawa, Ont.: International Development Research Centre, 1983. p. 13-19.

RATTNER, Henrique. *Tecnologia e sociedade*: uma proposta para os países subdesenvolvidos. São Paulo: Brasiliense, 1980.

RGPD – Regulamento Geral de Proteção de Dados. Art. 83. 08 ago. 2021a. Disponível em: https://www.privacy-regulation.eu/pt/83.htm. Acesso em: 1 maio 2022.

RGPD – Regulamento Geral sobre Proteção de Dados. Art. 47 – Transferência sujeita a garantias adequadas. 2021b. Disponível em: https://gdprinfo.eu/pt-pt/pt-pt-article-46. Acesso em: 27 abr. 2022.

RGPD – Regulamento Geral sobre Proteção de Dados. Art. 46 – Transferência sujeita a garantias adequadas. 2021c. Disponível em: https://gdprinfo.eu/pt-pt/pt-pt-article-46. Acesso em: 27 abr. 2022.

RGPD – Regulamento Geral sobre Proteção de Dados. Art. 42 – Transferência sujeita a garantias adequadas. 2021d. Disponível em: https://gdprinfo.eu/pt-pt/pt-pt-article-46. Acesso em: 27 abr. 2022.

RGPD – Regulamento Geral sobre Proteção de Dados. Art. 7º. Condições aplicáveis ao consentimento. 2021e. Disponível em: https://RGPDinfo.eu/pt-pt/pt-pt-article-7. Acesso em: 13 fev. 2022.

RGPD – Regulamento Geral de Proteção de Dados. Banco Caixa Grande Brasil. Maio 2018. Disponível em: chrome-extension://efaidnbmnnnibpcajpcglclefindmkaj/viewer. html?pdfurl=https%3A%2F%2Fwww.bcgbrasil.com.br%2FDocuments%2FBCG-Brasil_RGPD.pdf&clen=272890. Acesso em: 06 fev. 2022.

REIS, Inês Maria de Oliveira. *O Direito ao esquecimento e a proteção de dados pessoais*: uma perspectiva analisada num confronto com a proposta adotada pela legislação da União Europeia e o ordenamento jurídico brasileiro. Fortaleza, 2018. Disponível em: chrome-extension://efaidnbmnnnibpcajpcglclefindmkaj/viewer.html?pdfurl=https%3 A%2F%2Frepositorio.ufc.br%2Fbitstream%2Friufc%2F41249%2F1%2F2018_tcc_imoreis. pdf&clen=519993. Acesso em: 10 fev. 2022.

RIBEIRO, Alanna Caroline Brito Muniz. Soft Law e Hard Law como caminho para afirmação do direito à proteção de dados. 2020. Disponível em: https://ayresbritto.adv. br/soft-law-e-hard-law-como-caminho-para-afirmacao-do-direito-a-protecao-de-dados/. Acesso em: 04 nov. 2021.

RIBEIRO, Amanda. NAFTA. 2018. Disponível em: https://mundoeducacao.uol.com.br/ geografia/nafta.htm. Acesso em: 12 dez. 2021.

RIBEIRO, Márcia Carla Pereira; BARROS, Marcelle Franco Espíndola. Contratos de transferência de tecnologia: custo de transação versus desenvolvimento. *Revista de Informação Legislativa*, ano 51, n. 204 out./dez. 2014.

RODAS, J. G. Elementos de conexão do direito internacional privado brasileiro relativamente às contratuais. *In*: RODAS, J. G. (coord.). *Contratos Internacionais*. 3. ed. São Paulo: RT, 2002. p. 19-65.

RODOTÁ, Stefano. *A vida na sociedade de vigilância*: a privacidade hoje. Rio de Janeiro: Renovar, 2008.

RODRIGUES, Gabriela; SOUZA, Ana Paula. Transferência de tecnologia. 2020. Disponível em: https://anapsouzza.jusbrasil.com.br/artigos/325808308/transferencia-de-tecnologia. Acesso em: 20 jul. 2021.

RODRIGUES, Julian Henrique Dias. 6 Convenções Europeias que todo internacionalista deve conhecer. 2020. Disponível em: https://jhdr.jusbrasil.com.br/artigos/913949018/6-convencoes-europeias-que-todo-internacionalista-deve-conhecer. Acesso em: 12 dez. 2021.

ROQUE, Sebastião José. A transferência internacional de tecnologia solidifica às empresas nacionais. 2012. Disponível em: https://conteudojuridico.com.br/consulta/ Artigos/27728/a-transferencia-internacional-de-tecnologia-solidifica-as-empresas-nacionais. Acesso em: 05 nov. 2021.

ROZAS, José Carlos Fernandez. *Derecho del Comercio Internacional*. Madrid: Eurolex, 1996.

RUARO, Regina Linden; GLITZ, Gabriela Pandolfo Coelho. Panorama geral da Lei Geral de Proteção de Dados Pessoais no Brasil e a inspiração no Regulamento Geral de Proteção de Dados Europeu. *REPATS*, Brasília, v. 6, n. 2, p. 340-356, jul./dez. 2019. Disponível em: file:///C:/Users/Talitha/Documents/Mestrado/UFPE/PROJETO%20UFPE/Panorama%20 LGPD%20sob%20RGPD.pdf. Acesso em: 08 fev. 2022.

RUARO, R. Linden; SILVA, C. Alberton Coutinho. Proteção de dados e o acordo de livre comércio Mercosul-União Europeia: notas sobre a adequação da autoridade nacional de proteção de dados no Brasil. *Direito Público*, v. 18, n. 98, 2021. Disponível em: https://www.portaldeperiodicos.idp.edu.br/direitopublico/article/view/4068. Acesso em: 05 fev. 2022.

SALLES-FILHO, Sérgio; CARVALHO, Sérgio Paulino de; FERREIRA, Claudenicio; PEDRO, Edilson; FUCK, Marcos. *Sistema de propriedade intelectual e as pequenas e médias empresas no Brasil*. Organização Mundial de Propriedade Intelectual. Depto. de Política Científica e Tecnológica. Instituto de Geociências – UNICAMP, Campinas, set. 2005.

SARAVIA, Henrique J. Criação e transferência de tecnologia nas empresas industriais do estado. *Rev. adm. Empresa*, v. 27, n. 3, jun. 2013.

SCHIRRU, Luca. As cláusulas restritivas e as práticas abusivas em contratos de transferência de tecnologia no Brasil: uma análise sob a perspectiva da propriedade intelectual. *PIDCC*, Aracaju, ano IV, v. 09 n. 02, p. 220-259, jun. 2015. Disponível em: file:///C:/Users/Talitha/Downloads/Dialnet-AsClausulasRestritivasEAsPraticasAbusivasEmContrat-6742336.pdf. Acesso em: 14 set. 2021.

SEBRAE. Material de apoio ao vídeo. *"LGPD – Conheça mais sobre a Lei Geral de Proteção de Dados"* da série de vídeos: Connect – Ideas sempre ao vivo. Conteúdo exclusivo em parceria com o Sebrae. 2021. Disponível em: chrome-extension://efaidnbmnnnibpcajpcglclefindmkaj/viewer.html?pdfurl=https%3A%2F%2Fwww.sebrae.com.br%2FSebrae%2FPortal%2520Se brae%2FUFs%2FPE%2FAnexos%2FLGPD-Connect-Sebrae.pdf&clen=684020& chunk=true. Acesso em: 10 fev. 2022.

SEGADE, Gómez. *El secreto industrial (know how)*: concepto e protección. Madrid: Tecnos, 1974.

SELBY, J. Data localization laws: trade barriers or legitimate responses to cybersecurity risks, or both?. *International Journal of Law and Information Technology, Oxford University Press*, v. 25, n. 3, p. 213–232, 2017.

SILVA, Alice Rocha; SANTOS, Ruth Maria Pereira dos. *As diretivas europeias como norma reguladora do direito administrativo global*. 2016. DOI: 10.5102/rdi.v13i3.4032. Disponível em: chrome-extension://efaidnbmnnnibpcajpcglclefindmkaj/viewer. html?pdfurl=https%3A%2F%2Fwww.corteidh.or.cr%2Ftablas%2Fr26920. pdf&clen=310313&chunk=tru. Acesso em: 15 dez. 2021.

SILVA, Cecília Alberton Coutinho. *Privacidade e proteção dos dados pessoais na sociedade de vigilância*: perspectiva do Regulamento Europeu de Proteção de Dados. Trabalho apresentado no 20º Salão de Iniciação Científica da PUCRS 23 a 27 de setembro de 2019. Disponível em: chrome-extension://efaidnbmnnnibpcajpcglclefindmkaj/viewer.html?p dfurl=https%3A%2F%2Feditora.pucrs.br%2Fedipucrs%2Facessolivre%2Fanais%2Fsic% 2Fassets%2Fedicoes%2F2019%2Farquivos%2F116.pdf&clen=79882&chunk=true. Acesso em: 10 fev. 2022.

SILVA, Claudio Eduardo de Figueiredo. *Propriedade intelectual de programa de computador desenvolvido para utilização na administração pública*: estudo de caso. 2013. tese (Doutorado em Ciências Jurídicas) – da Universidade Federal de Santa Catarina, Florianópolis, 2013.

SILVA, Everton Hora da. ISO 27001 e LGPD: como lidar com vazamento de dados. 2021. Disponível em: https://certificacaoiso.com.br/iso-27001-e-lgpd-como-lidar-com-vazamento-de-dados/. Acesso em: 10 fev. 2022.

SILVA FILHO, João Abedias da; LIMA, Filipe José Vilarim da Cunha. *Contratos Eletrônicos no Âmbito da Proteção dos Dados*. 2022. Disponível em: chrome-extension:// efaidnbmnnnibpcajpcglclefindmkaj/viewer.html?pdfurl=https%3A%2F%2Fbdtcc.unipe. edu.br%2Fwp-content%2Fuploads%2F2019%2F09%2FTCC-PRONTO.pdf&clen=312033& chunk=true. Acesso em: 20 abr. 2022.

SILVA, Gabriela Kiapine. Contratos de transferência de tecnologia: know-how. Disponível em: https://jus.com.br/artigos/40124/contratos-de-transferencia-de-tecnologia-know-how. Acesso em: 03 ago. 2021.

SILVA, José Carlos Teixeira da. *Tecnologia*: conceitos e dimensões. 2003. Disponível em: http://www.abepro.org.br/biblioteca/enegep2002_tr80_0357.pdf. Acesso em: 7 ago. 2019.

SILVA, Lucas Gonçalves da; MELO, Brício Luis da Anunciação. A Lei Geral de Proteção de Dados como Instrumento de Concretização da Autonomia privada em um mundo cada vez mais tecnológico. *Revista Jurídica – UNICURITIBA*, v. 03, n. 56, Curitiba, p. 354-377, 2019. DOI: 10.6084/m9.figshare.9795164. Disponível em: file:///C:/Users/Talitha/ Documents/Mestrado/UFPE/PROJETO%20UFPE/Prote%C3%A7%C3%A3o%20de%20 dados%20como%20instrumento.pdf. Acesso em: 22 jan. 2022.

SILVA, Vanessa Junior da. *Proteção geral de dados*: Comunidade Europeia x Brasil. UNIVATES, 2019. Disponível em: chrome-extension://efaidnbmnnnibpcajpcglclefindmkaj/ viewer.html?pdfurl=https%3A%2F%2Fwww.univates.br%2Fbdu%2Fbitstream%2F10737 %2F2796%2F1%2F2019VanessaJuniordaSilva.pdf&clen=789480. Acesso em: 13 mar. 2022.

SIMÃO, Bárbara; OMS, Juliana; TORRES, Lívia. *Autoridades de proteção de dados na América Latina*: um estudo dos modelos institucionais da Argentina, Colômbia e Uruguai. São Paulo: Instituto Brasileiro de Defesa do Consumidor, 2019.

SIMONETTE, Marcel. Privacy by Design e Privacy by Default. Centro de Estudos Sociedade e Tecnologia (CEST). *Boletim*, v. 6, n. 06, ago. 2021. Disponível em: chrome-extension:// efaidnbmnnnibpcajpcglclefindmkaj/viewer.html?pdfurl=http%3A%2F%2Fwww.cest.poli. usp.br%2Fwp-content%2Fuploads%2F2021%2F08%2FPrivacy-By-Design-e-Default_pt_ final. pdf&chunk=true. Acesso em: 18 mar. 2022.

SOARES FILHO, José. MERCOSUL: surgimento, estrutura, direitos sociais, relação com Unasul, perspectivas de sua evolução. *Revista CEJ*, Brasília, ano XIII, n. 46, jul./set. 2009.

SOLUM, L. B.; CHUNG, M. The layers principle: Internet achitecture and the law. *Notre Dame L. Rev.*, HeinOnline, v. 79, 2003.

SOMBRA, Thiago Luís; BRANCHER, Paulo Marcos; KUJAWSKI, Fábio Ferreia. *Guia prático para a Lei Geral de Proteção de Dados*. ago. 2018. Disponível em: chrome-extension:// efaidnbmnnnibpcajpcglclefindmkaj/viewer.html?pdfurl=https%3ª%2F%2F www. legiscompliance.com.br%2Fimages%2Fpdf%2Fcartilhalgpdmattosfilho.pdf&chunk=true. Acesso em: 08 jan. 2022.

STELZER, Joana. O fenômeno da transnacionalização da dimensão jurídica. *In*: CRUZ, Paulo Márcio; STELZER, Joana (org.). *Direito e transnacionalidade*. Curitiba: Juruá, 2009. p. 130-158.

STJ – Superior Tribunal de Justiça. *REsp. 1.200.528-RJ*. Disponível em: https://stj.jusbrasil. com.br/jurisprudencia/443401930/recurso-especial-resp-1200528-rj-2010-0122089-1/ relatorio-e-voto-443401975. Acesso em: 20 nov. 2021.

SUNG, T. K.; GIBSON, D. V. *Knowledge and technology transfer*: levels and key factors. 2000. Disponível em: http://in3.dem.ist.utl.pt/downloads/cur2000/papers/S04P04.PDF. Acesso em: 26 nov. 2021.

SUZIGAN, Wilson. Tecnologia, globalização e políticas públicas. *Economia e Sociedade*, Campinas, v. 9, p. 165-71, dez. 1997. Disponível em: https://www.eco.unicamp.br/images/ arquivos/artigos/469/07_Suzigan.pdf. Acesso em: 07 ago. 2021.

TAKAHASHI, Vânia Passarini; SACOMANO, José Benedito. Proposta de um modelo conceitual para análise do sucesso de projetos de transferência de tecnologia: estudo em empresas farmacêuticas. *Gestão & Produção*, v. 9, n. 2, ago. 2002.

TAVARES, Letícia Antunes; ALVAREZ, Bruna Acosta. Da proteção dos dados pessoais: uma análise comparada dos modelos de regulação da Europa, dos Estados Unidos da América e do Brasil. *Revista Jurídica Luso Brasileira (RJLB)*, Lisboa, ano 7, n. 2, 2021.

TEIXEIRA, Gabriel Couto. *Contrato Internacional de Transferência de Tecnologia*: principais características e utilidade prática para Startups. 2018. Disponível em: https://ndmadvogados. com.br/contrato-internacional-de-transferencia-de-tecnologia-principais-caracteristicas-e-utilidade-pratica-para-startups. Acesso em: 20 abr. 2022.

THE EUROPEAN Union as a World Trade Partner. European Economy Reports and Studies. *BEL*, Brussels, n. 3, 1997.

THORSTENSEN, Vera; NOGUEIRA, Thiago. *O Brasil a caminho da OCDE*: explorando novos desafios. 2020. FDV EESP. Disponível em: chrome-extension:// efaidnbmnnnibpcajpcglclefindmkaj/viewer.html?pdfurl=https%3A%2F%2Fccgi.fgv. br%2Fsites%2Fccgi.fgv.br%2Ffiles%2Fu5%2F2020_OCDE_acessao_BR_FinalTN_ pb.pdf&clen=4669797&chunk=true. Acesso em: 02 maio 2022.

TRANSFERÊNCIA de tecnologia. 2018. Disponível em: https://fapemig.br/pt/menu-servicos/propriedade-intelectual/transferencia-detecnologia/#:~:text=Trata%2Dse%20 do%20processo%20de,e%20de%20Inova%C3%A7%C3%A3o%20para%20empresas. Acesso em: 20 maio 2021.

TSOUKAS, H. The firm as a distributed knowledge system: a constructionist approach. *Strategic management Journal*, v. 17, Winter Special Issue, p. 11-25, 1996.

UNCTAD Series. *Transfer of Technology*. New York and Geneva: United Nations Publications, 2001.

UNCTAD. *Transfer of technology*. UNCTAD/ITE/IIT/28. Publicado por: United Nations Publications, 2001.

UNCTAD – United Nations Conference on Trade and Developement. *Control of restrictive pratices in transfer of tecnology transaction*: selected principal regulation, policy guidelines and cases law at the national and regional level. New York: ONU/UNCTAD, 1982.

UNIDROIT – Instituto Internacional para a Unificação do Direito. Apresentação da UNIDROIT. Disponível em: https://www.unidroit.org/fr/presentation-dunidroit/ presentation/. Acesso em: 14 jul. 2021.

UNIVERSITEC. Transferência de tecnologia. Pará. Agência de Inovação Tecnológica da UFPA, 2018. Disponível em: https://universitec.ufpa.br/propriedade-intelectual/ transferencia-de-tecnologia/. Acesso em: 04 ago. 2021.

URDANETA, Iraset Páez. O trabalho informacional na perspectiva do aprendizado tecnológico para o desenvolvimento. *Ciência da Informação*, Brasília, v. 21, n. 1, p. 115-127, maio/ago. 1992.

USTUNDAG, A.; UGURLU, S.; KILINC, M. S. Evaluating the performance of technology transfer offices. *Journal of Enterprise Information Management*, v. 24, n. 4, p. 322-337, 2011. doi: 10.1108/17410391111148576.

VARQUEZ, Rafael Ferraz. *A proteção de dados pessoais nos Estados Unidos, União Europeia e América do Sul*: interoperabilidade com a proposta de marco normativo no Brasil. 2010. Disponível em: chrome-extension://efaidnbmnnnibpcajpcglclefindmkaj/viewer. html?pdfurl=http%3A%2F%2Fwww.publicadireito.com.br%2Fartigos%2F%3Fcod%3 D87682805257e619d&clen=335674. Acesso em: 28 jan. 2021.

VEIGA, Leoni. *Um panorama das franquias de Paraguaçu Paulista*. Assis, 2010. Disponível em: chrome-extension://efaidnbmnnnibpcajpcglclefindmkaj/viewer.html?pdfurl= https%3A%2F%2Fcepein.femanet.com.br%2FBDigital%2FarqTccs%2F0711230869. pdf&clen=358846&chunk=true. Acesso em: 04 set. 2021.

VENTURA, Carla A. Arena. Da negociação à formação dos contratos internacionais do comércio: especificidades do contrato de compra e venda internacional. *Revista Eletrônica de Direito Internacional*, v. 6, 2010. ISSN 1981-9439. Disponível em: chrome-extension:// efaidnbmnnnibpcajpcglclefindmkaj/viewer.html?pdfurl=http%3A%2F%2Fwww.eerp. usp.br%2Fmedia%2Fwcms%2Ffiles%2Fcarla_ventura.pdf&clen=272042&chunk=true. Acesso em: 27 ago. 2021.

VERONESE, Josiane Rose Petry. A proteção integral da criança e do adolescente no direito brasileiro. *Revista do Tribunal Superior do Trabalho*, São Paulo, v. 79, n. 1, p. 38-54, jan. /mar. 2013. Disponível em: https://juslaboris.tst.jus.br/bitstream/handle/20.500.12178/38644/003_veronese.pdf?sequence=1&isAllowed=y. Acesso em: 09 nov. 2021.

VIANA, Cassandra Lúcia de Maya. *O fluxo de informações na transferência de tecnologia*: estudo dos acordos tecnológicos registrados no INPI – Brasil. Brasília, 1997. Disponível em: http://eprints.rclis.org/7410/1/Fluxo_informa%C3%A7%C3%B5es_Transfer%C3%AAncia_de_Tecnologia.pdf. Acesso em: 27 ago. 2021.

VICENTE, Dário Moura. *A tutela internacional da propriedade intelectual*. Coimbra: Almedina, 2008.

VIDAL, J. W. Bautista. *De estado servil a nação soberana*: civilização solidária dos trópicos. Petrópolis: Vozes, 1987.

VIEGAS, Juliana. Contratos típicos de propriedade industrial: contratos de cessão e de licenciamento de marcas e patentes; licenças compulsórias. *In*: SANTOS, Manuel Pereira dos; JABUR, Wilson Pinheiro (coord.). *Contratos de propriedade industrial e novas tecnologias*. São Paulo: Saraiva, 2007. p. 67-102.

VIEIRA, A. C. P.; BUAINAIN, A. M. Propriedade intelectual, biotecnologia e proteção de culturas no âmbito agropecuário. *In*: VIEIRA, A. C. P.; BUAINAIN, A. M. *Biotecnologia e recursos genéticos desafios e oportunidades para o Brasil*. Rio de Janeiro: Finep, 2006. p. 58-63.

VIOLA, Mario. *Transferência de dados entre Europa e Brasil*: análise da adequação da Legislação Brasileira. ITS – Instituto de Tecnologia & Sociedade do Rio, Rio de Janeiro, 2019. Disponível em: chrome-extension://efaidnbmnnnibpcajpcglclefindmkaj/viewer. html?pdfurl=https%3A%2F%2Fitsrio.org%2Fwpcontent%2Fuploads%2F2019%2F12 %2FRelatorioUAzuINTERACTIVEJustificado.pdf&clen=439318&chunk=true. Acesso em: 14 fev. 2022.

WACHOWICZ, M. Desenvolvimento econômico e tecnologia da informação. *In*: BARRAL, Welber; PIMENTEL, Luiz Otávio (org.). *Propriedade intelectual e desenvolvimento*. Florianópolis: Fundação Boiteux, 2006, p. 71-102.

WASSERMAN, P. Technological innovation in information transfer: strategies of information management. *Rev. AIBDA*, v. 5, n. 1, p. 1-10, En./Jun. 1984.

WEISS, James Manoel Guimarães. *Ciência e tecnologia no contexto da globalização*: tendências internacionais. São Paulo: Ministério da Ciência e Tecnologia, out. 1995. Disponível em: https://www.faecpr.edu.br/site/documentos/ciencia_tecnologia_tendencias_internacionais. pdf. Acesso em: 20 jul. 2021.

WINTER, Luis Alexandre; NASSIF, Rafael Carmezim. A atuação das empresas transnacionais nos países emergentes: desenvolvimento nacional à luz da ordem econômica constitucional. *Caderno do Programa de Pós-Graduação em Direito PPGDir/UFRGS*, Edição Digital, Porto Alegre, v. XI, n. 1, 2016.

ZAPPELINI, Thaís Duarte. *Guia de proteção de dados pessoais:* transferência internacional. Versão 1.0. out. 2020. Disponível em: chrome-extension://efaidnbmnnnibpcajpcglclefindmkaj/ https://portal.fgv.br/sites/portal.fgv.br/files/transferencia_internacional.pdf. Acesso em: 28 abr. 2022.

ZYSMAN, John. Trade, tecnology and national competition. *Internation Journal of Tecnology Management*, v. 7, n. 1, jan. 1992.

Esta obra foi composta em fonte Palatino Linotype, corpo 10
e impressa em papel Pólen Bold Imune 70g (miolo) e Supremo 250g (capa)
pela Gráfica Star7.